Sozialkognitive Aspekte
der Pädagogischen Psychologie
(Band I)

Pädagogische Psychologie und ihre Anwendungen

Herausgegeben von
Klaus Bräuer (†), Udo Kittler und Hellmuth Metz-Göckel
(Universität Dortmund)

Band 6

Bettina Hannover
Udo Kittler
Hellmuth Metz-Göckel
(Hrsg.)

Sozialkognitive Aspekte der Pädagogischen Psychologie
(Band I)

Dokumentation des 3. Dortmunder Symposions für Pädagogische Psychologie 1998

verlag DIE BLAUE EULE
essen

Die Deutsche Bibliothek - CIP-Einheitsaufnahme

Sozialkognitive Aspekte der pädagogischen Psychologie /
Bettina Hannover ... (Hrsg.). -
Essen : Verl. Die Blaue Eule,
Bd. 1. Dokumentation des 3. Dortmunder Symposions für
Pädagogische Psychologie 1998. - 1999
(Pädagogische Psychologie und ihre Anwendungen; Bd. 6)
ISBN 3-89206-925-5

ISBN 3-89206-925-5

Gedruckt auf alterungsbeständigem Papier

Printed in Germany

Vorwort

Das vorliegende Buch dokumentiert Beiträge aus dem 3. Dortmunder Symposion für Pädagogische Psychologie, das im Februar 1998 an der Universität Dortmund stattgefunden hat. Das Buch ist der dritte Band einer Tagungsreihe, in der in einer breiten Konzeption von Pädagogischer Psychologie Prozesse des Lernens, Lehrens und Erziehens aus verschiedenen Perspektiven betrachtet werden.

Im ersten Symposion, das im Jahre 1994 stattgefunden hat, wurden didaktische Probleme akzentuiert; die Beiträge stammten dabei aus unterschiedlichen Disziplinen. Das zweite Symposium wurde im Jahre 1996 durchgeführt. Vor dem Hintergrund der Überlegung, daß Lehren, Lernen, Erziehung und Sozialisation auch in Arbeitsorganisationen stattfinden und daß Schulen ebenfalls Organisationen sind, wurden hier insbesondere Querverbindungen der Pädagogischen zur Organisationspsychologie betont.

Der Schwerpunkt des dritten, im vorliegenden Band dokumentierten Symposions lag auf sozialkognitiven Aspekten der in der Pädagogischen Psychologie untersuchten Prozesse. Durch diese Schwerpunktsetzung sollte angeregt werden, Erkenntnisse aus diesem neueren Forschungsbereich für Probleme der angewandten pädagogisch-psychologischen Forschung nutzbar zu machen.

Genauer beziehen sich die Beiträge des vorliegenden Tagungsbandes auf drei unterschiedliche Themenbereiche. Die Aufsätze von Dieter Kleiber und Elke Appel, Martin Schweer und Matthias Petzold sind auf **sozialisatorische Prozesse** bezogen.
Dieter Kleiber stellte im Eröffnungsvortrag des Symposions, der in seinem Aufsatz "Peer Education: Hintergründe, Erfahrungen, Zukunftsperspektiven" dokumentiert ist, ein neues Modell schulischer Gesundheitsprävention vor. Am Beispiel der Ergebnisse eines Berliner Projektes, in dem Schülerinnen und Schüler ausgebildet wurden, ihre Peers über Aids- und Schwangerschaftsverhütung aufzuklären und zu beraten, erläutert Kleiber die Vorzüge einer unter Gleichaltrigen praktizierten Gesundheitsprävention gegenüber herkömmlichen Erziehungspraktiken.
Martin Schweer stellt in seinem Beitrag das Kompatibilitäts-Modell der Erziehungseffektivität vor, das der Optimierung des Lehrerhandelns dienen soll. Gemäß dem Modell ist die Effektivität pädagogischen Handelns vom Grad der Kompatibilität situativer Anforderungen an den Lehrer auf der

einen Seite und fachlicher, didaktischer und sozialer Qualifikation des Lehrers auf der anderen Seite bestimmt. Vor dem Hintergrund dieser Annahmen beschreibt Schweer Maßnahmen, die auf institutioneller oder individueller Ebene zur Steigerung der Erziehungseffektivität eingesetzt werden können.
Ausgehend von einer Dokumentation herkömmlicher Definitionen des Familienbegriffs beschreibt Matthias Petzold in seinem Aufsatz soziologische und psychologische Veränderungen des Familienlebens, die eine ökopsychologische Neudefinition des Begriffs sinnvoll erscheinen lassen. Neben dem Bezug auf das Makro-, Exo-, Meso- und Mikrosystem ist die subjektive Wahrnehmung der Betroffenen, in einer Familie zu leben, definitorisch entscheidend. Mit einem so gefaßten Familienbegriff können im Unterschied zu den herkömmlichen Definitionen sämtliche heute vorfindbaren Familientypen integrativ beschrieben werden.

Der zweite Themenbereich, **soziale und kognitive Aspekte von Training**, wird durch die Aufsätze von Michael Kastner, von Annette Kluge, von Burkhard und Ute Roeder, von Heinz Neber und von Albert Ziegler und Merry Bullock konstituiert.
Michael Kastner befaßt sich mit Selbstmanagement und seinen psychologischen Voraussetzungen. Er definiert es als Fähigkeit zur Optimierung der Handlungsregulation und stellt die Rolle von Emotionen und die motivationalen Voraussetzungen heraus. Aufgrund eines systemtheoretisch orientierten Mehrebenenmodell werden dann die Voraussetzungen für Training und Prävention präzisiert.
Annette Kluge hat ein Trainingskonzept entwickelt, das bei Personalentwicklungsmaßnahmen die Transfermotivation bei den Teilnehmern erhöhen soll. Im Rahmen des Trainings werden die Teilnehmer aufgefordert, Situationen herzustellen oder aufzusuchen, in denen sie das Gelernte anwenden können. Die Wirkung des Trainingskonzepts wird anhand der Daten aus zwei Trainings überprüft.
Burkhard und Ute Roeder dokumentieren in ihrem Aufsatz ein Schulprojekt zur Lernförderung mit dem Computer. Zielsetzung des sogenannten Höchstener Modells ist es, Grundschulen in die Lage zu versetzen, computerunterstütztes Lernen in den Schulalltag zu integrieren. Dazu haben die Autoren verschiedene Übungsprogramme entwickelt und mit bereits bestehenden Programmen zu einem Lernprogrammpaket für Grundschulen zusammengefügt. In ihrem Aufsatz berichten Burkhard und Ute Roeder über erste Erfahrungen des Einsatzes und skizzieren mögliche zukünftige Weiterentwicklungen.

Heinz Neber untersucht die Wirkung zweier Formen von Lerneraktivitäten, nämlich wissensgenerierendes und prozeßkontrollierendes Fragen, auf Lernleistungen im Geschichtsunterricht. Die Wirkungen dieser Lerneraktivitäten werden sowohl mit einem gebundenen (multiple-choice-) wie auch mit einem freien Frageformat (Essayform, schriftliches Erklären) überprüft.Es ergeben sich interessante Unterschiede insbesondere auch bei Berücksichtigung des Geschlechts der Schüler.
Albert Ziegler und Merry Bullock befassen sich in ihrem Beitrag mit dem kindlichen Verständnis des Experimentierens und werfen die Frage auf, ob die bisher präferierte Erhebungsmethode nicht eher deklaratives als prozedurales Wissen erfaßt. Um Verständnis und Planungsfähigkeit zu differenzieren, verwenden sie verbal präsentierte Aufgaben, in denen entweder ein vorgegebenes Experiment zu bewerten oder ein Experiment zu einer bestimmten Fragestellung zu entwerfen ist. Es zeigt sich, daß Grundschulkinder Tests produzieren, die nicht den wissenschaftlichen Gütestandards genügen.

Schließlich beziehen sich die Beiträge von Bettina Hannover, von Olaf Köller und Ingmar Hosenfeld, von Jens Möller und von Albert Ziegler auf den dritten Themenbereich, nämlich auf **pädagogisch-psychologische Aspekte sozialkognitiver Theorien**.
Bettina Hannover versucht in ihrem Beitrag, Geschlechtsunterschiede in der schulischen Interessenentwicklung auf die Entwicklung des Selbstkonzepts zurückführen. Sie argumentiert, daß die Schule einen Kontext darstellt, in dem häufig das Selbstwissen, ein Mädchen bzw. ein Junge zu sein, angesprochen wird. Die Anwendung dieses Selbstwissens begünstigt nun die Ausbildung geschlechtstypischer Interessen und reduziert die Wahrscheinlichkeit, daß geschlechtsuntypische Interessen verfolgt werden. Hannover berichtet verschiedene empirische Studien, in denen diese Mechanismen für Stichproben verschiedener Altersgruppen nachgewiesen werden konnten.
Olaf Köller und Ingmar Hosenfeld befassen sich in ihrem Beitrag mit der differentiellen Wirkung von Selbstwirksamkeits- und Kausalitätsüberzeugungen auf Schulleistungen. Sie belegen zunächst unter Berücksichtigung der Englisch- und der Mathematiknote, daß die Dimensionen der Kausalitätsüberzeugungen domänenunspezifisch wirken. Eine weitere Frage bezieht sich auf die Auswirkungen von Selbstwirksamkeits- und Kausalitätsüberzeugungen auf Testleistungen und auf Noten im Fach Mathematik. Es zeigt sich eine deutliche höhere Aufklärung der Noten-

varianz als der Testleistungsvarianz durch die Selbstwirksamkeitsüberzeugungen.

Jens Möllers Beitrag befaßt sich mit Vergleichsprozessen. Als Grundlage einer Bewertung von Schulleistungen kommen soziale und intraindividuelle Vergleiche, die sich wiederum nach temporalen und dimensionalen Vergleichen unterscheiden lassen, in Frage. In Abhängigkeit von der gewählten Vergleichsart resultieren unterschiedliche Fähigkeits- und Begabungsinferenzen. Drei Studien werden referiert, die vermittelnde Prozesse für beobachtete paradoxe Wirkungen von Lob und Strafe, die Bedingungen für schulfachbezogene dimensionale Vergleiche und schließlich die differentielle Wirkung des Selbstkonzepts der Begabung im entsprechenden Fach untersuchen.

Albert Ziegler beschäftigt sich mit der Frage, inwieweit Annahmen von Grundschullehrern über die Veränderbarkeit der mathematischen Intelligenz Einfluß auf ihre Wahrnehmung von Unterschieden zwischen Mädchen und Jungen haben. Die Ergebnisse der von Ziegler vorstellten empirischen Studie belegen, daß Lehrkräfte, die die mathematische Intelligenz als ein unveränderliches Merkmal betrachten, stärker in Richtung auf das Geschlechtsstereotyp verzerrte Unterschiede zwischen Mädchen und Jungen wahrnehmen als Lehrkräfte, die die mathematische Intelligenz für vergleichsweise modifizierbar halten.

Abgerundet wird der Tagungsband durch Markus Sperkas und Uwe Schäfers Dokumentation eines internetgestützten Feedbacksystems, das für die Evaluation von Lehrveranstaltungen durch Studierende eingesetzt werden kann. Das System ermöglicht Seminarteilnehmern, per Internet ihre persönlichen Beurteilungen abzugeben, die ihrerseits vom Lehrenden zu einem beliebigen Zeitpunkt in statistisch aufbereiteter Form abgerufen werden können. Der interessierte Leser unseres Tagungsbandes ist aufgefordert, das im internet verfügbare Feedbacksystem selbst auszuprobieren und einzusetzen.

Unser Dank gilt nicht nur allen Autoren und Referenten, sondern in besonderem Maße Frau *Ilka Lorenschat,* ohne deren fleißige, kompetente und unermüdliche Arbeit an der Druckvorlage die Herausgabe dieser Dokumentation so schnell nicht möglich gewesen wäre.

Dortmund, im November 1998 *Die Herausgeber*

Inhaltsverzeichnis

Peer Education. Bericht über ein Interventionsprojekt zur Prävention ungewünschter Schwangerschaften und HIV

Dieter Kleiber und Elke Appel

Problemstellung

In vielen Bereichen liegt heute gesichertes Wissen darüber vor, daß präventive Maßnahmen bereits früh ansetzen sollten. Da in Kindheit und Jugend Verhaltensgewohnheiten erlernt und komplexe Lebensstile geprägt werden, verspricht man sich von frühzeitig ansetzenden Maßnahmen zur positiven Beeinflussung des Gesundheitsverhaltens nachhaltige Effekte. Sind Verhaltensweisen erst einmal habitualisiert, so ist es sehr schwer und ungleich aufwendiger, diese noch zu verändern. Entsprechend wurden in den letzten 10 Jahren verstärkt Aufklärungsmaßnahmen für Kinder und Jugendliche gestartet. Zentrale Themen dabei waren gesunde Ernährung, Rauchen, Alkohol- und Drogenkonsum, Stressabbau, Entspannung, Bewegung, AIDS und Sexualaufklärung.

Auf der Suche nach erfolgversprechenden Konzepten zur Förderung gesunder Lebensweisen in Kindheit und Jugend gewinnt dabei derzeit eine bisher noch wenig genutzte Methode zunehmende Bedeutung: der Einsatz von Gleich(ähnlich)altrigen und Gleich(ähnlich)gesinnten zu Zwecken der Beratung, Unterstützung und Information bei jugendspezifischen Fragen und Problemen. Gleichaltrige und Gleichgesinnte werden für ihresgleichen als Multiplikatorinnen und Multiplikatoren tätig. Von gleich zu gleich soll gelernt werden, und es wird vermutet, daß dabei Erfahrungen gemacht werden, die in anderen Interaktionssystemen, wie etwa in der Familie oder in der schulischen Konfrontation mit Lehrern, nicht bzw. so nicht möglich wären.

Genauer wird unter *Peer Education* verstanden, daß eigens trainierte Jugendliche (Peer Educators) versuchen, eine Gruppe (z.B. Schulklasse, Besucher einer Jugendfreizeiteinrichtung, Diskobesucher, etc.) über ein Thema (z.B. Verhütungsverhalten) zu informieren und ihre Einstellungen und Verhaltensweisen zu beeinflussen. *Peer Education Ansätze* setzen auf einen *Multiplikatoreneffekt,* der von den Peers ausgeht. Ausgangspunkt für Peer Education-Initiativen sind in Schulen häufig wahrgenommene Probleme. Aber auch ausgehend von Selbsthilfeinitiativen oder Jugendorganisationen sind Peer Education Gruppen aktiv geworden.

Worin nun liegen die spezifischen Chancen des Einsatzes von Peers? Eine Reihe von Autoren haben der Peer-Gruppe *wichtige Entwicklungsfunktio-*

nen im Jugendalter zugeschrieben (z.B. Ausubel, 1968; Coleman, 1961; Erikson, 1988):

- Peer Groups, so wird etwas idealisierend beschrieben, können zur Orientierung und Stabilisierung beitragen und emotionale Geborgenheit gewähren. Sie helfen Jugendlichen, Einsamkeitsgefühle zu überwinden, die viele entwicklungsbedingt aufgrund der einsetzenden Selbstreflexion und Erkenntnis der Einmaligkeit entwickeln.
- Peer Groups bieten einen sozialen Freiraum für die Erprobung neuer Möglichkeiten im Sozialverhalten und lassen oftmals Verhaltensweisen zu, die außerhalb von Peer-Groups zu riskant wären oder saktioniert würden.
- Peer Groups wird darüber hinaus eine wichtige Funktion bei der Ablösung von den Eltern zugeschrieben. Die in Peer-Groups geltenden Normen und Regeln vermitteln Sicherheit - auch bei der Durchsetzung von persönlichen Interessen gegenüber den eigenen Eltern.

Zusammenfassend läßt sich sagen, daß Gleichaltrige für die Übernahme von Werten, Normen aber auch Verhaltensweisen, die insgesamt den Lebensstil prägen, in der Jugendphase für Jugendliche hoch bedeutsam sind. Peer Groups tragen wesentlich zur Identitätsbildung bei, vermitteln Identifikationsmöglichkeiten, helfen Lebensstile kennenzulernen und die Selbstpräsentation einzuüben (vgl. Oerter u. Dreher, 1995, S. 370). Auch unter dem Blickwinkel, daß sich Jugendliche in einem Entwicklungsstadium befinden, in dem sie nach Autonomie und Unabhängigkeit von Erwachsenen streben, scheint der Einsatz Gleichaltriger sehr vielversprechend. Entsprechend liegt es nahe, die besondere Funktion, die den Gleichaltrigen in der Adoleszenz zukommt, unter der Perspektive zu nutzen, Einstellungen und Verhaltensweisen der Jugendlichen positiv zu beeinflussen.

Eines der primären Ziele von Peer Education ist die *Erhöhung des Wissens* bei Adressatinnen und Adressaten. Evaluationsstudien sprechen dafür, daß dieses Ziel tatsächlich erreicht wird (z.B. Phelp, Mellanby, Crichton & Tripp, 1994; Rickert, Jay, & Gottlieb, 1991). Zwar gibt es auch Hinweise darauf, daß Peer Educators nicht erfolgreicher in der Wissensvermittlung sind als erwachsene Expertinnen bzw. Experten, doch finden sich zumindest Hinweise, daß sich Gleichaltrige häufiger und lieber an jugendliche Multiplikatoren als an Erwachsene wenden, wenn sie Fragen haben (Rickert et al., 1991).

Einstellungs- und Verhaltensänderungen sind hingegen weitaus schwieriger durch Aufklärung zu erzielen. Einige Studien haben aber dennoch Einstellungsänderungen infolge eines mehrstündigen Aufklärungsunterrichts durch Gleichaltrige belegen können. So zeigte sich zum Beispiel als Ergebnis von auf AIDS-Prävention bezogener Peer Education, daß die Jugendlichen ein subjektiv höheres Risiko, sich persönlich mit dem HI-Virus infizieren zu können, empfanden (Newitt, 1994; Somerset Health Authority, 1994), und daß Vorurteile gegenüber HIV-Infizierten abgebaut werden konnten (Rickert et al., 1991). Auch die Intention, Verhütungsmittel zu benutzen, stieg nach einer Theaterveranstaltung zum Thema AIDS und Verhütung an (Hillman, Hovell, Williams, Hofstetter, Burdyshaw, Rugg, Atkins, Elder & Blumberg, 1991). Rubenstein et al. (1990) berichteten über Verhaltensänderungen als Ergebnis von Peer Education zur Prävention ungewollter Schwangerschaften: Keines der Mädchen, die an Beratungsgesprächen teilgenommen hatten, wurde innerhalb eines Jahres wieder schwanger (für ähnliche Ergebnisse siehe auch Slap, Plotkin, Khalid, Michelman & Forke, 1991; Svenson, Hanson & Johnson, 1994).

Ein weiteres Ziel von Peer Education besteht darin, die *Kommunikationsbereitschaft* Jugendlicher zum jeweiligen Thema zu fördern. So zeigen beispielsweise verschiedene empirische Untersuchungen zum Verhütungsverhalten im allgemeinen und zur Kondombenutzung im besonderen, daß die Fähigkeit, über Liebe, Sexualität und AIDS zu kommunizieren, für eine regelmäßige Anwendung von Kontrazeptiva unabdingbar ist (siehe DiClemente, 1992). Auch dieses Ziel scheint den Ergebnissen verschiedener Evaluationsstudien zufolge mit Peer Education erreicht zu werden. Die Studie von Phelps et al. (1994) ergab, daß die Mehrheit der jugendlichen Adressatinnen und Adressaten (66 %) anschließend mit ihren Freundinnen und Freunden über das Programm redete. Besonders Rollenspiele haben die Jugendlichen zum Reden über Sexualität und Verhütungsfragen angeregt. Dies mag unter anderem daran liegen, daß Problemsituationen durch Rollenspiele für Jugendliche realistischer werden. Diese Befunde weisen zusammengenommen darauf hin, daß die Stärkung sozialer Kompetenzen und der eigenen Ressourcen durch den peer involvement-Ansatz erzielt werden kann.

Wir haben bisher die positiven Wirkungen dargestellt, die Peer Education auf die jeweiligen Adressatinnen und Adressaten haben sollte. Darüber hinausgehend sind aber auch positive Effekte auf die Peer Educators selbst zu erwarten. So zeigte sich in Studien, in denen Peer Educators zu ihrem Training bzw. der Arbeit mit den Adressatinnen und Adressaten befragt wurden (z.B. Büscher & Schönbach, 1994; Croll, Jurs & Kennedy, 1993; Fazekas & Scheipl, 1993; Liebherz & Rutter, 1995; Newitt, 1994; Phelps et al., 1994; Somerset Health Authority, 1994; Svenson et al., 1994), daß die Multiplikatorentätigkeit insgesamt förderlich für die persönliche Entwicklung der Jugendlichen ist. Jugendliche, die als Peer Educators ausgebildet worden sind, zogen aus ihrer Ausbildung persönlichen Nutzen und bewerteten das Training durchgängig als positiv. Häufig erlebten sich Peer Educators als selbstbewußter, selbstsicherer und offener. Sie sagten beispielsweise von sich, daß sie nach dem Training und ihren Erfahrungen mit anderen Jugendlichen Probleme sowie an sie gestellte Anforderungen besser bewältigen könnten. Verschiedentlich gaben sie an, ihre Meinung nun freier äußern zu können als vor dem Training. Weiter fühlten sie sich informierter, sozial kompetenter und meinten, ihre eigenen Bedürfnisse eher erkennen zu können als die meisten ihrer gleichaltrigen Mitschülerinnen und Mitschüler. Auch Einstellungsänderungen und beabsichtigte Verhaltensänderungen wurden berichtet.

Das Berliner Peer Education Projekt zur Prävention ungewollter Schwangerschaften und von HIV-Infektionen

Peer Education-Ansätze werden in der Gesundheitsförderung und Prävention derzeit noch oftmals als Novum betrachtet. Dies dürfte ein wichtiger Grund dafür gewesen sein, warum wir von der Bundeszentrale für gesundheitliche Aufklärung (BZgA) die Möglichkeit bekamen, drei Jahre lang ein Modellvorhaben "Peer Education zu Liebe, Sexualität und Schwangerschaftsverhütung" in Berlin zu realisieren, es wissenschaftlich zu begleiten und zu evaluieren. Im folgenden sollen Wirkungen des Modellprojektes auf die Jugendlichen aus der Perspektive der wissenschaftlichen Begleitforschung dargestellt werden. Dabei sollen sowohl die Wirkungen auf die Peer Educators, als auch auf die Adressatinnen und Adressaten analysiert werden. Fünf Fragen soll dabei nachgegangen werden: Die ersten drei beschäftigen sich direkt mit den Peer Educators oder solchen, die es werden wollten. Im Zentrum der beiden letzten Fragestellungen stehen die Adressatinnen und Adressaten der Peerveranstaltungen. Die Fragestellungen lauten im einzelnen:

1) Lassen sich Jugendliche, die aus dem Peer Education - Training aussteigen, schon zu Beginn des Trainings von denen unterscheiden, die dabei bleiben?
2) Bewirkt das Training bei den Peer Educators eine Verbesserung ihrer Selbsteinschätzungen und Fähigkeiten?
3) Weiterhin soll die Zeit nach dem Trainingsabschluß betrachtet werden: Was haben die Jugendlichen durch ihre Aktivität als Peer Educator gelernt oder haben sie von ihren neuen Erfahrungen profitiert?

4) Wie werden die Peer Educators während ihrer Veranstaltungen von den Teilnehmern eingeschätzt? Werden sie in ihrer Rolle von den andern Jugendlichen akzeptiert und wie werden ihre Gruppenleitungskompetenzen eingeschätzt?
5) Verändern Peer Educators Selbsteinschätzungen und/oder Verhaltensweisen der Teilnehmer?

Ergebnisse

Abbildung 1 beinhaltet eine Beschreibung der Stichprobe der Peer Educators.[1] Im gesamten Modellprojektzeitraum wurden fünf Gruppen ausgebildet: zwei gymnasiale Gruppen (Gruppe 1 und Gruppe 4), zwei Gesamtschulgruppen (Gruppe 2 und Gruppe 4) und eine gemischte Gruppe (Gruppe 3), die sich aus Jugendlichen einer Hauptschule und einer Gesamtschule zusammensetzt.

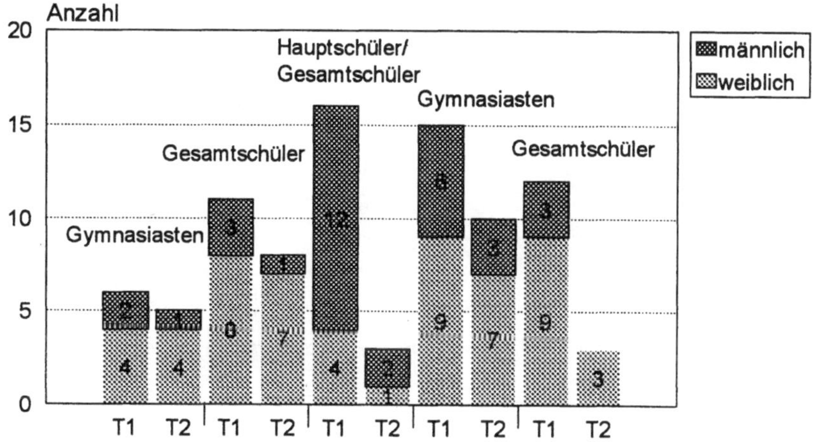

Abbildung 1. Gruppengröße und Geschlechtsverteilung vor (T1) und nach (T2) dem Intensivtraining (Teilprojekt I)

Die Größe der einzelnen Gruppen lag zu Beginn zwischen sechs und sechzehn Jugendlichen, wobei in allen Gruppen mit Ausnahme der "gemischten" Gruppe (Gruppe 3) der Anteil der Mädchen überwog. Gruppe

[1] Das Berliner Modellprojekt bstand aus zwei Trainigsvarianten-ein Intensivtraining (Teilprojekt I) und ein Kurztraining (TeilprojektII). Die Ergbenisdarstellung bezieht sich nur auf Teilprojekt I.

3 stellte in mehrerer Hinsicht eine Ausnahme dar: Als einzige Gruppe setzte sie sich aus Jugendlichen verschiedener Schularten (Haupt-/ Gesamtschule) zusammen. Beide Schulen waren im Gegensatz zu allen anderen beteiligten Modellprojektschulen in Ostberlin lokalisiert.

Um unsere Untersuchungsfragen 1 bis 3 zu beantworten, wurden den Peer Educators unmittelbar vor dem Training, direkt nach dem Training und ein dreiviertel Jahr später Fragebögen vorgelegt. Bzgl. der ersten Untersuchungsfrage nach Unterschieden zwischen Trainingsaussteigern und Dabeibleibern wurden zunächst nach Schultypen getrennt die Anzahlen von Aussteigern und Dabeibleibern berechnet. Wie Abbildung 2 zeigt, war die Aussteigerrate in der Haupt-/Gesamtschule am höchsten und bei den Gymnasiasten am niedrigsten.

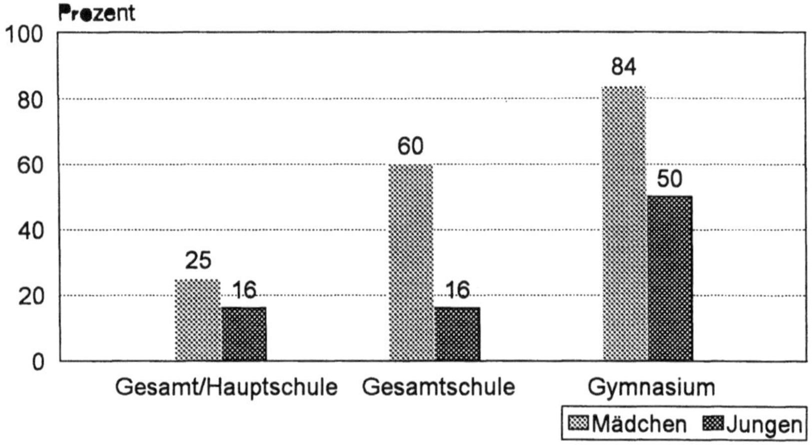

Abbildung 2. Prozentualer Anteil der Jugendlichen, die das Training beenden (N = 28)

Weiter zeigt Abbildung 2 den prozentualen Anteil von Mädchen und Jungen, die das Training vollständig absolviert haben. Es wird deutlich, daß in allen Gruppen Jungen das Training seltener beendet haben als Mädchen (χ^2 (1) = 3,118 (*)[1]). Die Auswertung der Fragebögen ergab weiterhin, daß Aussteiger deutlich jünger waren (F (1) = 11,56 ***) als Dabeibleiber. Ihr Durchschnittsalter betrug bei Beginn des Training 14,3 Jahre, während die Dabeibleiber zu Trainingsbeginn im Mittel bereits 15,3 Jahre alt waren. Weiter verfügten Dabeibleiber bereits vor Beginn des Trainings über mehr

---

[1] Anmerkung. p < .10 = (*); p < .05 = * ; p< .01 = **; p < .001 = ***

themenbezogenes Wissen (F (1,65) = 7,71 **), sie hatten eine positivere Einstellung gegenüber Kondomen (F (1,65) = 6,10 *) und sie waren dem Leben gegenüber tendenziell optimistischer eingestellt (F (1,66) = 3,0 (*)), als dies für Trainingsabbrecher der Fall war. Das bedeutet, Jugendliche, die von Beginn an den Trainingsinhalten besonders interessiert und offen gegenüberstanden und sich vielleicht auch schon selbständig informiert hatten, beendeten das Training mit höherer Wahrscheinlichkeit als die anderen. In den folgenden Analysen wurden die Dabeibleiber in ihrer Entwicklung weiter verfolgt.

Zur Beantwortung der zweiten Untersuchungsfrage, nämlich ob sich durch das Training bei den Peer Educators Selbsteinschätzungen und Fähigkeiten verbessern, wurden die Fragebogenantworten zu den Themenkomplexen "Themenbezogenes Wissen", "Selbstwertgefühl", "Wahrgenommene Kommunikationskompetenz" und "Selbstsicherheit in bezug auf die eigene Sexualität" ausgewertet.

Abbildung 3 zeigt die Veränderungen zwischen Trainingsbeginn und

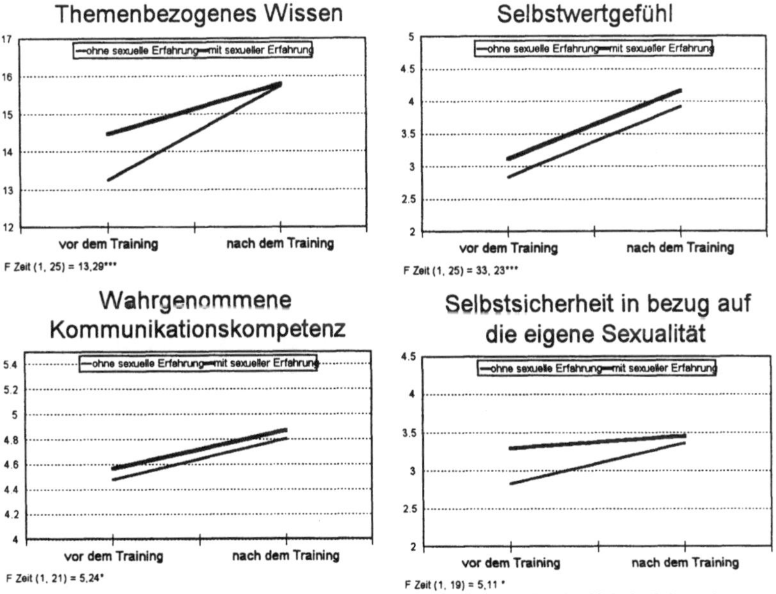

Abbildung 3. Veränderungen sexuell erfahrener und sexuell unerfahrener Peer educators (N = 28) in der Trainingsphase

Trainingsende: Demnach profitierten die Jugendlichen von dem Training in vier Bereichen. Es zeigte sich eine Zunahme in themenbezogenem Wissen im Hinblick auf Sexualität, Schwangerschaftsverhütung und sexuell übertragbare Krankheiten und eine Steigerung der selbsteingeschätzten Kommunikationskompetenz. Diese Veränderungen können als *unmittelbare* Trainingserfolge betrachtet werden, da sie im Training als Inhalt thematisiert oder im Verhalten direkt geübt wurden. Darüber hinaus fanden sich aber auch eher indirekte Trainingsauswirkungen, wie zum Beispiel eine Zunahme im Selbstwertgefühl, was einer Generalisierung des Lerneffekts auf andere Persönlichkeitsbereiche gleichkommt. Sogenannte globale Ressourcen, wie das Selbstwertgefühl, helfen Jugendlichen ganz generell dabei, mit Anforderungen und Streßsituationen verschiedenster Art gut umzugehen. Der vierte und letzte Bereich, in dem sich eine positive Entwicklung zeigt, ist das Selbstvertrauen bzgl. der eigenen Sexualität. Dieses vermag die "Bewältigung" einer der wesentlichsten Entwicklungsaufgaben, "die Aufnahme intimer Beziehungen" (vgl. Dreher & Dreher, 1985) zu unterstützen und einen selbstbestimmten und verantwortungsbewußten Umgang mit Verhütungsmitteln zu fördern. Unterscheidet man die sexuell erfahrenen Jugendlichen[1] von den sexuell nicht erfahrenen Jugendlichen, so scheinen die sexuell Unerfahrenen zu Beginn des Trainings über weniger themenbezogenes Wissen und geringeres Selbstbewußtsein im sexuellen Bereich zu verfügen. Allerdings nähern sie sich im Verlaufe ihrer Ausbildung an die sexuell erfahrenen Jugendlichen an, was darauf hindeutet, daß sie in diesen Bereichen von dem Modellprogramm in besonderer Weise profitieren. Allerdings führen diese differentiellen Veränderungen sexuell erfahrener und sexuell unerfahrener Jugendlicher aufgrund der kleinen Gruppengröße zu keinem statistisch nachweisbaren Unterschied zwischen den beiden Gruppen.

In unserer dritten Untersuchungsfrage wurde der Zeitraum nach dem Trainingsabschluß betrachtet, also die Phase der Durchführung von Peer Educator-Aktivitäten an den Schulen. Die Veränderungen der Jugendlichen in den vier Bereichen "Themenbezogenes Wissen", "Selbstwertgefühl", "Wahrgenommne Kommunikationskompetenz" und "Selbstsicherheit in bezug auf die eigene Sexualität" zwischen dem Trainingsbeginn, dem Trainingsende und dem Ende der Durchführungsphase sind in Abbildung 4 dargestellt[2].

---

[1] Als "sexuell erfahrene " Jugendliche betrachten wir diejenigen Jugendlichen mit Pettingerfahrung und Geschlechtsverkehrerfahrung

[2] Die Stichprobe umfaßt über die drei Meßzeitpunkte hinweg erst 17 Jugendliche, da die Befragung zum Zeitpunkt der Fachtagung noch nicht abgeschlossen werden konnte. Endgültige Ergebnisse werden im Endbericht der wissenschaftlichen Begleitforschung zum Ende des Jahres vorliegen.

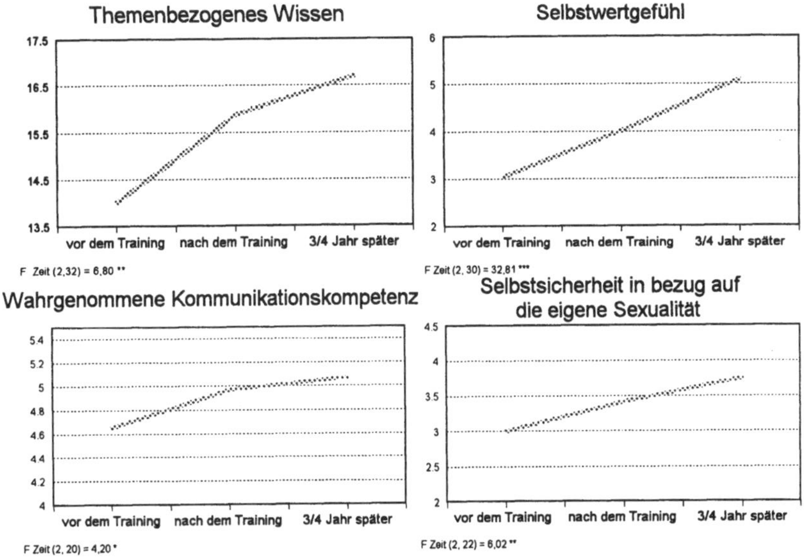

Abbildung 4.Veränderung der Peer educators in der Trainings- und Durchführungsphase (N = 17)

Eine Betrachtung der Entwicklung der Jugendlichen über die Trainingsphase hinaus zeigt, daß das Niveau in allen interessierenden Persönlichkeits- und Fähigkeitsbereichen beibehalten werden konnte, teilweise setzte sich der Aufwärtstrend weiterhin fort. Die Ausbildung als Peer Educator schien die Jugendlichen demnach langfristig und nachhaltig zu beeinflussen. Dabei spielten Erfahrungen, die die Jugendlichen mit ihren Veranstaltungen und Aktivitäten gesammelt hatten, sicherlich eine eigenständige und wesentliche Rolle. Aber auch die Nachbetreuung durch das Team während der Durchführungsphase könnte dazu beigetragen haben, daß die Jugendlichen langfristig von dem Modellprojekt profitierten. Einschränkend ist allerdings zu konstatieren, daß es aufgrund einer fehlenden Vergleichsgruppe unsicher ist, inwieweit die positiven Veränderungen auf das Training allein zurückzuführen sind. Möglicherweise konnten die Jugendlichen auch schon aufgrund natürlich stattfindender Entwicklungsprozesse, neuer Erfahrungen und Erlebnisse, an Selbstsicherheit und Wissen hinzugewinnen.
Unsere vierte Untersuchungsfrage zielte darauf ab, wie die Peer Educator während ihrer Veranstaltungen durch die Teilnehmer eingeschätzt wurden. Zur Ermittlung solcher Einschätzungen wurde unmittelbar nach jeder Veranstaltung von den Teilnehmern der Veranstaltung ein zweiseitiger Kurzfragebogen ausgefüllt. Die überwiegende Mehrzahl der Teilnehmer, näm-

lich 87%, bestätigte, die Veranstaltung hätte ihnen "überwiegend gut" oder "total gut" gefallen und weitere 80 % der Teilnehmer hatten sich in der Gruppe "eher wohl" oder "sehr wohl" gefühlt. Weiter sollten kommunikative Kompetenzen der Peer Educators im Umgang mit der Gruppe und weitere Eigenschaften (Attraktivität, Ähnlichkeit), die Modellernprozesse fördern können, eingeschätzt werden. In Abbildung 5 ist eine Auswahl solcher Einschätzungen für die Peer Educators nach Schultypen getrennt dargestellt.

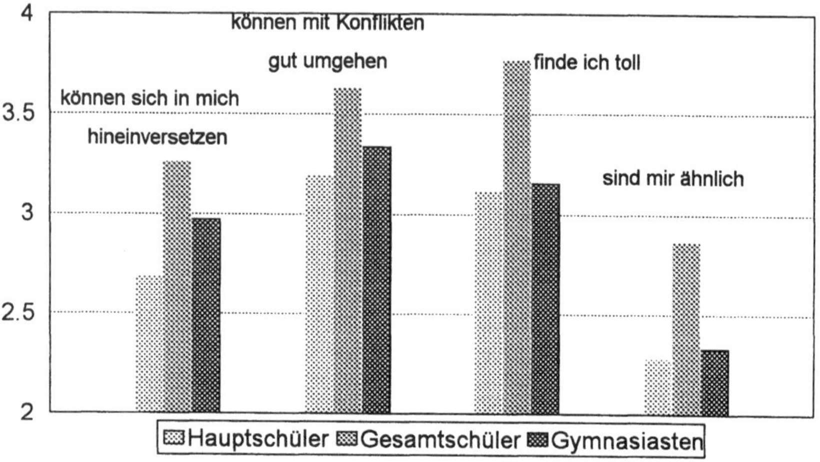

Abbildung 5. Einschätzung der Peer educators durch

Alle Peer Educators wurden in Bereichen, die Gruppenleitungskompetenzen betreffen ("sich in andere hineinversetzen"; "mit Konflikten in der Gruppe umgehen"), überdurchschnittlich gut bewertet. Auch die wahrgenommene Attraktivität ("finde ich toll") ist als recht hoch einzuschätzen. Die niedrigsten Einschätzungen entfallen auf den Bereich "wahrgenommene Ähnlichkeit". Offensichtlich nehmen die Teilnehmer hier einen Unterschied zwischen sich und den Peer Educators wahr, der in Widerspruch zu einem der Grundgedanken von Peer-Involvemen–Ansätzen "von Gleich zu Gleich" steht. Dies mag damit zusammenhängen, daß die Peer Educators meist ein bis drei Jahre älter waren als die Teilnehmer, da

es in den meisten Fällen ihr Wunsch war, die Veranstaltungen mit jüngeren Schülern durchzuführen. Ein Vergleich der Bewertung der Peer Educators aus verschiedenen Schultypen zeigt, daß die Gesamtschüler/innen von ihrer Gleichaltrigengruppe in allen dargestellten Bereichen vergleichsweise am besten bewertet werden. Auch die wahrgenommene Ähnlichkeit zwischen sich und den Peer Educators wurde in dieser Gruppe am höchsten eingeschätzt. Dieses Ergebnis sollte nicht als ein direkter Vergleich von Gesamtschüler/innen mit Gymnasiast/innen und Hauptschüler/innen gewertet werden, sondern soll vielmehr Hinweise darauf geben, inwieweit die "Angebote" der Peer Educator-Gruppen mit Erwartungen und Bedürfnissen ihrer eigenen Bezugsgruppe übereinstimmten.
Unsere fünfte und letzte Untersuchungsfrage zielte auf die Multiplikatorenwirkung des Peer Education-Ansatzes: Lassen sich bei den Teilnehmern langfristige Wirkungen nachweisen, die mit den globalen Präventionszielen Aidsprävention und Schwangerschaftsverhütung in Zusammenhang stehen? Um diese Fragestellung beantworten zu können, war eine zusätzliche Befragung gleichaltriger Jugendlicher aus Vergleichsschulen erforderlich. Insgesamt wurden hierzu 1411 Jugendliche aus Haupt-, Gesamtschulen und Gymnasien befragt. Aufgrund der erforderlichen Kürze des Beitrages können hier nur ausgewählte Ergebnisse vorgestellt werden.[1] Da in verschiedenen Schulen verschiedene Programme realisiert wurden, erfolgt die Ergebnisdarstellung nach Schultypen getrennt, wobei die Darstellung auf Gesamtschüler/innen und Gymnasiast/innen beschränkt wird. Alle Peer-Educator Veranstaltungen mit Schulklassen wurden innerhalb regulärer Unterrichtsstunden durchgeführt. Die Peer Educators wandten in den Sitzungen verschiedene Methoden an, in allen Treffen wurde jedoch unter anderem auch über Verhütungsmittel- und Kondomgebrauch gesprochen.
Wie in Abbildung 6 dargestellt ist, zeigten sich bei den Gesamtschülern für die Einstellungen zur Kondombenutzung in der Teilnehmergruppe relativ zur Kontrollgruppe positive Veränderungen. Ebenso veränderten sich die sog. normative Erwartungen in bezug auf andere Jugendliche. Normative Erwartungen beinhalten hier konkret die Überzeugung, daß Freundinnen und Freunde die Kondombenutzung erwarten. Gerade im Jugendalter spielen solche normativen Erwartungen der Gleichaltrigengruppe gegenüber eine große Rolle.
Ebenfalls langfristige Wirkungen, allerdings in anderen abhängigen Variablen, zeigten sich bei den Gymnasiasten. Da hier eine andere Art des

[1] alle dargestellten Effekte beinhalten statistisch signifikante Wechselwirkungseffekte (mind. 5 % - Niveau)

Programms realisiert wurde, war es möglich, zwei Arten von Aktivitäten in ihrer Wirkung auf die Teilnehmer miteinander zu vergleichen. Die Wirkung eines Theaterstücks zum Thema Bisexualität und einer anschließenden Diskussion wurde mit einer zusätzlichen Peerveranstaltung verglichen. Wie in Abbildung 7 veranschaulicht ist, fanden sich im Gegensatz zu den Gesamtschülern keine oder nur minimale Veränderungen in den Überzeugungen zur Kondombenutzung, allerdings positive Wirkungen, was die Gesprächsbereitschaft und das Gesprächsverhalten zu Themen wie Sexualität, Kondombenutzung und Verhütung betrafen. Die einzige Gruppe mit einer langfristig positiven Entwicklung des Gesprächsverhaltens war die Gruppe der Jugendlichen, die an einer Peerveranstaltung im Klassenverband teilgenommen hatte. Das Theaterstück alleine konnte keine langfristigen Aus-

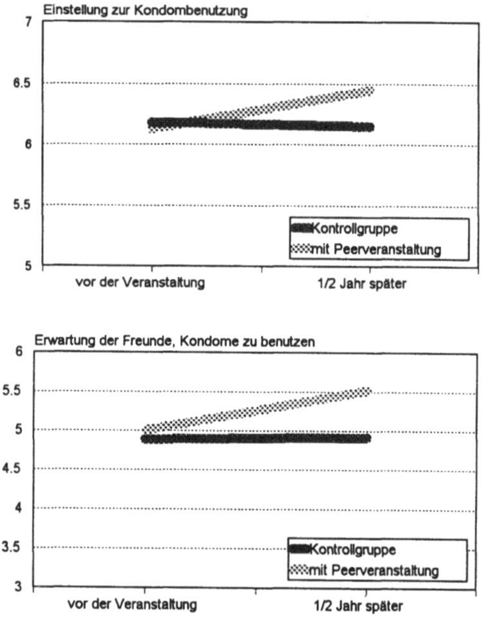

Abbildung 6. Wirkung der Peer educators auf Gesamtschüler (n = 387)

wirkungen des Modellprojektes in den betrachteten Bereichen erzielen. Das Ausmaß der Effekte ist ebenso wie bei den Gesamtschülern gering, allerdings ist dieses Ergebnis dennoch bemerkenswert, wenn man bedenkt, daß sich dieses Ergebnis langfristig, d.h. zwischen einem und fünf Monate, nachdem eine einzige Peerveranstaltung durchgeführt wurde, zeigte.

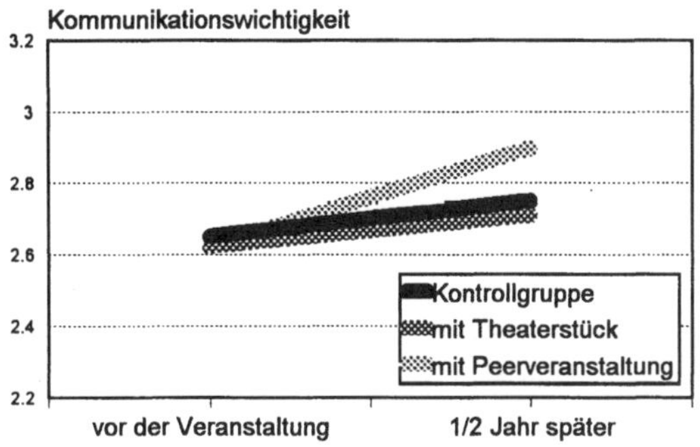

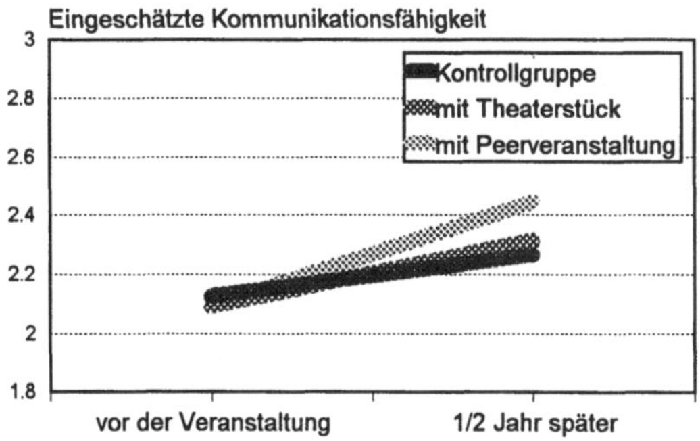

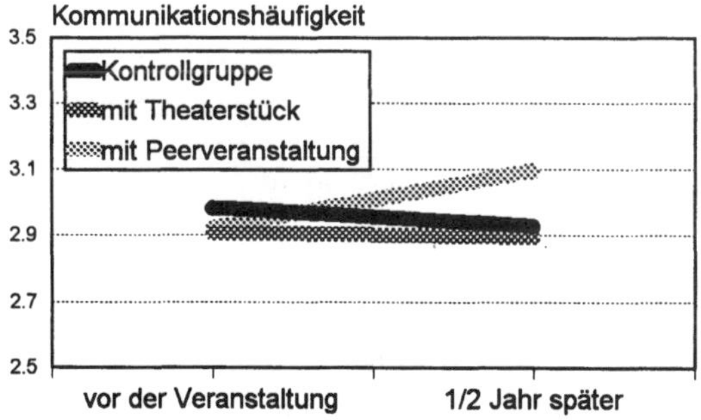

Abbildung 7. Wirkung der peer educators auf Gymnasiasten (n = 953)

Diskussion

Bezugnehmend auf unsere fünf Untersuchungsfragen können die Ergebnisse wie folgt zusammengefaßt werden.

(1) Bei einem Vergleich von Trainingsaussteigern mit Trainingsabsolventen ("Dabeibleiber") zeigte sich, daß Selektionsmechanismen wirksam sind: Trainingsaussteiger sind jünger, sind häufiger Jungen, wissen weniger, haben eine geringere Akzeptanz gegenüber Kondomen und sind tendenziell dem Leben gegenüber weniger positiv eingestellt als Trainingsabsolventen. Würde man diese Jugendlichen von vornherein aus dem Programm ausschließen, um die Trainingsabschlußquoten zu erhöhen, dann hätte dies die Konsequenz, die Zugangsmöglichkeiten für bestimmte "Gruppen" die über weniger Ressourcen verfügen, von vornherein zu beschränken. Möglicherweise wären dadurch gerade solche Zielgruppen betroffen, die besonderen Bedarf an Gesundheitsförderungsmaßnahmen haben. Das Alter schien hier ein ganz wesentlicher Einflußfaktor zu sein, was auch aus entwicklungspsychologischer Sicht plausibel ist. Jüngere Jugendliche verfügen möglicherweise auch aufgrund mangelnder eigener Erfahrungen über weniger Reife und Verantwortungsbewußtsein, um der Rolle eines Peer Educators gerecht werden zu können. Um die Zahl der Aussteiger zu verringern, wird daher empfohlen, daß Jugendliche erst ab 15 Jahren, in Ausnahmefällen ab 14 Jahren, mit der Peerausbildung beginnen.

(2) Jugendliche, die an einem Peer Education-Training teilnehmen, verfügen über mehr themenbezogenes Wissen, schätzen ihre Kommunikationskompetenzen höher ein, zeigen ein gesteigertes Selbstwertgefühl und auch im sexuellen Bereich mehr Selbstbewußtsein, als vor dem Training.

(3) Die Jugendlichen profitierten von ihrer Tätigkeit als Peer Educator. Auch noch ein dreiviertel Jahr nach Abschluß des Trainings blieben die dargestellten "Trainingseffekte" bestehen oder verbesserten sich noch weiter. Jedoch können natürlich ablaufende Entwicklungsprozesse als Einflußfaktoren hierbei nicht ausgeschlossen werden.

(4) Die Teilnehmer der Peer Educator-Veranstaltungen bewerteten die Veranstaltung selbst und Kommunikationskompetenzen der Peer Educators überwiegend positiv. Die wahrgenommene Ähnlichkeit mit den Peer Educators als wichtige Einflußgröße des Modellernens war allerdings eher gering.

(5) Abhängig vom Schultyp zeigten sich bei den Teilnehmern unterschiedliche Wirkungen des Peer Education-Programms. Während Teilnehmer aus Gesamtschulen eher ihre Überzeugungen zum Kondomgebrauch än-

derten, profitierten die Teilnehmer aus Gymnasien in ihrem Gesprächsverhalten und ihrer Gesprächsbereitschaft bezüglich Sexualität und Verhütung. Der Nachweis einer Multiplikatorenwirkung scheint hier also gelungen, allerdings nur im Rahmen von "kleineren" Gruppen, wie zum Beispiel Schulklassen. Eine Theateraufführung vor einer größeren Gruppe Jugendlicher konnte keine langfristigen Veränderungen in den Einstellungen und Verhaltensweisen der Teilnehmer bewirken.

Ausblick

Das Berliner Peer Education Modellprojekt zu Liebe, Sexualität und Schwangerschaftsverhütung steht nicht allein da. Im Europäischen Raum ist ebenfalls das Bedürfnis entstanden, den Impact des Peer Involvement-Ansatzes zu prüfen. Als Ergebnis eines "gemeinschaftlichen europäischen Aktionsplanes zu AIDS-peer education", der das Ziel verfolgt, Jugendliche innerhalb und außerhalb des Schulsystems zu erreichen ('The European Joint Action Plan on AIDS-peer education to reach Young People in and outside the School System'), ist in internationaler Kooperation ein Leitfaden entstanden, der bei der Initiierung, Umsetzung und Evaluation von Peer Education Projekten helfen soll. Das Europeer-Projekt hat darüber hinaus eine Webseite im Internet (www.europeer.lu.se) entwickelt. Diese Webseite enthält Versionen des Leitfadens in den Sprachen Französisch, Englisch, Italienisch, Deutsch, Portugiesisch, Griechisch und Schwedisch. Die jeweilige Version kann heruntergeladen und vervielfältigt werden. Außerdem bietet die Seite downloads der (hauptsächlich englischsprachigen) Bibliographie, eine Zusammenstellung der AIDS-Peer Education-Projekte in der Europäischen Union, eine Newspage, eine Linkspage und ein Diskussionsforum für Peer Educators, Praktiker, Politiker, Forscher und Evaluatoren, sowie zur allgemeinen Nutzung. Insofern ist zu hoffen, daß die Erfahrungen mit Peer Ansätzen vertieft werden und daß diese zu besseren Standards in Forschung und Praxis beitragen. Bezüglich der Forschung fehlen aus unserer Sicht vor allem kontrollierte Studien, die auch Auskunft über Langzeiteffekte geben. Das Berliner Peer Education-Projekt hat dabei sicherlich Modellfunktion.

Literatur

Ausubel, D. P. (1968). *Das Jugendalter.* München: Juventa.

Büscher, I. & Schönbach, K. (1994). IN-TEAM's kommen gut. Ein Berliner peer-education Modell zu Liebe, Sexualität und Aids. *PÄD EXTRA, 7-8*, 56-59.

Coleman, J. S. (1961). *The adolescent society.* New York: Free Press.

Croll, N., Jurs, E., & Kennedy, S. (1993). Total quality assurance and peer education. *Journal of American College Health, 41 (6)*, 247-249.

DiClemente, R. J. (1992). Adolescents and AIDS: A generation in jeopardy. In R. J. DiClemente (Ed.), *Adolescents and AIDS: A generation in jeopardy.* Newbury Park-London-New Delhi: Sage Publications.

Dreher, E. & Dreher, M. (1985). Wahrnehmung und Bewältigung von Entwicklungsaufgaben im Jugendalter: Fragen, Ergebnisse und Hypothesen zum Konzept einer Entwicklungs- und Pädagogischen Psychologie des Jugendalters. In R. Oerter (Hrsg.), *Lebensbewältigung im Jugendalter. Ergebnisse der Pädagogischen Psychologie. Bd. 3.* Weinheim: Edition Psychologie.

Erikson, E.H. (1988). *Jugend und Krise. Die Psychodynamik im sozialen Wandel.* (3. Aufl.). Stuttgart: Klett-Cotta. (Orginal erschienen 1968: *Identity, Youth and Crisis*).

Fazekas, C. & Scheipl, J. (1993). HIV peer education at the University of Graz, Austria. *Poster presentation at the IX. international conference on AIDS, Berlin.*

Newitt, K. (1994). An evaluation of peer education methodology in relation to HIV/AIDS. *Unveröffentlichtes Manuskript.*

Oerter, R. u. Dreher, E. (1995). Jugendalter. In R. Oerter & L. Montada (Hrsg.). *Entwicklungspsychologie (3. Aufl.).* (S. 310-395). Weinheim: Beltz Pyschologie Verlags Union.

Phelps, F. A., Mellanby, A. R., Crichton N. J., & Tripp, J. H. (1994). Sex education: The effect of a peer programme on pupils (aged 13-14 years) and their peer leaders. *Health Education Journal, 53*, 127-139.

Rickert, V. I., Jay, M. S., & Gottlieb, A. (1991). Effects of a peer-counseled AIDS education program on knowledge, attitudes, and satisfaction of adolescents. *Journal of Adolescent Health, 12 (1)*, 38-43.

Slap, G. B., Plotkin, S. L., Khalid, N., Michelman, D. F., & Forke, C. M. (1991). A human immunodeficiency virus peer education program for adolescent females. *Journal of Adolescent Health, 12 (6)*, 434-442.

Somerset Health Authority (1994). Somerset Peer Education Project. *Unveröffentlichtes Manuskript.*

Svenson, G. R., Hanson, B. S., & Johnson, K. (1994). Including social-peer influences in HIV-prevention: Results of a model utilised at Lund University, Sweden. *Follow-up paper from an oral presentation at the conference: "AIDS in Europe. The Behavioral Aspect", 26.-29. September 1994, Berlin.*

Der Lehrer als Forschungsgegenstand: Determinanten der Effektivität pädagogischen Handelns

Martin K.W. Schweer

1 Einführung in den Problemkreis

Die Optimierung des Lehrerhandelns bildet innerhalb der Pädagogischen Psychologie als anwendungsbezogener Wissenschaftsdisziplin seit jeher einen Schwerpunkt der empirischen Forschung.

Bis in die 70er Jahre ging man im Kontext der *Erziehungsstilforschung* von einem statischen Menschenbild aus, das auf der Annahme basierte, daß sich jeder Lehrer - ungeachtet der situativen Gegebenheiten - durch einen ihm eigenen, persönlichen Unterrichtsstil kennzeichnen lasse. Im Mittelpunkt der Forschung stand insofern die relativ isolierte Betrachtung der Auswirkungen des Lehrerhandelns auf die Schüler (s. Abb. 1).

Abb. 1: Das grundlegende Paradigma der Erziehungsstilforschung

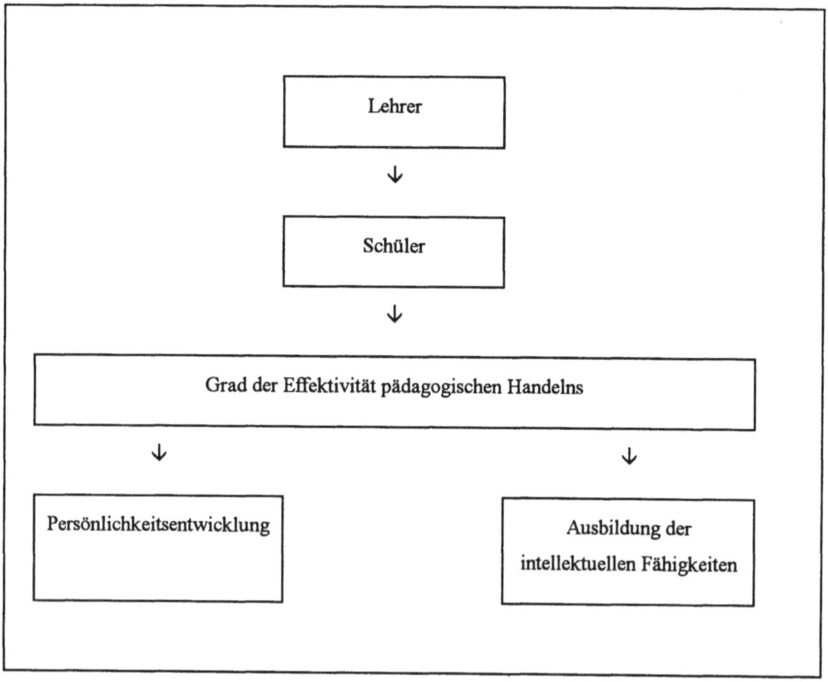

Wie in Abb. 1 veranschaulicht, wirkt der Lehrer hiernach relativ einseitig auf seine Schüler und damit auf die Erreichung der anzustrebenden Unterrichtsziele ein; diese Ziele beziehen sich zum einen auf die Persönlichkeitsentwicklung, zum anderen auf die Ausbildung intellektueller Fähigkeiten bei den Schülern. Wie effektiv das pädagogische Handeln letztendlich ist, inwieweit also die gesetzten Unterrichtsziele tatsächlich erreicht werden, hängt davon ab, welches Lehrerverhalten realisiert wird. Exemplarisch für diese Forschungsrichtung sind die Arbeiten von Lewin (Lewin, 1968; Lewin, Lipitt & White, 1939) sowie die weiterführenden Untersuchungen von Tausch & Tausch (1991).

In den vergangenen zwanzig Jahren hat sich jedoch in diesem Forschungsfeld ein grundlegender Wandel vollzogen.
In Anlehnung an die Theorien des „modernen" Interaktionismus (s. u.a. Magnusson, 1976; Wakenhut, 1978) und im Zuge der „kognitiven Wende" innerhalb der Psychologie (s. u.a. Bandura, 1979) wurde nun in sogenannten *sozial-kognitiven Ansätzen* des Lehrerhandelns das Verhalten des Lehrers verstärkt als Produkt der individuellen Auseinandersetzung mit den Gegebenheiten der schulischen Umwelt betrachtet (u.a. Rudow, 1994; Wahl, 1981). Nicht die „objektive" Wirklichkeit, sondern deren subjektive Repräsentation gibt dem konkreten Ereignis seine persönliche Bedeutung und lenkt auf diese Weise das weitere Erleben und Verhalten.

Bezogen auf das Unterrichtsgeschehen bedeutet dies, daß eine angemessene Beschreibung und Erklärung des pädagogischen Handelns den Transfer der objektiven Gegebenheiten in die subjektive Realität des Lehrers zum Ausgangspunkt der Betrachtung machen muß.
Exemplarisch für dieses Forschungsparadigma schreibt Hofer (1986, 42): „Was Lehrer tausendfach tun, geht zurück auf ihre Meinung von dem, was in der Schule ist, was als Zeichen wofür zu nehmen ist, was Not tut, was sein soll, was ärgerlich ist, was Ursache ist, was zu erwarten oder zu befürchten steht, welche Wirkung etwas hat, womit man rechnen muß, was möglich und nicht möglich ist. Es ist das subjektive, schulbezogene Wissen des Lehrers - ihm mehr oder weniger klar -, das weitgehend die Realität in den Klassenzimmern bestimmt."

2 Ergebnisse sozial-kognitiver Ansätze des Lehrerhandelns

Sozial-kognitive Ansätze des Lehrerhandelns untersuchen also die Bedingungen der subjektiven Informationsselektion und -verarbeitung von Lehrern und die daraus resultierenden Handlungsstrategien im Unterricht. In verschiedenen empirischen Studien (Hofer, 1981; Willis & Brophy, 1974) ließ sich zeigen, daß Lehrer aufgrund ihrer kognitiven Schemata, motivationalen Befindlichkeiten usw. Schüler nach verschiedenen Typen differenzieren, wobei die subjektive Zuordnung eines Schülers zu einem bestimmten Schülertypus wiederum mit einem spezifischen Verhalten des Lehrers verbunden ist.

Also: Der Lehrer verhält sich verschiedenen Schülern gegenüber unterschiedlich, er zeigt ein individualisierendes Lehrerverhalten. Hierbei realisiert er solchen Schülern gegenüber ein positives Unterrichtsverhalten, die seinen subjektiven Erwartungen entsprechen, während Schüler, die diesen Erwartungen zuwider laufen, verstärkt Restriktionen zu befürchten haben.

Bei weiteren Arbeiten liegt der Forschungsschwerpunkt auf der Analyse sogenannter schulischer Problemsituationen. In diesen Untersuchungen wird die Wahrnehmung der konkreten Unterrichtssituation als Ausgangspunkt des Lehrerverhaltens betrachtet (u.a. Rosemann & Kerres, 1985a, b; Schweer, 1991, 1993; Thienel, 1988).

Es konnte festgestellt werden, daß subjektive Wahrnehmungsmuster und individuelle Strategien der Informationsverarbeitung häufig zu einer unterschiedlichen Sichtweise und Bewertung identischer Situationen führen. Die Lehrer wählen aus der Gesamtsituation solche Merkmale aus, die für sie von hoher Bedeutung sind. Wahrnehmungsselektivität erleichtert die Informationsaufnahme und -verarbeitung und reduziert auf diese Weise Verhaltensunsicherheit. Bewertungsunterschiede „objektiv“ identischer Unterrichtssituationen lassen sich also dadurch erklären, daß jeweils andere Situationsmerkmale registriert bzw. den wahrgenommenen Merkmalen unterschiedliche Bedeutung zur Erklärung der Situation beigemessen werden.

Zusammengefaßt lassen die skizzierten Forschungsansätze erkennen, daß die soziale Wahrnehmung des Lehrers und die damit verbundene Konstruktion einer subjektiven Realität die Grundlage für sein

pädagogisches Handeln im Klassenzimmer bildet. Wenngleich hierbei bislang der Forschungsschwerpunkt auf der prozessualen Analyse der Selektion und Verarbeitung handlungsrelevanter Informationen beim Lehrer liegt, konnten bereits spezifische personale und situationale Moderator-Variablen identifiziert werden, die mit den interindividuellen Unterschieden im Wahrnehmen und Erleben von Unterrichtssituationen in Zusammenhang stehen (u.a. kognitive Komplexität, Selbstsicherheit, Lokalisierung des Problems).
Eine umfassendere Theorie zur Effektivität pädagogischen Handelns muß von daher verstärkt das Wechselspiel personaler und situationaler Merkmale berücksichtigen (s.a. bereits Lewin, 1935), wobei allerdings nicht vergessen werden darf, daß im Vergleich zu vielen Alltagssituationen die spezifischen Rahmenbedingungen der Schule (u.a. Bildungssystem, Lehrpläne, Kollegen, Klassengrößen) die jeweiligen Gestaltungsmöglichkeiten des Lehrers einschränken.

3 Bedingungen effektiven pädagogischen Handelns: Das Kompatibilitäts-Modell der Erziehungseffektivität

Wie im nachfolgenden *Kompatibilitäts-Modell* dargestellt, kann die Effektivität pädagogischen Handelns hinsichtlich der sie konstituierenden personalen und situationalen Faktoren beschrieben werden (s. Abb. 2).

Abb. 2:Das Kompatibilitäts-Modell der Erziehungseffektivität

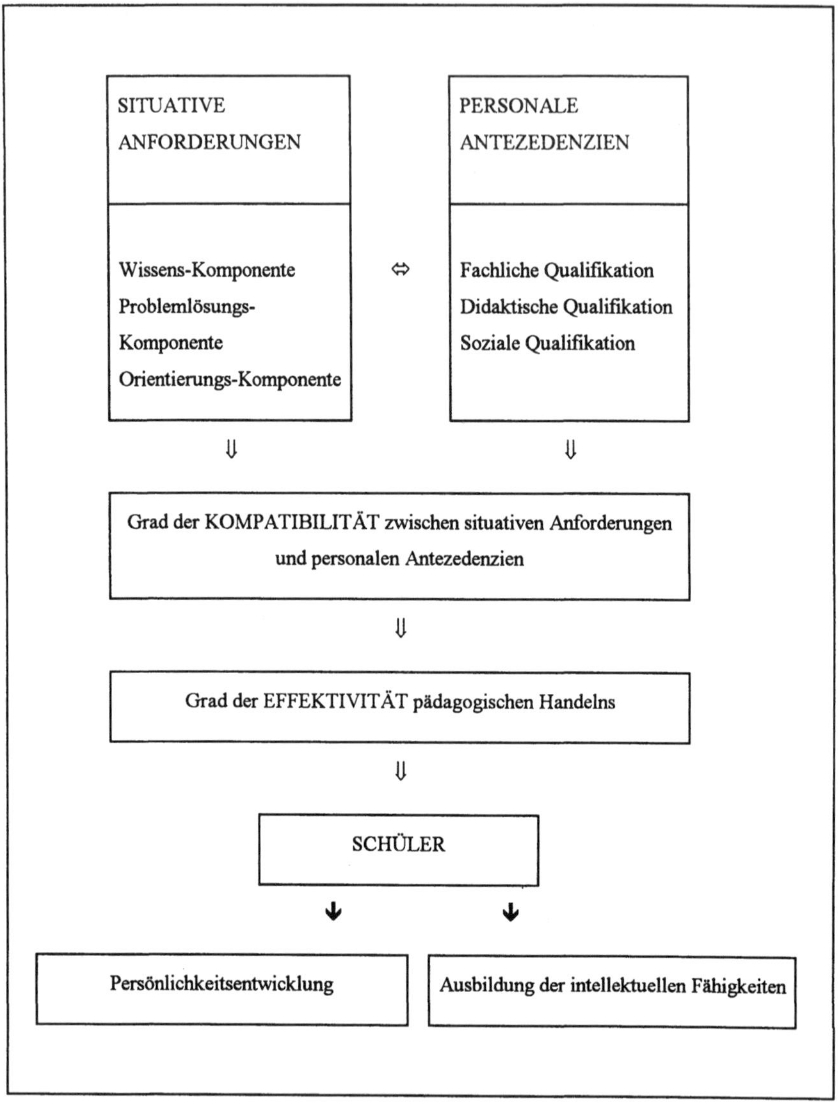

Als situative Anforderungen, die an den Lehrer gestellt werden, lassen sich folgende Komponenten unterscheiden:

1) *Wissens-Komponente*:
Vermittlung curricular festgelegter Wissensinhalte.

2) *Problemlösungs-Komponente*:
Hilfestellung bei bzw. Bewältigung intra- und interpersonaler Probleme, die bei einzelnen Schülern, zwischen Schülern untereinander oder auch zwischen Schülern und Lehrern auftreten können.

3) *Orientierungs-Komponente*:
Vermittlung sozialer Kompetenzen und gesellschaftlich relevanter Werte und Normen.

Desweiteren wirken personale Antezedenz-Bedingungen auf die Effektivität des pädagogischen Handelns ein, wobei sich hier im wesentlichen drei verschiedene Bewertungsdimensionen ergeben:

1) *Die fachliche Qualifikation des Lehrers*:
Inwieweit verfügt der Lehrer über das für seinen Unterricht erforderliche Fachwissen?

2) *Die didaktische Qualifikation des Lehrers*:
Inwieweit ist der Lehrer - ungeachtet seiner fachlichen Kompetenzen - in der Lage, die zu unterrichtenden Inhalte angemessen zu vermitteln?

3) *Die soziale Qualifikation des Lehrers*:
Inwieweit gelingt es dem Lehrer, ein Unterrichtsklima herzustellen, das ihm einen konstruktiven Einfluß auf die Persönlichkeitsentwicklung der Schüler ermöglicht?

Pädagogischer Einfluß hinsichtlich der Persönlichkeitsentwicklung und der Ausbildung der intellektuellen Fähigkeiten bei den Schülern ist dann *effektiv*, wenn die personalen Qualifikationen des Lehrers den situationalen Anforderungen der Institution Schule entsprechen.

Hierbei ist zu berücksichtigen, daß jeder Lehrer über ein differenziertes Repertoire an Unterrichtsstrategien verfügt. Welches Verhalten er letztendlich realisiert, ist davon abhängig, wie er die situativen Anforderungen des Unterrichtsgeschehens einschätzt; d.h. das vom Lehrer tatsächlich realisierte Verhalten ist die subjektiv günstigste Bewältigungsstrategie des Lehrers auf die wahrgenommene Unterrichtssituation. Diese Bewältigungsstrategie kann nun aber im Hinblick auf die *Effektivität* seines Handelns (Persönlichkeitsentwicklung / Ausbildung der intellektuellen Fähigkeiten bei den Schülern) mehr oder minder erfolgreich sein. Um nun das konkrete Verhalten von Lehrern im schulischen Alltag erklären zu können, muß man sich vor Augen führen, wie sich die Auswahl von Unterrichtsstrategien in der Praxis gestaltet.

4 Determinanten der Auswahl von Unterrichtsstrategien

Verhaltensrelevant sind nicht die „objektiven" Bedingungen einer Unterrichtssituation, sondern vielmehr deren individuelle Wahrnehmung und kognitive Verarbeitung durch den Lehrer.
Die Art und Weise dieses Transformationsprozesses wird auf Seiten des Lehrers insbesondere von zwei Aspekten modifiziert:

- Erziehungskompetenz des Lehrers
- Erziehungsbereitschaft des Lehrers

Die individuelle *Erziehungskompetenz* des Lehrers läßt sich als dessen Verhaltensrepertoire hinsichtlich der von ihm prinzipiell realisierbaren Erziehungsstrategien begreifen. Dieses Verhaltensrepertoire resultiert seinerseits aus den spezifischen Persönlichkeitseigenschaften und vergangenen Sozialisationserfahrungen des Lehrers und äußert sich über ein spezifisches Maß an fachlicher, didaktischer und sozialer Qualifikation: Ist der Lehrer in der Lage, seine Schüler für die zu vermittelnden Unterrichtsinhalte zu begeistern? Verfügt der Lehrer über ein notwendiges Maß an Durchsetzungsfähigkeit? Beherrscht der Lehrer fundamentale Kommunikations- und Interaktionsfertigkeiten?

Darüber hinaus meint die *Erziehungsbereitschaft* die Bereitschaft eines Lehrers, die prinzipiell verfügbaren Erziehungsstrategien im Unterricht auch tatsächlich einzusetzen. Diese Bereitschaft wird von Einstellungen des Lehrers zur Schule, aber auch von Einstellungen zu sich selbst bestimmt:

Inwieweit identifiziert sich der Lehrer überhaupt mit seinen Aufgaben? Welche spezifischen Erziehungsziele und -methoden werden von ihm präferiert? Ist der Lehrer der Überzeugung, in ausreichendem Maße selbstbestimmt agieren zu können?

Interindividuelle Unterschiede in der Erziehungsbereitschaft und der Erziehungskompetenz haben nun zur Folge, daß ein und dieselbe Unterrichtssituation von verschiedenen Lehrern sehr unterschiedlich wahrgenommen werden kann und somit ggf. gänzlich unterschiedliche Handlungsstrategien hervorruft.

Zur Vereinfachung der individuellen Auseinandersetzung mit der Umwelt wird hierbei die konkrete Unterrichtssituation einem bestimmten *Situationstyp* (z.B. Problemsituation, Routinesituation, angenehme Situation) zugeordnet; einschlägige Befunde zu den subjektiven Theorien von Lehrern zeigen in diesem Zusammenhang, daß die Kontrolle des Lehrers über das Unterrichtsgeschehen diesbezüglich ein herausragendes Ordnungskriterium im Zuge der kognitiven Strukturierung darstellt (u.a. Brophy & Rohrkemper, 1981; Thienel, 1988).

Jeder Situationstyp aktiviert schließlich ein individuell spezifisches *Unterrichtsskript*, also ein subjektives Drehbuch darüber, wie man sich als Lehrer in einer bestimmten Unterrichtssituation zu verhalten hat. So zeigte sich beispielsweise in einer diesbezüglichen empirischen Untersuchung (Schweer, 1998), daß sich Lehrer, die wegen eines Problemschülers eine starke Gefährdung ihrer Kontrolle über das Unterrichtsgeschehen befürchten, in ihrem Unterrichtsverhalten überwiegend auf die Vermittlung relevanter Wissensinhalte beschränken und sich für direktive Bewältigungsstrategien (u.a. Strafmaßnahmen, Ausüben von Druck) dem Problemschüler gegenüber entscheiden. Lehrer hingegen, die in deutlich geringerem Maße wegen eines Problemschülers einen Kontrollverlust befürchten, achten über den Aspekt der Wissensvermittlung hinaus auch auf die Realisierung der Problemlösungs- und der Orientierungs-Komponente im Unterricht: Sie reagieren diesem Schüler gegenüber nicht mit restriktiven, sondern vielmehr mit unterstützenden Maßnahmen (u.a. Gespräche, Hilfsangebote).
Die Ergebnisse dieser und weiterer empirischer Studien (u.a. Dann & Humpert, 1987; Dann, Tennstädt, Humpert & Krause, 1987) verdeutlichen, daß von Lehrern vor allem solche Situationen als ungünstig erlebt werden, in denen sie für sich eine mangelnde Kontrolle über das Unterrichtsgeschehen diagnostizieren (s.a. Hofer, 1986). Neben dem

Umgang mit einem problematischen Schüler kann es sich hierbei ebenso um die Wahrnehmung ungünstiger struktureller Rahmenbedingungen handeln (wie sie ja de facto immer wieder von weiten Teilen der Lehrerschaft beklagt werden). Darüber hinaus ist denkbar, daß eine Unterrichtssituation deshalb als ungünstig erlebt wird, weil der Lehrer glaubt, über keine angemessenen Handlungsstrategien zu verfügen.
Ferner lassen o.g. Befunde erkennen, daß zur (Wieder)Herstellung der Kontrolle über das Unterrichtsgeschehen bevorzugt *direktive Bewältigungsstrategien* (wie etwa Tadeln, Strafarbeiten verteilen, Schüler auseinandersetzen u.ä.) eingesetzt werden (s.a. Rosemann & Kerres 1985a; Kerres & Rosemann, 1985); solche Bewältigungsstrategien reduzieren jedoch den Effektivitätsgrad pädagogischen Handelns, da sie nicht nur unmittelbar Leistungsmotivation und Leistungsverhalten der Schüler senken, sondern langfristig auch insgesamt hemmend auf deren Persönlichkeitsentwicklung Einfluß nehmen (s.a. Baumrind, 1972; Horwitz, 1979; Lamb & Baumrind, 1978).
Bei diesem Prozeß ist es natürlich psychologisch unbedeutend, ob die Unterrichtssituation „objektiv“ günstig oder ungünstig ist; entscheidend für das Handeln ist lediglich die subjektive Wahrnehmung des Lehrers. So ist beispielsweise auch denkbar, daß Lehrer mit einer direktiven Einstellung zum Unterricht (hiermit sind Lehrer gemeint, die glauben, Schülern nur minimalen Spielraum für personale Entscheidungen und Stellungnahmen lassen zu können und folglich die Unterrichtssituation vorwiegend über Anweisungen und „Befehle“ strukturieren; s.a. Schröder, 1996) im Zuge des selektiven Wahrnehmungsprozesses die situationalen Bedingungen entsprechend ungünstig erleben (z.B. zu große Klassen, zu geringe Vorkenntnisse der Schüler, zu straffer Lehrplan), um auf diese Weise ihr direktives Unterrichtsverhalten rechtfertigen zu können. Entsprechende Hinweise ergeben sich aus der organisationspsychologischen Forschung hinsichtlich des Führungsverhaltens von Managern; s. Rosemann & Schweer, 1996; Schweer & Rosemann, 1998.

5 Folgerungen für die unterrichtliche Praxis

Aus obigen Überlegungen leiten sich Möglichkeiten zur Steigerung der Erziehungseffektivität auf einer institutionellen und einer individuellen Ebene ab.

Auf der institutionellen Ebene sind *organisationsstrukturelle Maßnahmen* erforderlich, um der einseitigen Akzentuierung der Wissens-Komponente zugunsten einer stärkeren Beachtung der Problemlösungs-Komponente und vor allem der Orientierungs-Komponente entgegen zu wirken.

Zwar wird der Erziehungsauftrag der Lehrer in den Curricula stets betont (s. die entsprechenden von den Kultusministerien herausgegebenen Richtlinien für Schulen), die faktischen schulischen Gegebenheiten haben jedoch zur Folge, daß die Organisation Schule noch immer die Unterrichtsituation relativ einseitig auf die Vermittlung von Wissensinhalten festlegt (s.a. Bildungskommission NRW, 1995). Insofern wird die Nutzung vorhandener Erziehungskompetenzen eingeschränkt und die potentielle Erziehungsseffektivität des einzelnen Lehrers, insbesondere hinsichtlich der Vermittlung sozialer Fertigkeiten und gesellschaftlich relevanter Werte und Normen, *a priori* reduziert.

Auf der individuellen Ebene ergeben sich Ansatzpunkte im Rahmen der *Aus- und Fortbildung* von Lehrern.
Lehrer müssen in die Lage versetzt werden, bei ihrer Unterrichtsführung gleichermaßen über fachliche, didaktische und soziale Handlungskompetenzen zu verfügen. Darüber hinaus ist wichtig, daß Lehrer sich der in der Regel automatisiert ablaufenden Prozesse der subjektiven Auswahl von Unterrichtsstrategien bewußt werden und deren Auswirkungen auf das Verhalten der Schüler kennen. Auf diese Weise kann die Selbstkontrolle des Lehrers gefördert werden.
Die Vermittlung relevanter Werte und Normen über die reinen Wissensinhalte hinaus wird dem Lehrer nur dann gelingen, wenn er von den Schülern in seiner Vorbildfunktion akzeptiert wird und in der Lage ist, die Schüler für seinen Unterricht zu begeistern.
Wie neuere Untersuchungen zeigen (Schweer 1996, 1997), ist hierfür vor allem eine vertrauensvolle Beziehung zwischen Lehrer und Schülern Voraussetzung, für deren Etablierung *partizipative Unterrichtsführung* wesentlich ist (u.a. Einbezug der Schüler in die Unterrichtsgestaltung auch im Sinne der Übertragung von Verantwortung, Einräumen von Entscheidungsspielräumen, Gelegenheiten zum Einbringen eigener Ideen und Kenntnisse geben, Ernstnehmen der Person des Schülers). Hierzu muß neben der Erziehungskompetenz jedoch vor allem auch die Erziehungsbereitschaft von Lehrern geweckt werden; der Lehrer wird nämlich nur dann die prinzipiell verfügbaren Strategien einer partizipativen Unterrichtsführung nutzen, wenn er von deren Sinnhaftigkeit überzeugt ist

und sich deren Umsetzung im Klassenzimmer auch zutraut. Entsprechende Impulse können im Rahmen der universitären Lehrerausbildung, aber auch in Fortbildungsmaßnahmen mit berufserfahrenen Lehrern gesetzt werden.

7 Literatur

Bandura, A. (1979): *Sozial-kognitive Lerntheorie*. Stuttgart

Bildungskommission NRW (Hrsg*.): Zukunft der Bildung. Schule der Zukunft*, Neuwied 1995.

Brophy, J.E. & Rohrkemper, M.M. (1981): The Influence of Problem Ownership on Teachers` Perceptions of and Strategies for Coping with Problem Students. In: *Journal of Educational Psychology* 73 No. 3, S. 295-311

Baumrind, D. (1972): Socialization and instrumental competence in young children. In: Hartup, W. (Hrsg*.): The young child: Reviews of research*. Washington, D.C., S. 202-224

Dann, H.-D. & Humpert, W. (1987): Eine empirische Analyse der Handlungswirksamkeit subjektiver Theorien von Lehrern in aggressionshaltigen Unterrichtssituationen. In: *Zeitschrift für Sozialpsychologie*, 18, S. 40-49

Dann, H.-D., Tennstädt, K.-C., Humpert, W. & Krause, F. (1987): Subjektive Theorien und erfolgreiches Handeln von Lehrer/-innen bei Unterrichtskonflikten. In: *Unterrichtswissenschaft*, 3, S. 306-320

Hofer, M. (1981): Schülergruppierungen in Urteil und Verhalten des Lehrers. In: Hofer, M. (Hrsg.): *Informationsverarbeitung und Entscheidungsverhalten von Lehrern*. Beiträge zu einer Handlungstheorie des Unterrichtens. München, S. 192-221

Hofer, M. (1986): Sozialpsychologie erzieherischen Handelns*: Wie das Denken und Verhalten von Lehrern organisiert ist*. Göttingen

Horwitz, R.A. (1979): Psychological effects of the 'open classroom'. *Review of Educational Research*, 49, S. 71-86

Kerres, M. & Rosemann, B. (1985): *Problembesitz und Problemtyp als Determinanten des interpersonalen Bewältigungsverhaltens von Lehrern in schwierigen Unterrichtssituationen*. Vortrag auf der Arbeitstagung Pädagogische Psychologie. Trier

Kuhl, J. (1983): *Motivation, Konflikt und Handlungskontrolle*. Berlin

Lamb, M.E. & Baumrind, D. (1978): Socialisation and personality development in the preschool years. In: Lamb, M.E.: *Social and personality development*. New York, S. 50-69
Lewin, K. (1935): *A dynamic theory of personality*. New York
Lewin, K., Lipitt, R. & White, R.K. (1939): Patterns of Aggressive Behavior in Experimentally Created Social Climates. In: *Journal of Social Psychology*, 10, S. 271-299
Lewin, K. (1939): Experimente über den sozialen Raum. In: Lewin, K (1968).: *Die Lösung sozialer Konflikte*. Bad Nauheim, S. 112-127
Magnusson, D. (1976): The Person and the Situation in an Interactional Model of Behavior. In: *Scandinavian Journal of Psychology*, 17, S. 253-271
Rosemann, B. & Kerres, M. (1985a): Bedingungen des Lehrerverhaltens. Rationale, emotionale und zirkuläre Faktoren bei der Situationswahrnehmung. *Psychologie in Erziehung und Unterricht*, 32, S. 1-8
Rosemann, B. & Kerres, M. (1985b): *Situationswahrnehmung und Bewältigungsstrategien von Lehrern in schulischen Problemsituationen. Vortrag auf einer Arbeitstagung für Pädagogische Psychologie*. Trier
Rosemann, B. & Schweer, M.K.W. (1996): Führungssituation und Führungsverhalten. Eine Untersuchung zu den Bedingungen partizipativer und direktiver Führung in bürokratischen Organisationen. *Verwaltungsrundschau*, 42, 301-305
Rudow, B. (1994): *Die Arbeit des Lehrers: Zur Psychologie der Lehrertätigkeit, Lehrerbelastung und Lehrergesundheit*. Bern
Schröder, H.: Erziehungsstil. In: Arnold, W., Eysenck, H.J. & Meili, R. (1996): *Lexikon der Psychologie* (Bd. 1, S. 522). Bechtermünz
Schweer, M.K.W. (1991): *Bewältigungsstrategien in problematischen Interaktionssituationen*. Frankfurt am Main
Schweer, M.K.W. (1993): Bedingungsvariablen der Lehrer-Schüler-Interaktion in schulischen Problemsituationen. Situationswahrnehmung und interpersonales Verhalten im Unterricht. In: *Pädagogik und Schulalltag*, 48, S. 292-298
Schweer, M.K.W. (1996): *Vertrauen in der pädagogischen Beziehung*. Bern
Schweer, M.K.W. (1997): Bedingungen interpersonalen Vertrauens zum Lehrer: Implizite Vertrauenstheorie, Situationswahrnehmung und Vertrauensaufbau bei Schülern. *Psychologie in Erziehung und Unterricht*, 44, 143-151
Schweer, M.K.W. (im Druck 1998): *Individuelle Drehbücher für den Unterricht. Einige Überlegungen zu den Bedingungen situationsspezifischen Lehrerverhaltens. System Schule*

Schweer, M.K.W. & Rosemann, B. (1998): Bedingungen visionärer Führung. Personale Merkmale, Situationswahrnehmung und die Einschätzung der Vorgesetzten-Mitarbeiter-Beziehung. *Verwaltungsrundschau*, 44, 44-48

Tausch, R. & Tausch, A.-M. (1991): *Erziehungspsychologie*. Göttingen

Thienel, A. (1988): *Lehrerwahrnehmungen und -gefühle in problematischen Unterrichtssituationen. Zum Einfluß von Wahrnehmungen und Emotionen auf das differentielle Erleben und Verhalten von Lehrern*. Frankfurt am Main

Wahl, D. (1981): Methoden zur Erfassung handlungssteuernder Kognitionen von Lehrern. In: Hofer, M. (Hrsg.): *Informationsverarbeitung und Entscheidungsverhalten von Lehrern*. München, S.49 - 77

Wakenhut, R. (1978): *Über die Einbeziehung von Situationen in psychologische Messungen*. Frankfurt am Main

Willis, S. & Brophy, J. (1974): Origins of Teachers' Attitudes toward Young Children. In: *Journal of Educational Psychology*, 66, S. 520-529

Die Definition der Familie aus ökopsychologischer Sicht

Matthias Petzold

1 Einleitung

Beim Stichwort „Familie“ fühlt sich jeder angesprochen, denn man gehört zu mindestens einer Familie. Da ist zunächst die Herkunftsfamilie, in der man selbst aufgewachsen ist, und fast jeder hat im Laufe des Erwachsenenalters selbst noch eine Familie gegründet. Häufig kommt dann nach einer Scheidung noch eine neue Familie hinzu. Man ist also oft doppelt, manchmal sogar mehrfach Familienmitglied. Die Familie kann als eine zentrale und wichtige Institution unserer Gesellschaft angesehen werden, sie existiert heute aber nicht mehr allein in der klassischen Vater-Mutter-Kind-Familie, sondern hat viele verschiedene Erscheinungsformen angenommen. Um diese vielen Formen der Familie psychologisch zu verstehen, soll im folgenden aus der Perspektive der ökopsychologischen Familienforschung (vgl. Bronfenbrenner, 1986; Petzold, 1992) eine neue Definition der Familie vorgelegt werden.

Zunächst sollte daran erinnert werden, daß sich die Familie in den vergangenen Jahrhunderten grundlegend verändert hat. Im Rahmen der industriellen Revolution und der Entstehung der Städte sind mehr und mehr Familien vom Land in die Stadt gezogen. Dies hatte weitreichende Konsequenzen für die Struktur der Familie, die sich aus verschiedenen Formen der Großfamilie zur heute als Norm angesehenen Vater-Mutter-Kind-Familie gewandelt hat. Diese uns vertraute Norm ist aber inzwischen selbst schon ein Stück Geschichte geworden, denn die klassische vollständige Kernfamilie ist heute nicht mehr die dominierende Familienform (vgl. Boh, Bak, Clason & Pankratova, 1989; Beck-Gernsheim, 1998; Peukert, 1991). Diese Erkenntnisse aus Bevölkerungswissenschaft und Soziologie sind auch für eine psychologische Sicht wichtig, wobei jedoch manche bisherigen psychologischen Erkenntnisse nur für einen Typ der Familie Gültigkeit haben. Die klassische Kennzeichnung der Familie durch eheliche Interaktion und Eltern-Kind-Beziehung ist nicht mehr hinreichend, weil die traditionelle Vater-Mutter-Kind-Familie nur noch eine von vielen verschiedenen Formen ist. Wenn man diese verschiedenen Familienformen aus psychologischer Sicht analysiert, dann ist es auch notwendig, das subjektive Erleben der Familienmitglieder mitzuberücksichtigen. Eine psychologische Definition der Familie sollte diese subjektbezogene Sichtweise integrieren. Bevor diese eigene Sichtweise ausgeführt wird, möchte ich zunächst einen Blick auf bisherige Definitionen werfen.

2 Bisherige Ansätze zur Definition der "Familie"

Die im heutigen öffentlichen Sprachgebrauch benutzten Definitionen der Familie kommen aus unterschiedlichen Richtungen:
- im Volksmund wird „Familie“ und „Verwandtschaft“ häufig synonym gebraucht,
- im Sinne eines genealogischen Ansatzes umfaßt Familie verschiedene Dimensionen verwandtschaftlicher Beziehungen,
- im bürgerlichen Recht werden Ehe und Familie verbunden bzw. sogar gleichgesetzt,
- im heutigen Sozialrecht wird Familie dagegen nicht nur nach Verwandtschaft, sondern auch nach dem gemeinsamen Lebensvollzug bestimmt.

Weit verbreitet ist die Gleichsetzung von Familie mit der vollständigen Vater-Mutter-Kind-Gemeinschaft. Diese Reduktion der Familie auf die Ehegemeinschaft mit Kindern entspricht der konservativen Rechtsauffassung, wie sie z.B. von dem Kölner Familienrechtler Wolfgang Rüfner (1989, S. 63) formuliert wurde: *"Familie im Sinne des Grundgesetzes ist nicht jede beliebige Gruppe, die sich zu einer familienähnlichen Gemeinschaft zusammentut, sondern die Gemeinschaft von Eltern und Kindern, also die Kleinfamilie moderner Prägung... Das Grundgesetz sieht dabei die Ehe als alleinige Grundlage einer vollständigen Familiengemeinschaft an."* Der Familienpsychologe Klaus A. Schneewind (1991) weist in der Kritik dieser Auffassung darauf hin, daß in der öffentlichen Diskussion mit Bezug auf das Grundgesetz zu dieser Definition häufig noch weitere Implikationen hinzukommen, nämlich die lebenslange Permanenz der Ehe, Heterosexualität (und zwar exklusiv!) sowie die Dominanz des Mannes als primärer Ernährer.

Häufig wird bei der Definition der Familie auf die Blutsverwandtschaft hingewiesen. Dies stellt insbesondere in der Sozialpolitik die Grundlage für viele Entscheidungen dar (vgl. Süssmuth, 1981). So wird Kindergeld im Prinzip nur für leibliche Kinder gezahlt, unabhängig davon, wo sie tatsächlich leben. Im gleichen Sinne bezieht das Bundessozialhilfegesetz weitere Verwandte in die Berechnung mit ein und zwar Verwandte ersten Grades auch dann, wenn sie nicht im selben Haushalt leben. Das gemeinsame Zusammenleben in einem Haushalt ist in dieser Definition also sekundär.

Dagegen basiert die Statistik des Statistischen Bundesamtes auf einer dreifachen Unterscheidung aller Haushalte der Gesellschaft in (1) öffentliche Haushalte, (2) Privathaushalte im allgemeinen und (3) solche mit Kindern. Privathaushalte umfassen *"Personengemeinschaften, die gemeinsam wohnen und wirtschaften, auch Einzelpersonen, die alleine wohnen und wirtschaften (nicht aber Anstalten)"* (Statistisches Bundesamt, 1990). Familien unterscheiden sich dann nur noch dahingehend, daß ledige Kinder in diesem Haushalt leben müssen: *"Elternpaare bzw. alleinstehende Elternteile zusammen mit ihren im gleichen Haushalt lebenden ledigen Kindern gelten im folgenden als 'Familie'"* (ebda.). Ob diese Menschen juristisch gesehen verheiratet sind oder nicht, oder ob sie intime Beziehungen haben, interessiert die amtliche Statistik nicht, wenn Aussagen über die Familie getroffen werden sollen.

In der Familiensoziologie und der Familienpsychologie wurde in den letzten Jahren über eine Neudefinition des Begriffs „Familie“ nachgedacht. Nyer, Bien, Marbach und Templeton (1991) haben dazu vorgeschlagen, von "wahrgenommenen Familien" auszugehen und die subjektive Wahrnehmung der Betroffenen von dem, was sie als Familie empfinden, in ein wissenschaftliches Verständnis von Familie mit aufzunehmen. Der Familiensoziologe Hans Bertram hebt dazu hervor: *"Familienmitglieder sind meist Verwandte, müssen es aber nicht sein. Aus der Sicht der Befragten sind jedoch nicht alle, die zur Familie gehören könnten, auch tatsächlich Mitglieder ihrer Familie. Andererseits werden Personen zur eigenen Familie gerechnet, die nach dem allgemeinen Verständnis nicht dazu gehören"* (Bertram, 1991, S. 43).

Diese Berücksichtigung der subjektiven Sicht der Betroffenen sollte sich auch die Psychologie als Wissenschaft des individuellen Erlebens und Verhaltens in der Diskussion des Begriffs Familie zu eigen machen. Die Familienpsychologie steht also vor der Aufgabe, von der Wahrnehmung der Menschen selbst ausgehend, einen psychologisch brauchbaren Begriff "Familie" zu entwickeln.

Auf der Suche nach psychologischen Zugangsweisen bietet sich zunächst an, von der intimen Paarbeziehung auszugehen, wobei aus psychologischer Sicht unerheblich ist, ob es sich juristisch um eine Ehe oder um eine nichteheliche Zweierbeziehung handelt. In diesem Sinne versteht Voss (1989) die Familie als eine Sonderform einer sozialen Beziehung zweier Menschen, die sich durch eine spezifische Bindungsqualität von anderen Beziehungen unterscheidet. Die "Beziehungskiste" der intimen Bindung wäre dann das, was psychologisch die Familie ausmacht. Für diese besondere Bindung in der Paarbeziehung kann man auch den psychologischen Begriff der Intimität benutzen und nach Schneewind (1987, 1991) die Familie als eine „intime Lebensgemeinschaft" definieren. Eine solche Definition auf psychologischer Grundlage ist ein guter Ausgangspunkt, kann aber aus meiner Sicht für ein tieferes Verständnis von Familie nicht als hinreichend angesehen werden. Dabei beziehe ich mich auf bereits verbreitete Konzeptualisierungen anderer Familienpsychologen und Familiensoziologen. In dieser wissenschaftlichen Diskussion zum Begriff der Familie wurde betont, daß Familie auf keinen Fall nur auf diese Basis der Intimität zweier Menschen beschränkt werden kann, sondern die Sorge um die nächste Generation mit einschließt. Auf dem Hintergrund der gesellschaftlichen Verantwortung im Rahmen des Generationenvertrags wurde in diesem Sinne z.B. von Rita Süssmuth (1981) postuliert, daß ohne Kinder eine Zweierbeziehung keine Familie ausmachen könne. Die Familiensoziologin Rosemarie Nave-Herz (1989) nennt als eine solche Bedingung die „intergenerationellen Beziehungen". Mit dieser Aussage wird im Sinne des Modells der „biologisch-sozialen Elternschaft" als Basis der Familie betont, daß eine Familie im Wandel der Gesellschaft selbst durch das Aufeinandertreffen verschiedener Generationen geprägt wird.

Aus entwicklungspsychologischer Sicht haben Petzold und Nickel (1989) hervorgehoben, daß nicht allein die Existenz von Kindern im familiären Leben, sondern generell das psychische Spannungsfeld zwischen den Generationen zur Familie dazugehört. Diese Beziehungen zwischen den Generationen sind nicht nur solche zwischen den Eltern und ihren Kindern, sondern auch die der Eltern zu ihren eigenen Eltern. Leben Menschen aus verschiedenen Generationen in einer Gemeinschaft zusammen, dann macht dies den Kern einer Familie aus. Damit wird die genealogische Definition erweitert, ohne auf die juristische Form der Ehe Bezug zu nehmen.

Familie kann also aus psychologischer Sinne als eine soziale Beziehungseinheit gekennzeichnet werden, die sich besonders durch Intimität und intergenerationelle Beziehungen auszeichnet (vgl. Petzold, 1992).

Innerhalb einer solchen psychologischen Definition der Familie ist eine große Vielfalt von Familienformen möglich. Diese vielfachen Möglichkeiten sollen nun systematisch auf der Grundlage des psychologischen Familienbegriffs eingeordnet werden. Dabei zählt nicht die statistische Häufigkeit, vielmehr geht es darum, den verschiedensten Alternativen familiären und familienähnlichen Lebens Raum zu gewähren. Eine zukunftsorientierte familienpsychologische Forschung sollte gerade diese Pluralität in ihrer ganzen Spannweite begreifen.

3 Veränderungen des Familienlebens

Die klassische Kernfamilie ist zwar immer noch der vorherrschende Familientyp, hat aber in letzter Zeit an Bedeutung eingebüßt. Dies wird deutlich, wenn wir uns die neueren Zahlen des Statistischen Bundesamtes zur Charakteristik der privaten Haushalte in Deutschland ansehen. Aus der Sicht der amtlichen Statistik ist die für eine typische Kernfamilie charakteristische Haushaltsform das Elternpaar (ob verheiratet oder nicht spielt keine Rolle) mit einem oder mehreren Kindern in einer gemeinsamen Wohnung (vgl. die Definition des Statistischen Bundesamtes 1990; 1995). Im Rahmen dieser Statistik wurde festgestellt, daß es im Jahre 1995 in Deutschland 13,6 Millionen dieser Art von Familien gab (vgl. Tabelle 1).

Tabelle 1: Deutsche Familien mit unverheirateten Kindern (vgl. Statistisches Bundesamt, 1995).

Familien mit...	*Summe*
1 Kind	7,0 Mio.
2 Kinder	5,0 Mio.
3 Kinder	1,2 Mio.
4 und mehr Kinder	0,4 Mio.
gesamt	13,6 Mio.

Wenn man sich auf diese Definition bezieht, wird evident, daß mit dieser Kennzeichnung noch keineswegs alle Lebensformen der Deutschen erfaßt wurden: Es sind nur 59% der Bevölkerung, die in dieser Art Familie leben. Im Durchschnitt hat eine solche Familie 1,64 Kinder. In 19% dieser Familien gibt es aber nur ein Elternteil (meistens die Mutter) und 15,8% aller Kinder leben in solchen Ein-Elter-Familien.

Mit der Definition des Statistischen Bundesamtes werden aber selbst schon verschiedene Lebensformen miteinander vermischt, insbesondere die Alleinerziehenden werden (zwar als unvollständige Form) zur traditionellen Kleinfamilie hinzugerechnet. Immer mehr Menschen ziehen es vor, als alleinstehende Erwachsene einen eigenen Haushalt zu führen. Wenn man einen Blick auf die Struktur der Haushalte wirft, dann ergibt sich: Nur in einem Drittel der Haushalte leben Paare mit Kindern, ein weiteres Drittel sind Single-Haushalte ohne Kinder (vgl. Tabelle 2).

Tabelle 2: Vier Formen des privaten Lebensstils (Anzahl der Haushalte in Millionen nach Daten des Statistischen Bundesamts, 1995)

	Paare	*%*	*Singles*	*%*	*sonstige*	*%*
ohne Kind	8,4	*23,5*	12,0	*33,6*	1,7	*4,4*
mit Kind(ern)	11,4	*31,9*	1,9	*5,3*	0,3	*0,9*

Diese neueren Zahlen verdeutlichen, daß auch in Deutschland die klassische Form der Vater-Mutter-Kind-Familie nicht als dominante Lebensform bezeichnet werden kann. Dies ist vielmehr heute der Single-Haushalt (in manchen Fällen auch mit Kindern), der insbesondere in den Metropolen (in Deutschland genauso wie in anderen westlichen Ländern) zur häufigsten Haushaltsform geworden ist. Damit einher geht auch die Tendenz, daß in den städtischen Kerngebieten das Leben mit Kindern zur Ausnahme wird. So leben z.B. in den Innenstadtbezirken Münchens nur in jedem siebten Haushalt Kinder.

Aus psychologischer Sicht ist es unzureichend, diese Trends nur in Zahlen auszudrücken. Es ist interessanter, die Qualität des Familienlebens in den sich entwickelnden neuen Familienformen zu erkennen. Viele dieser alternativen Formen haben noch kaum epidemologische Bedeutung, aber als einige alternative Lebensformen können schon genannt werden:
- Singles,
- kinderlose Paare,
- homosexuelle Paare,
- nichteheliche Lebensgemeinschaften,
- Nach-Scheidungs-Familien bzw. Fortsetzungsfamilien,
- living-apart-together,
- Betreuung alter Menschen.

In Deutschland besteht nur ein Drittel der Haushalte aus einer traditionellen Kernfamilie - in über der Hälfte der Haushalte haben sich die Menschen zu anderen Lebensformen entschlossen. Dabei ist noch kein Trend zu einer allgemeinen Alternative zur Familie zu erkennen, es gibt vielmehr eine große Vielfalt von anderen primären Lebensformen. Aus psychologischer Sicht ist es auch sehr wichtig zu beachten, daß diese Lebensformen nicht immer objektiv unterscheidbar sind. So mag manch einer als Single wohnen, sich aber als Mitglied einer Familie fühlen, die an zwei Orten zu Hause ist usw. Die Charakteristik einer Familienform sollte deshalb nicht nur an objektiven Merkmalen, sondern auch an der subjektiven Sicht der Betroffenen festgemacht werden.

4 Die ökopsychologische Definition der Familie

Den Ausgangspunkt für diese Überlegungen bildet das ökopsychologische Herangehen in der neueren Entwicklungspsychologie, wie es von Bronfenbrenner (1981; 1986) begründet und für die Familie weiter ausgeführt wurde (Petzold & Nickel, 1989; Petzold, 1992). In diesem Modell wird zwischen einem Makro-, Exo-, Meso- und Mikrosystem der Familie unterschieden. Anknüpfend an diesem Modell kann man die Definition der Familie weiterführen. Auf einer solchen Grundlage beinhaltet die folgende ökopsychologische Systematik zwölf Merkmale primärer Lebensformen, die sich auf vier verschiedene Bereiche beziehen. Im Unterschied zu den offiziellen Definitionen können mit diesen Merkmalen und den verschiedenen Kombinationen alle Lebensformen von heute möglichen und realisierten Familientypen tatsächlich beschrieben werden (vgl. Tabelle 3).

Tabelle 3: Merkmale einer ökopsychologischen Definition der Familie

A: gesellschaftliche Rahmenbedingungen (Makrosystem)
1. ehelich oder nichteheliche Beziehung
2. gemeinsame oder getrennte wirtschaftliche Verhältnisse
3. Zusammenleben oder getrennte Wohnungen

B: soziale Verpflichtungen (Exosystem)
4. Verpflichtungen durch Verwandtschaft oder Ehe
5. Selbständigkeit oder Abhängigkeit des Partners
6. kulturell/religiös gleich oder unterschiedlich ausgerichtet

C: Kinder (Mesosystem)	
	7. mit oder ohne Kind(er)
	8. leibliche(s) oder adoptierte(s) Kind(er)
	9. leibliche oder stiefelterliche Kindsbeziehung
D: Partnerschaftsbeziehung (Mikrosystem)	
	10. Lebensstil als Single oder in Partnerschaft
	11. hetero- oder homosexuelle Beziehung
	12. Dominanz des einen oder Gleichberechtigung

Dieses Definitionsraster für heutige Familienformen ermöglicht die Erfassung einer großen Vielfalt alternativer Familienformen, indem zahlreiche Merkmale miteinander kombiniert werden können. Allerdings gibt es auch einige wenige sich einander ausschließende Charakteristika. Solche sind z.B. die Kinderzahl, nicht aber der Status des Kindes. So können in einer Familie sowohl eigene Kinder als auch Adoptivkinder oder auch Kinder aus früheren Partnerschaften zusammenleben. Es mag auch Familien geben, die formal auf der Basis der Heterosexualität aufgebaut sind, bei denen aber im realen Leben zumindest der eine der beiden Partner auch oder ausschließlich gleichgeschlechtlich orientiert ist. Selbst die von der Bundesstatistik benutzte Gleichsetzung von Familien mit Haushalten ist nicht stimmig. Ganz abgesehen von der expliziten Form des Living-apart-together gibt es Familien, in denen z.B. der Mann auswärts arbeitet und dann die Woche über in einem zweiten Haushalt real getrennt lebt.

Im Rahmen eines solchen ökopsychologischen Rasters kann man sehr gut die große Vielfalt familiärer Lebensformen erfassen. Wenn man alle möglichen Variationen dieser Merkmale durchspielt, kommt man auf weit über hundert verschiedene Familientypen. Um eine brauchbare Ordnung zur Klassifikation der im realen Familienleben vorfindbaren unterschiedlichen Formen zu gewinnen, wäre es wünschenswert, Gruppierungsvariablen herauszufiltern, die sich auf unterschiedliche Merkmale des real beobachtbaren Zusammenlebens beziehen. Die traditionelle Auffassung, Familien nach der Art der biologisch-sozialen Elternschaft zu klassifizieren, haben wir dabei bewußt aufgegeben. Es soll vielmehr berücksichtigt werden, welche Konstellation von Variablen für ein spezifisches Individuum wirklich relevant ist.

Als Perspektive zur Gruppierung dieser ökopsychologischen Merkmale bietet es sich an, auf die subjektive Sicht der Familienmitglieder selbst Bezug zu nehmen. Es soll deshalb versucht werden, die individuelle subjektive Sichtweise der Betroffenen in diese ökopsychologische Sicht zu integrieren. Dies kann im folgenden noch nicht empirisch gestützt erfolgen, sondern zunächst nur im Sinne eines heuristischen Modells, das von möglichen Dimensionen subjektiver Wahrnehmung der Familie ausgeht.

Die subjektive Wahrnehmung, in Familie zu leben, kann unterschiedlichste Orientierungen im Rahmen der gesamtgesellschaftlichen Normen- und Wertvorstellungen zur Grundlage haben. Die verschiedenen subjektiven Sichtweisen familiären Lebens können besser analysiert werden, wenn man systemtheoretische Überlegungen zugrunde legt. Dabei gehe ich zunächst davon aus, daß der Sichtweise eines jeden Familienmitglieds normative Regeln und ein gewisses normatives Ideal zugrunde liegen. Weiterhin herrscht in der öffentlichen Meinung das Gebot, Familie sei durch Eheschließung zu begründen. Schließlich wird der Familie gesellschaftlich die Aufgabe angetragen, durch Elternschaft die nächste Generation zu produzieren. Die Familie könnte also durch drei systemische Dimensionen gekennzeichnet werden. Im Rahmen dieser Orientierung wären dann drei Reinformen subjektiver Lebensentwürfen zu unterscheiden:
(1) Orientierung am Ideal einer „normalen“ Familie,
(2) Familienleben mit Ehe und Partnerschaft als Basis,
(3) Familienleben als Realisierung von Elternschaft.

In den individuellen Lebensentwürfen spielen diese Orientierungen eine jeweils verschiedene Rolle. Während sich die einen ausschließlich an einer Dimension orientieren, dienen anderen jeweils unterschiedliche Kombinationen dieser Dimensionen als Orientierung, so daß sich sieben verschiedene Möglichkeiten ergeben. Dieser Zusammenhang der systemischen Dimensionen kann am besten durch eine grafische Darstellung verdeutlicht werden (vgl. Abbildung 1).

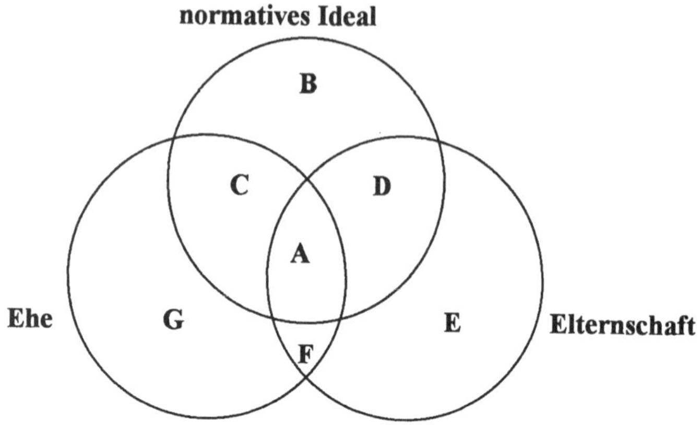

Abbildung 1: Drei systemische Dimensionen und sieben Lebensentwürfe familiären Lebens

Diese drei systemischen Dimension haben - je nachdem, wie sie zusammenwirken - unterschiedliche Auswirkungen auf die subjektiven Sichtweise. Jeder dieser drei Dimensionen liegt eine Reinform (B, G, E) zugrunde, die in verschiedener Kombination (A, C, D, F) zu jeweils anderen familialen Lebensentwürfen führen. Wenn man mit Hilfe dieser drei subjektiven Dimensionen die oben skizzierten ökopsychologischen Merkmale gruppiert, kann man aus der großen Zahl individueller Lebensentwürfe die folgenden sieben primären Lebensformen herauskristallisieren (vgl. Tabelle 4):

Tabelle 4: Sieben primäre Lebensformen

	Familienform	*Beispiel*
A.	normale Kernfamilie	traditionelle Vater-Mutter-Kind-Beziehung
B.	Familie als normatives Ideal	Alleinstehende mit Orientierung an einem normativen Familienideal
C.	kinderlose Paarbeziehung	unfreiwillig oder aufgrund eigener Entscheidung kinderlose Paare
D.	nichteheliche Beziehung mit Kindern aber mit normativem Familienideal	moderne Doppelverdiener-Familie mit Kind(ern)

E.	postmoderne Ehebeziehung ohne Kinder und ohne Familiennorm	auf Berufskarriere und intime Partnerschaft bezogene Ehe ohne Kinder
F.	nichteheliche Elternschaft ohne Familienideal	Wohngemeinschaften mit Kindern, Ein-Elter-Familien
G.	verheiratete Paare mit Kindern aber ohne normatives Ideal	alternativ orientierte Eltern, die dennoch verheiratet sind

Diese sieben primären Lebensformen führen uns so zu einem klareren Verständnis der anfangs skizzierten Pluralität der Familienformen. Eine solche Definition der Familie führt uns jedoch nicht zu einem klaren definitorischen Reintyp, sondern ergibt sieben Definitionen, die je nach Perspektive des Individuums ihre beschränkte Gültigkeit haben. Eine einfache nomothetische Definition der Familie ist angesichts der realen Vielfalt subjektiver Lebensentwürfe und dabei verwirklichter familiärer Lebensformen nicht mehr möglich. Ein solcher Zugang ermöglicht aber ein besseres Verständnis für die reale Vielfalt des Lebens in Familie.

Literatur

Beck-Gernsheim, E. (1998). *Was kommt nach der Familie?* München: Beck.

Bertram, H. (1991). *Die Familie in Westdeutschland.* Opladen: Westdeutscher Verlag.

Boh, K.; Bak, M.; Clason, C.; Pankratova,M. (eds.) (1989). *Changing patterns of European Family Life*. London: Routledge.

Bronfernbrenner, U. (1981). *Die Ökologie der menschlichen Entwicklung.* Stuttgart: Klett-Cotta.

Bronfenbrenner, U. (1986). Ecology of the Familie as a context for human development: research perspectives. *Developmental Psychology, 22*, 723-742.

Nave-Herz, R. (1989). Gegenstandsbereich und historische Entwicklung der Familienfoschung. In R. Nave-Herz & M. Markefka (Hrsg.), *Handbuch der Familien- und Jugendforschung* (Band 1: Familienforschung, S. 325-344). Neuwied: Luchterhand.

Nyer, G., Bien, W., Marbach, J. & Templeton, R. (1991). Obtaining reliable data about family life. A methodological examination of egocentered networks in survey research. *Connections, 14*, 14-26.

Petzold, M. (1992). *Familienentwicklungspsychologie*. München: Quintessenz.

Petzold, M. & Nickel, H. (1989). Grundlagen und Konzept einer entwicklungspsychologischen Familienforschung. *Psychologie in Erziehung und Unterricht, 36*, 241-257.

Peukert, R. (1991). *Familienformen im sozialen Wandel*. Opladen: Leske & Budrich.

Rüfner, W. (1989). Familie heute und alternative Lebensformen. In M. Wingen (Hrsg.), *Familie im Wandel - Situation, Bewertung, Schlußfolgerungen* (S. 58-91). Bad Honnef: Verlag des Katholisch-Sozialen Instituts.

Schneewind, K.A. (1987). Familienpsychologie: Argumente für eine neue psychologische Disziplin. *Zeitschrift für Pädagogische Psychologie, 1*, 79-90.

Schneewind, K. A. (1991). *Familienpsychologie*. Stuttgart: Kohlhammer.

Statistisches Bundesamt (Hrsg.). (1990). *Familien heute. Strukturen, Verläufe und Einstellungen* (Ausgabe 1990). Stuttgart: Metzler-Poeschel.

Statistisches Bundesamt (Hrsg.). (1995). Im Blickpunkt: Familien heute. Stuttgart. Metzler-Poeschel.

Süssmuth, R. (1981). Familie. In H. Schiefele & A. Krapp (Hrsg.), *Handlexikon zur Pädagogischen Psychologie* (S. 124-129). München: Ehrenwirth.

Voss, H. G. (1989). Entwicklungspsychologische Familienforschung und Generationenfolge. In H. Keller (Hrsg.), *Handbuch der Kleinkindforschung* (S. 207-228). Neuwied: Luchterhand.

Selbstmanagement

Michael Kastner

1 Selbstmangement

Zur Bewältigung der zukünftig noch wachsenden Unbestimmtheiten, Turbulenzen, komplexeren Aufgaben, die sich zudem laufend immer schneller ändern, gehören einige Kompetenzen bzw. dazu erforderliche Qualifikationen. Die drei wichtigsten dürften sein:

- der Umgang mit komplexen und dynamischen Systemen (Dynaxität, vgl. Kastner, Ademmer, Budde, Hagemann, Udovic & Vogt, 1998),
- Sozialkompetenz (Kastner, 1996, 1998 a),
- Selbstmanagement (Kastner, 1998 b).

Selbstmanagement ist vor allem für das Überleben und den Erhalt des eigenen Lebensstandards immer dringender erforderlich, weil das Umfeld immer weniger geeignet sein wird, dem Individuum diese Aufgabe abzunehmen und es zu schützen. Es wird immer mehr 620-DM-Jobs geben. Die Arbeitslosigkeit steigt unaufhaltsam. Immer weniger Menschen erwirtschaften das Bruttosozialprodukt. Reengineering, Restrukturierung, lean management etc. sorgen dafür, daß immer mehr Menschen in die Arbeitslosigkeit entlassen werden, die anschließend alimentiert werden müssen. Bei dieser Veränderung in Richtung 80/20-Gesellschaft (vgl. Martin & Schumann, 1997) sind etwa ein Fünftel der arbeitsfähigen Bevölkerung in Arbeit und Brot. Etwa vier Fünftel müssen ohne oder mit wenig geistig anfordernden Arbeiten in Brot gehalten werden. Dies könnte durch "tittytainment" geschehen, ein Ausdruck eines ehemaligen Sicherheitsberaters, der verdeutlicht, daß durch Brot und Spiele, durch Privatsender mit "sex and crime" und Drogen soziale Unruhen vermieden werden sollen. Abgesehen von der nackten Brust soll damit zugleich der nährende Charakter betont werden. In immer stärker zerfallenden Strukturen durch kleinere Systeme, Freelancer, Leiharbeit, Teilzeitarbeit, dezentralisierte und Tele-Arbeit etc. werden Bindung, Halt, der Schutz von Gesundheit und Sicherheit immer problematischer. Im Umkehrschluß geht immer mehr Verantwortung und Selbstkontrolle auf das Individuum über. Die alte Gewohnheit, einen Beruf zu erlernen und diesen 30 - 50 Jahre auszuüben wird immer stärker einem Tätigkeitskontinuum weichen, das wir im universitären Bereich schon heute kennen. Man schwankt zwischen absoluter Arbeitslosigkeit und mehreren Jobs auf einmal. Auf dem Weg über eine Arbeitsbeschaffungsmaßnahme, einen Job als wissenschaftliche Hilfskraft, eine halbe Projektstelle hat man bei besonderer Qualifikation vielleicht das Glück eine Planstelle zu erhaschen. In einem freien Raum wie der Universität verlangt dies ziemlich viel Selbstmanagement. Gleiches gilt für die Freiheit von Professoren. Freiheit als eine Seite der Medaille impliziert auf der anderen Seite Selbstmanagement und Selbstverantwortung.

2 Was ist Selbstmanegment?

Selbstmanagement ist zu einem Sammelbegriff geworden für verschiedenste Aktivitäten zur Förderung von Selbststeuerung, aktiver Problembewältigung und Übernahme von Selbstverantwortung. Dies geschieht in systematischen Lern-, Zielklärungs- und Selbstkontrollprozessen.
Die Konnotationen des Begriffes "Selbstmanagement" reichen:

- von Managementansätzen, Organisations- und Personalberatung im Sinne problematischer Klischees des positiven und "Hilf-Dir-Selbst"-Denkens, der Effizienz- und Leistungssteigerung sowie der Karrieregestaltung,
- über Ansätze zur Persönlichkeitsbildung (Förderung von Kompetenz und Powereindruck),
- über arbeits- und organisationspsychologische Themen (Führung, Motivation, Personalmanagement),
- über Ansätze des mentalen Trainings etwa im Leistungssport,
- über Selbsthilfeinitiativen und -programme,
- bis hin zur Selbstmanagementtherapie im Sinne einer zielgerichteten, problemorientierten und zeitlich begrenzten systematischen Verhaltens- und Erlebensänderung.

Verschiedene Muster eines erfolgreichen Selbstmanagements wie z.B. Übernahme von Initiative und Selbstverantwortung, Aufbau von Motivation, Korrektur eigener Wahrnehmungen und Einstellungen finden sich natürlich auch in Feldern wie Krisen- und Konfliktmanagement. Um Selbstmanagement nicht zu einem Allerweltsbegriff verkommen zu lassen, ist es sinnvoll, die zentralen Facetten herauszuarbeiten:

- Selbststeuerung,
- Selbstkontrolle,
- Selbsteffizienz,

- aktiver Umgang mit eigenen Emotionen (wie Glück, Freude, Angst und Ärger).

Diese zentralen Begriffe sind um einige Basisannahmen zu ergänzen (vgl. Kanfer, Reinecker & Schmelzer, 1996, S. 15):

- Selbstmanagement ist in weiten Grenzen lernbar.
- Selbstmanagement beinhaltet Autonomie und Selbstregulation von Menschen, die selbstbestimmt, eigenverantwortlich und selbständig ihre Leistungen erbringen.
- Sie gestalten aktiv ihr eigenes Leben im Rahmen ihrer Sozialität. Es geht nicht um die Durchsetzung von Egoismen, sondern um eine Balance von individuellen und kollektiven Interessen, die jeweils durch Überzeugung und faire Kompromisse (Synegoismus, vgl. Kastner, 1996) austariert werden müssen.
- Selbstmanagement beinhaltet die Optimierung persönlicher (Entscheidungs-)Freiheiten und Handlungsspielräume statt der Anwendung eingefahrener Verhaltensmuster.
- Zum Selbstmanagement gehört ein Pluralismus von Werten und Lebensstilen, also kein universell gültiges Persönlichkeitsideal, aber Systemverträglichkeit (Kastner, 1996) im Sinne einer Ethik zweiter Ordnung (Willke, 1994).
- Es wird ein ganzheitliches Personenmodell vorausgesetzt, in dem Verhalten als Transaktion zwischen Person-, Situations- und Organisationsmerkmalen gesehen wird, das sich in kognitiven, motorisch-physiologischen und emotionalen Prozessen äußert.
- Visionen, Ziele, Wahrnehmungen, Einstellungen, Motivationen und Attributionen ändern sich.

Wenn man Selbstmanagement als Optimierung der eigenen Handlungsregulation versteht, ergeben sich auf der Basis situativer Gegebenheiten und individueller Persönlichkeitsmerkmale unterschiedlichste Aufschaukelungsprozesse. Depressive neigen dazu, Mißerfolge internal, Erfolge aber external zu attribuieren. "Lebenskünstler" hingegen (Kastner, 1983; Argyle & Martin, 1991) verfahren umgekehrt. So kommen auch bottom-up-Theorien zustande (Diener, 1984), denen zufolge Lebenszufriedenheit durch die Kumulation glücklicher Momente entsteht. In top-down-Theorien hingegen postuliert man eine Bereitschaft, Ereignisse positiv zu erleben. Ziel des instrumentellen Selbstmanagements ist letztlich immer die inhaltliche Lebensqualität.

In kompetenztheoretischen Ansätzen etwa ist Lebensqualität ein Ergebnis erfolgreicher Bewältigung und der internalen Überzeugung, das Erwünschte zu erreichen.
Dies ist kompatibel mit Motivationstheorien (vgl. auch Visé, 1997), in denen sich Wohlbefinden und in der Konsequenz Leistungsbereitschaft aus der Befriedigung von Bedürfnissen ergibt. Vor allem soziale Zugehörigkeit, Selbstwert und -wirksamkeit sowie Selbstverwirklichung sind wesentliche Motivinhalte. Die Motivbefriedigung entscheidet sich häufig über soziale Vergleiche.
Gesundheit als ein wesentliches Teilziel des Selbstmanagements ist nicht nur das Ergebnis von Verhalten, Anlagen und Umweltfaktoren, sondern führt umgekehrt auch zu Lebensqualität, Leistung und einem besseren Selbstmanagement. Der Leitsatz "Mens sana in corpore sano" läßt sich empirisch untermauern. Subjektive Gesundheit ist beileibe nicht nur eine Funktion der objektiven Gesundheit. Erstere hängt stark mit emotionaler Stabilität zusammen (Costa, McCrae, Zondermann, Barbano, Lobowitz & Larson, 1987). Umgekehrt korrelieren körperliche Symptome positiv mit Neurotizismus.

Alle Handlungsregulationsmodelle und Vorstellungen über Selbstmanagement legen letztlich Balancen und Steuerungsprozesse nahe, die darauf zielen, vernunftgeleitetes, ziel- und leistungsorientiertes Agieren und Emotionen in Einklang zu bringen. Basierend auf Platon wurde in der europäischen Geistesgeschichte das Primat der "guten und erfolgversprechenden" Ratio gegenüber der "problematischen, den Geist vernebelnden" Emotio betont.
Erst seit Anfang der achtziger Jahre schenkte man den Vernetzungen zwischen kognitiven und emotionalen Prozessen vor allem im Zusammenhang mit Leistung mehr Aufmerksamkeit. Es gibt zahllose Untersuchungen, beispielsweise zu den Einflüssen von Stimmungen (als Emotionskategorie) auf Gedächtnisleistungen, Urteilsfähigkeit, soziales Verhalten inklusive Kommunikation, die Personwahrnehmung etc.
Der Begriff "Emotion" ist wiederum recht vielschichtig. Es scheint sinnvoll, zwischen drei Subkategorien zu unterscheiden (vgl. auch Abele, 1995, S. 14), die hinsichtlich ihrer Steuerbarkeit über Selbstmanagement recht unterschiedlich wirken dürften.

- Bei Erlebnistönungen oder evaluativen Urteilen (cognitive evaluations) handelt es sich um direkte, vielfach intuitive Bewertungen wie "Die Landschaft ist schön".

- Gefühle (emotions) entstehen in der Unmittelbarkeit der Lebenswelt aus von einer fühlenden Person erlebten Anlässen (z.B. Ärger, Angst).
- Stimmungen (feelings bzw. mood) sind wie die Tonhöhen in der Musik atmosphärische Grundtönungen und nicht wie die Gefühle unmittelbar anlaßbezogen.

Emotionen sind kaum willentlich zu erzeugen, Aber sie können durch ein entsprechendes Selbstmanagement begünstigt werden.
Gefühle wie Liebe und Haß können ungeheuer aktivieren und zu nie gedachten Leistungen beflügeln. Angst hingegen "macht dumm" und lähmt, während Ärger die Frustrations-Aggressionsspirale aktiviert.
Stimmungen hingegen, die dem Selbstmanagement noch eher zugänglich sind, bedürfen einer näheren Betrachtung. Wir unterscheiden vier Auslösebedingungen von Stimmungen:

- Hedonische Ereignisse, z.B. lustvoll erlebte Aktivitäten mit Freunden, gemeinsame Feste, Sexualität und Liebe (Bierhoff, 1988; Stroebe & Stroebe, 1991), Erfolge und Mißerfolge in der Leistung (Abele, 1990).
- Imaginative Tätigkeiten, also das Nachdenken über selbstbezogene Aussagen positiver oder negativer Art. Sie können entsprechende Stimmungen, z.B. das Erinnern an schöne oder traurige Erlebnisse erzeugen.
- Physiologische Veränderungen, z.B. körperliche Aktivität, hormonelle Veränderungen, durch Alkohol bedingte körperliche Prozesse.
- Die absichtliche Unterdrückung von Gefühlen. Auf diese Weise können diffuse Stimmungen entstehen.

Emotionen steuern meist unser Verhalten stärker als wir es uns selbst eingestehen. Bei Gefühlen, die physiologisch-evolutionsgeschichtlich gesehen im limbischen System (Riechhirn) entstehen (Kastner, 1996) und natürlich eine unmittelbare Handlungssteuerungsfunktion besitzen, dürften die Einflüsse deutlicher erkennbar sein als bei den Stimmungen. Letztere haben als Hintergrundphänomen eher eine Informations- und Selektionsfunktion hinsichtlich der Handlungssteuerung (Abele, 1995). Sie signalisieren die jeweilige Passung zwischen Person und ihrer Umwelt. In der Folge wirken sie selektiv auf die Absichtsentwicklung. Die Stimmungseinflüsse auf die Leistung erfolgen über von ihnen abhängige kognitive und motivationale Prozesse. Schon die Art der Informationsbereitstellung und -verarbeitung dürfte stimmungsabhängig sein. Natürlich werden auch motivationale Prozesse im Hinblick auf die Absichtsbildung und die Anstrengungsbereitschaft relevant.
Selbstmanagement beinhaltet immer eine Balance zwischen Aktivierungsgrad und Leistung. Die von Yerkes und Dodson (1908) postulierte umge-

kehrt U-förmige Beziehung zwischen diesen Variablen legt nahe, daß vom Mittel abweichende Stimmungen negativer oder positiver Art, die zu einer Erhöhung der physiologischen Erregung führen, auch von einer höheren Leistung begleitet sein müßten.
In einer Untersuchung von Beyer (1986) wurden nach Aufgabenbearbeitungen Mißerfolgs- und Erfolgsrückmeldungen gegeben, denen entsprechende Stimmungen folgten. Bei beiden Gruppen zeigten sich gleichartige physiologische Veränderungen im Sinne höherer Erregung. Danach aber wurden die Leistungen in der Erfolgsgruppe besser, in der Mißerfolgsgruppe schlechter.
Isen, Daubmann und Nowicki (1987) fanden, daß in einer positiven Stimmungsgruppe kreative Lösungen leichter gefunden wurden als in einer negativen.
Subjektiv erlebte Aktivierung führt also je nach Bewertung der eigenen Stimmung zu unterschiedlichen Leistungswirkungen. Dies paßt zu der Annahme (vgl. Thayer, 1978) zweier Aktivierungssysteme, einer passiv und negativ sowie einer aktiv und positiv erlebten Erregung. Aktivierung wirkt also im Verbund mit Stimmungen durchaus unterschiedlich leistungshemmend oder -fördernd.
Schon in älteren gestaltpsychologischen Untersuchungen (vgl. Abele, 1995) zeigte sich, daß negative Stimmungen aufgrund von Inflexibilität und mangelnder Zielklarheit zu aufgabenunspezifischen Leistungsminderungen führen. Positive Stimmungen hingegen wirken aufgabenspezifisch auf die Leistung durch eine hohe stabile Motivation in einem Denk- und Lernprozeß des Probierens und der Intuition. Unbeeinflußte, durchschnittliche Stimmungen fördern rationales Denken mit systematischen Ziel- und Konfliktanalysen.
Ein wesentlicher Faktor des Selbstmanagements besteht mithin in der Beeinflussung von Stimmungen bei sich selbst und bei anderen, um aufgrund der Rückwirkung wiederum in einem Aufschaukelungsprozeß selbst besser gelaunt zu sein. Ab und zu muß man sich halt mal "am Riemen reißen", eine freundliche Miene trotz finsterer Gedanken aufsetzen und wird schließlich durch die ebenfalls freundlicheren Mienen seiner Mitmenschen belohnt.

Zum Selbstmanagement gehören neben der Steuerung von Emotionen und Stimmungen natürlich auch die von Kognitionen. Oft müssen wir uns beispielsweise zur Aufmerksamkeit zwingen, uns pflichtbewußt konzentrieren. Dabei liegt wiederum nahe, daß Emotionen die Aufmerksamkeit beeinflussen. Ellis und Ashbrook (1988) postulieren, daß begrenzte Aufmerksam-

keitskapazität für die Aufgabe selbst und für aufgabenirrelevante Aspekte zur Verfügung steht. Im Falle negativer Emotionen, vor allem im Kontext von Depressivität, entstehen schlechtere Leistungen durch das "Versanden" der Aufmerksamkeit im aufgabenirrelevanten Bereich.
Mitchell und Madagan (1984) versetzten ihre Versuchspersonen in positive, neutrale oder negative Stimmung. Die positiv gestimmte Gruppe war produktiver und lieferte mehr Problemlösevorschläge und weniger irrelevante Reaktionen als die neutrale Kontrollgruppe und diese wiederum leistete mehr als die negative Stimmungsgruppe.
Die Eigenbeurteilung hängt auch von der Stimmung ab. In positiver Stimmung sehen wir uns selbst und unser menschliches Umfeld optimistischer, sind kontaktfreudiger, hilfsbereiter und großzügiger als in "neutraler" Stimmung. Umgekehrt trauen wir uns weniger zu, sind pessimistischer, kontaktfeindlicher und mit unserer Gesundheit unzufriedener, wenn wir schlecht gelaunt sind (z.B. Schwarz, 1990). Je nach Stimmung unterliegen unsere Wahrnehmungs-, Urteils- und Gedächtnisprozesse anderen Selektionsvorgängen. Nach Radenhausen (1989) beispielsweise führt negative Stimmung zu einer Abwertung der eigenen Person. Positive Stimmung bewirkt eine höhere Selbstwirksamkeitserwartung (Samson & Rachman, 1989) und eine höhere Erfolgserwartung (Cunningham, 1988). Nicht überzogene positive Illusionen im Sinne der "rosaroten Brille" sollen Wohlbefinden und Leistungsbereitschaft fördern (Taylor & Brown, 1988). Die realistischere, "grausame" Sicht der Wirklichkeit der Depressiven wird natürlich von negativer Stimmung begleitet und führt u.a. in dieser Folge zu Leistungseinschränkungen.
Positive Stimmung erhöht die Erfolgs- und Selbstwirksamkeitserwartung (Saavedra & Early, 1991), mindert aufgabenirrelevante und irrationale Gedanken sowie Abwertungen der eigenen Person, fördert die "Positivillusion" und in der Folge die Leistungsbereitschaft inklusive der Leistung selbst. Zumindest bei Kindern zeigen empirische Untersuchungen (vgl. Hom & Arbuckle, 1988), daß positive Stimmung höhere Zielsetzung und Leistung zur Folge hat als negative Stimmung. Allerdings variierten Zielsetzung und Leistung auch unabhängig von der Stimmung.
Der oft recht oberflächlich gesehene Zusammenhang zwischen positivem Denken und Leistung wird in der Empirie relativiert. Goodhart (1985) kommt zu dem Schluß, daß negatives Denken ohne emotionale Beteiligung das Problemlösen nicht behindert und positives Denken ohne emotionale Beteiligung die Problemlöseleistung nicht fördert.

Die emotionale Beteiligung scheint also die Art des Denkens zu beeinflussen und führt möglicherweise sogar dazu, daß zwischen verschiedenen Denkstilen gewechselt wird. Kuhl (1983 a, b, c) untersuchte die Einflüsse von Emotionen auf Informationsverarbeitungsprozesse. Er unterscheidet einen "intuitiv-holistischen" von einem "sequentiell-analytischen" Denkstil. Letzterer arbeitet (Sub-)Routinen hierarchisch geordnet sequentiell ab und richtet die Aufmerksamkeit auf die jeweiligen Teilprozesse. Der intuitiv-holistische Denkstil wird im Bild des magnetischen Feldes beschrieben, in dem viele Daten ohne hierarchische Ordnung vernetzt werden und zu "plötzlichen und unerwarteten" Lösungen und Einsichten führen. Kuhl geht davon aus, daß das Umschalten zwischen diesen beiden Denkstilen durch Emotionen angeregt wird. Gefühle wie Angst, Schuld, Scham, Traurigkeit, die vor allem bei Gefahr und Kontrollverlust entstehen, fördern eine sequentiell-analytische Informationsverarbeitung. Man hakt "seine sicher verfügbare Check-Liste" ab. Es fragt sich, inwieweit hier eine Regression auf "primitivere" Denkmuster, die im Gehirn fester "verdrahtet" sind, vorliegt. Unter Evolutionsgesichtspunkten läge hier der Vorteil der schnellen Wahl einer lebenserhaltenden Reaktionsalternative. Gerade die schnellen, aber ungenauen, lebenserhaltenden "Mandelkernreaktionen" sind im Zusammenhang mit der "emotionalen Intelligenz" (Goleman, 1995) und der Sozialkompetenz (Kastner, 1996) in den Vordergrund des Interesses gerückt.

Der Vorteil der Einengung auf eine "sichere und schnelle" Handlungsalternative verstellt natürlich den Blick auf neue, kreative Handlungsalternativen. Dafür wäre die intuitiv-holistische Denkweise zuständig, die wiederum bei Freude, Interesse, teilweise auch bei Ärger angeregt wird. Dieser Denkstil beinhaltet die Fähigkeit zur simultanen Verarbeitung komplexer Informationen, die in ungewohnten Kombinationen zur Überwindung von Denkbarrieren führen.

Ähnlich nimmt Isen (1987) an, daß gute Stimmung den Gebrauch von Heuristiken und die Bereitschaft fördert, intuitiven Einfällen nachzugeben und damit die Wahrnehmung und Aufmerksamkeit für neue Lösungen zu öffnen.

Die Güte einer Leistung beim Problemlösen hängt nun davon ab, inwieweit sich die Aufmerksamkeit auf die wirklich relevanten Aspekte richtet oder inwieweit die aufgabenirrelevanten und evtl. selbstbeanspruchenden Kognitionen zu einer Leistungsbeeinträchtigung im sequentiell-analytischen Denkstil führen.

Bei Isen und Means (1984) zeigte sich, daß gut gelaunte Personen einfachere Strategien verwendeten und schneller entschieden als schlecht gelaunte. Wichtig ist, daß das eher intuitive Denken der gut Gelaunten treffender und effizienter war. Unbeschwertheit, die mit Selbstvertrauen, Optimismus und Zutrauen in die Umwelt und die Zukunft einhergeht, befreit von Denkgrenzen (Fiedler, 1988). Hier sind Intuition, Flexibilität, ganzheitliche Denkweisen wahrscheinlicher.

Zu den kognitiven Phänomenen, die den Zusammenhang zwischen Emotionen, Stimmungen (Lebensqualität), Leistung und Selbstmanagement moderieren, gehört natürlich auch das Risikoverhalten. Johnson und Tversky (1983) fanden analog zu der Depressionsforschung (Kastner, 1983), daß negative Stimmungen zur Überschätzung, positive Stimmungen hingegen zur Unterschätzung von Risiken führen. Gute Laune fördert die Risikobereitschaft, wenn die Erfolgswahrscheinlichkeit hoch ist, mindert sie aber bei geringer Erfolgswahrscheinlichkeit (Isen, Nygren & Ashby, 1988).

Selbstmanagement ist ohne Motivation kaum möglich.

Zusammenhänge zwischen Emotionen und Motivationen wurden immer wieder thematisiert. Gute Stimmung scheint die spezielle Aufgabenmotivation zu fördern (Pretty & Seligman, 1984). Nach Spieß (1990) führen negative Emotionen bei der Handlungsplanung zu Veränderungen in der Zielstruktur. Aufgabenbezogene Ziele werden zugunsten emotionsbezogener Ziele (mit Freunden reden, etwas Schönes kaufen) zurückgestellt. Murray, Sujan, Hirt und Sujan (1990) wiesen nach, daß in positiver Stimmung mehr intrinsische Motivation hinsichtlich der Aufgabenbearbeitung (schneller, mehr kreative Assoziationen) entsteht als in negativer Stimmung. Die Aufgabenbearbeitung selbst kann aber die Stimmung heben (Erber & Tesser, 1992). Allerdings werden die Zusammenhänge zwischen Leistung, Motivation und Stimmung wiederum von der Art der Aufgabe bestimmt (Abele, 1995).

Die Leistung bei Aufgaben, die vor allem Kreativität und Ideenfluß fordern, steigt durch positive Stimmungen (Green & Noice, 1988; Murray et al., 1990). Die Leistung steigt ebenfalls unter guter Laune bei Aufgaben, die das Wahrnehmungssystem besonders fordern (Klauer, Siemer & Stöber, 1991). Bei Aufgaben, die Konzeptionsfähigkeit verlangen (Denksport-, Rechen-, Konstruktionsaufgaben) bewirkt eine positive Stimmung dann Leistungssteigerungen, wenn Möglichkeiten zur Korrektur von Fehlern bestanden (Saavedra & Early, 1991). Bei abstrakten Aufgaben erwies sich die positive Stimmung nicht als leistungsfördernd (Vollmeyer, 1990).

Physiologische Aktivierung steigert die Wirkung von positiven Stimmungen (Ridgeway & Waters, 1987).

3 Wie erreichen wir Selbstmanegment?

Die Ansätze zur Optimierung des Selbstmanagements sind recht vielschichtig. Sie reichen von einfachen Vorstellungen zum Zeitmanagement und zur Arbeitsmethodik (z.B. Seiwert, 1988) bis zur komplexen Beanspruchungshandlungsanalyse (Kastner, 1994). Selbstmanagementtherapien (Kanfer, Reinecker & Schmelzer, 1996) betonen folgende Hauptelemente ihres Ansatzes:

- Psychologische Theorien der Veränderung, vor allem Lern-, Motivations- und Handlungstheorien, Informationsverarbeitungstheorien und solche zur Problembewältigung.
- Menschenbildannahmen im Sinne des Strebens nach Selbstbestimmung, -verantwortung, und -steuerung.
- Suche nach Orientierung, also Klärung eigener Bedürfnisse, Lösen von Konflikten, Treffen von Entscheidungen und Umsetzen der eigenen Ziele und Werte.
- Berücksichtigung des soziokulturellen und lebensgeschichtlichen Kontextes.
- Herausstellen von Flexibilität, Dynamik und probabilistischem Denken, also Abkehr von linearen und binären Problemsichten oder allgemeingültigen Therapiezielen.

Ein adäquates Selbstmanagement und in der Folge zufriedenstellende Leistung und Lebensqualität muß zunächst definiert, dann diagnostiziert und anschließend interventiv und präventiv soweit möglich konkret umgesetzt werden. Die Erfassung entsprechender Variablen kann in Anlehnung an die drei Welten (Körper-, Geistes- und Lebenswelt, vgl. Kastner, 1994) und die Alpha-, Beta- und Gammavariablen von Kanfer (1977) auf folgenden Ebenen erfolgen:

- Situative beobachtbare Einflüsse außerhalb der Person, also physikalische und soziokulturelle Umgebungsvariablen, die verstärkungskontingent wirken, z.B. die berufliche Situation, aber auch Lärm in Dezibel (Körperwelt).
- Von der Person selbst erzeugte "Geistesprozesse", die aus Leistungsergebnissen erschlossen werden können, wie Wahrnehmungen, Denken, Entscheiden, Problemlösen, Erinnern, Bewerten mit ihren Inhalten wie Zielen, Erwartungen, Wünsche, Pläne (Geisteswelt).
- Von der Person selbst erzeugte "Lebensweltprozesse", d.h. Emotionen wie Liebe, Haß, Angst, Ärger und Stimmungen (s.o.), die über Intro-

spektion erfaßbar und über Ausdrucks- und Verhaltensbeobachtungen allenfalls rückschließbar sind.

- Physiologische und biochemische Prozesse (Körperwelt bei Kastner, 1994; Gamma-Variablen bei Kanfer, 1977). Dieses höchstkomplexe Organismussteuersystem wird selbst durch die Vorstellungen der Geistes- und die Emotionen der Lebenswelt beeinflußt, wirkt aber umgekehrt auch stark auf diese Prozesse ein (Motivationen, selektive Wahrnehmung, Schmerzempfindungen etc.).

Die selbsterzeugten Prozesse oder Hirnkonstruktionen (Maturana & Varela, 1987) versetzen uns in die Lage, unser Verhalten langfristig zu initiieren und zu steuern, ohne auf Situations- bzw. Umgebungsreize angewiesen zu sein. Im Gegensatz zum stabilen und sicheren, aber relativ unflexiblen tierischen Instinktverhalten kann der Mensch vorausschauend und reflektierend planen, sich selbst kontrollieren und bestimmen, kurz: flexibel sich selbst managen.

Ausgesprochen wichtig für das so verstandene Selbstmanagement ist die Automatisierung, also die der Kontrolle der höchsten Prüf- und Planungsprozesse entzogenen Handlungen. Viele Handlungen sind automatisiert, also quasi "nach unten" in der Handlungshierarchie delegiert. Der Vorteil der Ökonomie und der Ermöglichung paralleler Handlungen (z.B. gleichzeitig Autofahren und sich unterhalten) ist verbunden mit dem Nachteil der geringeren Flexibilität (Kastner, 1986). Kontrollierte Informationsverarbeitungsprozesse erfordern hohe psychische Energie und Aufmerksamkeit. Da die "Pfade im Hirn noch nicht getrampelt" sind, bietet sich die Möglichkeit, hoch flexibel Neues zu erkunden, zu kombinieren und auszuprobieren. Diese zunächst im Kurzzeitgedächtnis gespeicherte Informationsverarbeitung kostet Zuwendung, Aufmerksamkeit und Mühe. Eine optimale Handlungsregulation, die auch zu einer optimierten Leistung führt, besteht nun in Balancen und Wechseln zwischen ökonomischen, aber starren Automatismen dort, wo sie zu wenig dynamischen Situationen passen, und kontrollierten, psychisch aufwendigen Informationsverarbeitungsprozessen dort, wo sich die Umgebung verändert hat, und Neues erkundet und bewältigt werden muß. In diesem Spannungsfeld treten laufend Zielkonflikte auf, die durch Selbstkontrolle (z.B. Verzicht auf kurzfristige Bedürfnisbefriedigung zugunsten langfristiger Leistungsziele) überwunden werden müssen. Wer keine Konflikte hat, braucht auch keine Selbstkontrolle. Insofern ist das Selbstmanagement des Eunuchen, der sich der Sündenbeherrschung rühmt, nicht besonders glaubwürdig.

Um leistungsförderliche Handlungsregulationen zu erreichen, werden in den verschiedenen Therapie- und Trainingsansätzen Fluten von Vorgehensweisen vorgeschlagen, die hier kaum zu vermitteln sind. Einige seriöse Ansätze, die über populärwissenschaftliche Empfehlungen hinausgehen, seien stellvertretend genannt:

- Therapeutische Wirkfaktoren wie Erarbeitung von Systemsichten, Konfliktklärungen, soziale Unterstützung etc. fördern das Selbstmanagement (Grawe, 1994).
- Die Selbstwirksamkeit (self-efficacy, vgl. Bandura, 1977) kann gesteigert werden durch kleine Schritte, die die Person von ihren eigenen Bewältigungskompetenzen überzeugen.
- Verhaltenslernschritte sollen so gelernt werden, daß die Person ihre erfolgreichen Veränderungen internal attribuiert, also ihren eigenen Bemühungen zuschreibt (vgl. etwa Försterling, 1986).
- Die Bewältigung negativer Emotionen gelingt nur über deren Klärung im subjektiven Lebenskontext und nicht durch "Wegtrainieren" (etwa Greenberg & Safran, 1987). Beispielsweise reicht das "Ankern" bzw. Aktivieren positiver Erfahrungen keinesfalls aus, sondern neue Erfahrungen müssen aktiv "neu konstruiert" werden.
- Eine leicht ins Positive hinein verzerrte Wirklichkeitswahrnehmung ist förderlich für eine leistungsorientierte Handlungsregulation (Seligman, 1994). "Die psychisch gesunde Person scheint die beneidenswerte Fähigkeit zu besitzen, die Realität in einer Weise zu verzerren, daß ihr Selbstwert erhöht, ihr Glaube an ihre persönliche Effizienz aufrechterhalten und eine optimistische Sicht der Zukunft gefördert werden" (Taylor & Brown, 1988, S. 204). In allen drei Welten (s.o.) haben Gesunde "eine ausgeprägte Tendenz zu selbstbestimmtem Handeln und die Fähigkeit, hoffen zu können" (Deneke, Ahrens, Bühring, Haag, Lamperter et al., 1987, S. 156).
- Gewohnte, aber ineffiziente Problembewältigungen müssen unterbrochen und durch neue Strategien ersetzt werden (Dörner, 1990).

Gerade im Selbstmanagement ergeben sich zentrale Motivationsfragen. Wenn wir die relativ geringe Korrelation zwischen Einstellung und Verhalten von ca. 0,5, also etwa 25 % gemeinsamer Varianz (vgl. Six, Eckes & Schmidt, 1992), kritisch betrachten, ergibt sich natürlich die Frage der Veränderungsmotivation. Kanfer, Reinecker und Schmelzer (1996, S. 224 ff.) nennen fünf grundlegende Motivationsfragen:

- *Wie wird mein Leben sein, falls ich mich ändere?*

Die Aussicht, bei noch mehr Leistung weniger Geld und mehr Ärger zuhause zu haben, fördert nicht gerade die Leistungssteigerung.

- *Werde ich besser dastehen, falls ich mich ändere?*

  Die Verdeutlichung der durch eine Leistungssteigerung entstehenden Vernetzungen und parallelen Veränderungen (z.B. mehr Ansehen und innere Befriedigung, Persönlichkeitsgewinn) fördert die Änderungsmotivation.
- *Kann ich es schaffen?*

  Zu niedrige oder zu hohe Erfolgswahrscheinlichkeit motiviert nicht. Die subjektive Erfolgswahrscheinlichkeit muß hoch genug, aber nicht sicher sein.
- *Was muß ich für eine Änderung investieren? Lohnt es sich?*

  Nur wenn die positiven Folgen die negativen überwiegen, entsteht genügend Änderungsmotivation.
- *Kann ich auf Unterstützung bei meiner Änderung bauen?*

Wenn genügend Veränderungsmotivation aufgebaut wurde, können konkrete aufeinander aufbauende einzelne Schritte zur Förderung des Selbstmanagements umgesetzt werden. In dem Konzept von Kastner (1994) werden die o.g. drei Welten systematisch in einer bestimmten Reihenfolge abgearbeitet.
Zunächst wird eine Diagnose des Idealverhaltens vorgenommen. Im Bereich der Körperwelt ist dies am einfachsten zu leisten. Ideal wäre das bei einer guten Konstitution richtige Körpergewicht, ein Blutdruck von 120/80, eine Herzfrequenz von 55 bis 60 etc.. Im nächsten Schritt wird nüchtern der reale Zustand diagnostiziert. Die Diskrepanzen zwischen Ideal und Real werden nach Wichtigkeit, Dringlichkeit und kausalen Verkettungen geordnet und in einem Projektmanagementverfahren interventiv abgebaut. Zudem werden Präventivempfehlungen gegeben wie z.B. zur richtigen Ernährung, einer funktionsoptimierten Haltung und Bewegung.
Das Zeitmanagement wird auf den individuellen circadianen Rhythmus abgestellt. Hier ergibt sich eine Verbindung zur Geisteswelt, in der das Idealverhalten im Hinblick auf Wahrnehmungen (Grad des realistischen Wahrnehmens, Einschätzung von Situationsanforderungen und eigenen Bewältigungsmöglichkeiten), Einstellungen, Attributionen (z.B. adäquate internale Attributionen bei Erfolg und Mißerfolg) spezifiziert wird. Wiederum wird die Realität dem Ideal gegenübergestellt, und Diskrepanzen werden systematisch abgebaut. Das Gleiche gilt für die Lebenswelt, in der positive Emotionen der Freude, des Glücks, der Liebe ermöglicht werden sollen. Der Umgang mit negativen Emotionen des Ärgers und der Angst

wird gemäß der einschlägigen Erkenntnisse gelernt. Besonderes Augenmerk wird auf die Verbindungen zwischen den drei Welten gerichtet. Beispielsweise zeigt der eindringliche Satz "Angst und Entspannung gehen nie zusammen" die Vernetzung zwischen Körper- und Lebenswelt. Ähnliches gilt für die zahlreichen Verbindungen zwischen geistiger, emotionaler und körperlicher Verfassung wie sie in der Psychoneuroimmunologie untersucht werden (Kastner & Vogt, 1998). Hier ergeben sich wiederum unendlich viele Implikationen der Leistungsfähigkeit. Wer beispielsweise durch angemessenen Sport, Sauna, die richtige Ernährung, viel Humor, ein gesundes Selbstbewußtsein etc. sein Immunsystem unterstützt, fördert seine geistige und physische Fitness, in der Folge Leistung und Erfolg, die wiederum positive Emotionen fördern. Lebensqualität ist aus dieser Perspektive eine abhängige Variable.
Umgekehrt dürfte sie in ihrer Rolle als unabhängige Variable Kooperation, Leistung, z.B. im Team, und über die o.g. Motivationsprozesse die Bewältigung der zukünftigen Anforderungen begünstigen.

Literatur

Abele, A. (1990). Die Erinnerung an positive und negative Lebensereignisse. Untersuchungen zur stimmungsinduzierenden Wirkung und zur Gestaltung der Texte. *Zeitschrift für experimentelle und angewandte Psychologie*, 37, 181 - 207.

Abele, A. (1995). *Stimmung und Leistung*. Göttingen: Hogrefe.

Argyle, M. & Martin, M. (1991). The psychological causes of happiness. In F. Strack, M. Argyle & N. Schwarz (Eds.) *Subjective well-being. An interdisciplinary perspective*. Oxford, New York, Frankfurt: Pergamon Press.

Bandura, A. (1977). Self-efficacy: Toward a unifying theory of behavioral change. *Psychological Review*, 84, 191 - 215.

Beyer, H. G. (1996). Zur Wirkung positiver und negativer Leistungsrückmeldungen auf die Problemlöseleistung, die subjektive Befindlichkeit und die physiologische Aktivierung. In I. M. Deusinger & H. Haase (Hrsg.) *Persönlichkeit und Kognition. Aspekte der Kognitionsforschung. Festschrift zum 65. Geburtstag von Fritz Suellwold* (S. 189- 199). Göttingen: Hogrefe.

Bierhoff, H.W. (1988). Affect, cognition, and prosocial behavior. In K. Fiedler & J. Forgas (Eds.) *Affect, cognition and social behavior* (pp. 167 - 182). Göttingen: Hogrefe.
Costa, P.T., Mc Crae, R.R., Zonderman, A.B., Barbano, H.E., Lebowitz, B. & Larson, D.M. (1987). Cross-sectional studies of personality in a national sample: 2. Stability in neuroticism, extraversion, and openess. *Psychology and Aging*, 1, 144 - 149.
Cunningham, M.R. (1988). Does happiness mean friendliness? Induced mood and heterosexual self-disclosure. *Personality an Social Psychology Bulletin*, 14, 283 - 297.
Deneke, F.-W., Ahrens, S., Bühring, B., Haag, A., Lamparter, U., Richter, R. & Stuhr, U. (1987). Wie erleben sich Gesunde? *Psychotherapie, Psychosomatik, Medizinische Psychologie*, 37, 156 - 160.
Diener, E. (1984). Subjective well-being. *Psychological Bulletin*, 95 (3), 542 - 575.
Dörner, D. (1990). *Die Logik des Misslingens*. Reinbek: Rowohlt.
Ellis, H. & Ashbrook, P.W. (1988). Resource allocation model of the effects of depressed mood states on memory. In K. Fiedler & J. Forgas (Eds.), *Affect, cognition and social behavior* (pp. 25 - 43). Toronto: Hogrefe & Huber.
Erber, R. & Tesser, A. (1992). Task effort and the regulation of mood: The absorption hypothesis. *Journal of Experimental Social Psycholgy*, 28, 339 - 359.
Fiedler, K. (1988). Emotional mood, cognitive style, and behavior regulation. In K. Fiedler & J. Forgas (Eds.) *Affect, cognition and social behavior* (pp. 100 - 119). Toronto: Hogrefe & Huber.
Försterling, F. (1986). *Attributionstheorie in der klinischen Psychologie*. München: Urban & Schwarzenberg.
Goleman, D. (1995). *Emotionale Intelligenz*. München: Carl Hanser.
Goodhart, D. (1985). Some psychological effects associated with positive and negative thinking about stressful event outcomes: Was Pollyanna right? *Journal of Personality and Social Psychology*, 48, 216 - 232.
Grawe, K. (1994). Psychotherapie ohne Grenzen. Von den Therapieschulen zur allgemeinen Psychotherapie. *Verhaltenstherapie und psychosoziale Praxis*, 20, 39 - 49.
Green, T. & Noice, H. (1988). Influence of positive affect upon creative thinking and problem solving in children. *Psychological Reports*, 63, 895 - 898.
Greenberg, L.S. & Safran, J.D. (1987). *Emotion in psychotherapy: Affect, cognition and the process of change*. New York: Guilford.

Hom, H. & Arbuckle, B. (1988). Mood induction effects upon goal setting and performance in young children. *Motivation and Emotion*, 12, 113 - 122.

Isen, A. & Means, B. (1984). The influence of positive affect on decision making strategy. *Social Cognition*, 2, 18 - 31.

Isen, A. (1987). Positive affect, cognitive processes and social behavior. *Advances in Experimental Social Psychology*, 20, 203 - 253.

Isen, A., Daubmann, K. & Nowicki, G. (1987). Positive affect facilitates creative problem solving. *Journal of Personality and Social Psychology*, 52, 1122 - 1131.

Isen, A., Nygren, T.E. & Ashby, F.G. (1988). Influence of positive affect on subjective utility of gains and losses: It is just not worth the risk. *Journal of Personality and Social Psychology*, 55, 710 - 717.

Johnson, E.J. & Tversky, A. (1983). Affect, generalization and the perception of risk. *Journal of Personality and Social Psychology*, 45, 20 - 31.

Kanfer, F.H. (1977). The many faces of self-control, or behavior modification changes its focus. In R.B. Stuart (Ed.) *Behavioral self-management* (pp. 1 - 48). New York: Brunner-Mazel.

Kanfer, F.H., Reinecker, H. & Schmelzer, D. (1996). *Selbstmanagement-therapie*. Berlin: Springer.

Kastner, M. (1983). *Zusammenhänge und Unterschiede zwischen Stress und Depression in einem umgrenzten Handlungsbereich*. Diss. med., RWTH Aachen.

Kastner (1986). Zur Koppelung von Beanspruchungen im Rahmen der Arbeits- und Organisationspsychologie. In H. Methner (Hrsg.) *Psychologie in Betrieb und Verwaltung* (S. 43 - 66). Bonn: Deutscher Psychologen Verlag.

Kastner, M. (1994). *Stressbewältigung - Leistung und Beanspruchung optimieren*. Wiesbaden: Gabler.

Kastner, M. (1996). Sozialkompetenz. *Personalforum der Süddeutschen Zeitung*. München: Süddeutscher Verlag.

Kastner, M. (1998 a) *Erfolgsgeheimnis Sozialkompetenz*. Freiburg: Herder, in Druck.

Kastner, M. (1998 b). Selbstmanagement, Leistung, Lebensqualität. In P. Weber (Hrsg.) *Leistungsmanagement*. Frankfurt: Campus, in Druck.

Kastner, M., Ademmer, C., Budde, G., Hagemann, T., Udovic, A. & Vogt, J. (1998). *Belastung und Beanspruchung in der Flugsicherung*. Herdecke: Maori-Verlag, in Druck.

Kastner, M. & Vogt, J. (1998). Beanspruchungsoptimierung bei Führungskräften - Theoretische Grundlagen unter besonderer Berücksichtigung der Psychoneuroimmunologie. In C. Klauer & H. Westmeyer (Hrsg.) *Psychologische Methoden und soziale Prozesse. Festschrift anläßlich des 60. Geburtstages von H. Feger*. Bonn, in Druck.

Klauer, K., Siemer, M. & Stöber, J. (1991). Stimmung und Leistungsniveau bei einfachen Aufgaben. *Zeitschrift für experimentelle und angewandte Psychologie*, 38, 379 - 393.

Kuhl, J. (1983 a). *Motivation, Konflikt und Handlungskontrolle*. Berlin: Springer.

Kuhl, J. (1983 b). Emotion, Kognition und Motivation: I. Auf dem Weg zu einer systemtheoretischen Betrachtung der Emotionsgenese. *Sprache und Kognition*, 2, 1 - 27.

Kuhl, J. (1983 c). Emotion, Kognition und Motivation: II. Die funktionale Bedeutung der Emotionen für das problemlösende Denken und für das konkrete Handeln. *Sprache und Kognition*, 4, 228 - 253.

Martin, H.-P. & Schumann, H. (1997). *Die Globalisierungsfalle - Der Angriff auf Demokratie und Wohlstand*. Reinbek: Rowohlt.

Maturana, H. R. & Varela, F. J. (1987). *Der Baum der Erkenntnis - Die biologischen Wurzeln des menschlichen Erkennens*. Bern/München: Scherz.

Mitchell, J. & Madagan, R. (1984). The effects of induced elation and depression on interpersonal problem solving. *Cognitive Therapy and Research*, 8, 277 - 285.

Murray, N., Sujan, H., Hirt, E. R., & Sujan, M. (1990). The influence of mood on categorization. *Journal of Personality and Social Psychology*, 59, 411 - 425.

Pretty, G. & Seligman, M. (1984). Affect and the overjustification effect. *Journal of Personality and Social Psychology*, 46, 1241 - 1253.

Radenhausen, R. (1989). Effects of mood induction on ratings of self and experimenter. *Journal of Clinical Psychology*, 45, 134 - 138.

Ridgeway, R. & Waters, E. (1987). Induced mood and preschooler's behavior: Isolating the effects of hedonic tone and degree of arousal. *Journal of Personality and Social Psychology*, 52, 620 - 625.

Saavedra, R. & Early, P. (1991). Choice of task and goal under conditions of general and specific affective inducement. *Motivation and Emotion*, 15, 45 - 65.

Samson, D. & Rachman, S. (1989). The effect of induced mood on fear reduction. *The British Journal of Clinical Psychology*, 28, 227 - 238.

Schwarz, N. (1990). Feelings as information. Informational and motivational functions of affective states. In E. Higgins & R. Sorrentino (Eds.) *Handbook of Motivation and Cognition. Foundations of Social Behavior Vol. 2* (pp. 527 - 561). New York: The Guilford Press.

Seiwert, L. J. (1988). *Mehr Zeit für das Wesentliche*. Landsberg: Verlag moderne industrie.

Seligman, M.E.P. (1994). *What you can change and what you can't: The complete guide to successful self-improvement*. New York: Knopf.

Six, B., Eckes, T. & Schmidt, H. (1992). *Eine Meta-Analyse der empirischen Untersuchungen zur Einstellungs-Verhaltens-Relation von 1927 - 1990*. Bonn: DFG-Bericht.

Spieß, K. (1990). Einfluß von Emotionen auf die Ziel- und Handlungsauswahl. *Zeitschrift für experimentelle und angewandte Psychologie*, 37, 124 - 152.

Stroebe, M. & Stroebe, W. (1991). Partnerschaft und Wohlbefinden. In A. Abele und P. Becker (Hrsg.) *Wohlbefinden. Theorie - Empirie - Diagnostik* (S. 155 - 174). Weinheim: Juventa.

Taylor, S. & Brown, J. (1988). Illusion and well-being: A social-psychological perspective on mental health. *Psychological Bulletin*, 103, 193 - 210.

Thayer, R.E. (1978). Toward a psychological theory of multidimensional activation (arousal). *Motivation and Emotion*, 2, 1 - 34.

Visé, F.-J. (1997). *Aktuelle Befindlichkeit und habituelle Trait-Merkmale als determinierende Einflußgrößen der Lebenszufriedenheit*. Als Dissertation eingereichte Schrift im Fachbereich 14, Universität Dortmund.

Vollmeyer, R. (1990). *Die Wirkung von Stimmung auf das Problemlösen und den Wissenserwerb*. Bericht aus dem Psychologischen Institut der Universität Mainz.

Willke, H. (1994). *Systemtheorie II: Interventionstheorie*. Stuttgart: Gustav-Fischer-Verlag.

Yerkes, R.M. & Dodson, J.D. (1908). The relation of strength of stimulus to rapidity of habit formation. *Journal of Comparative Neurology and Psychology*, 18, 459 - 482.

Training der sozialen Handlungskompetenz mit angeleiteter Selbstreflektion zur Transfersicherung

Annette Kluge

"Bei uns geht das alles nicht" und "Das machen wir schon!" – eine Einführung

Die Teilnehmer an Personalentwicklungmaßnahmen zur Erweiterung ihrer sozialen Handlungskompetenz suchen meist nach dem einen, für viele Situationen geltenden Handlungsrezept, das ihnen den gewünschten Führungs- oder Verhaltenserfolg garantiert. Sie erhoffen sich praxisnahe Trainingsinhalte, die sich mit geringem Aufwand auf die Arbeitssituation vor Ort übertragen lassen. Bedingt durch diese Vorerwartungen treffen Personalentwickler immer häufiger auf "trainingsresistente" Teilnehmer, die schon diverse Maßnahmen hinter sich und deshalb den Eindruck gewonnen haben, daß "Theorie und Praxis halt doch zwei ganz unterschiedliche Dinge sind". Dabei können sich die Personalentwickler jedoch nicht des Eindrucks erwehren, daß diese Teilnehmer die bisher kennengelernten Verhaltensalternativen eher schematisch oder gar nicht angewendet haben (Etzel, Frank-Oestreich, Rußland & Welz, 1993). Diese Erfahrungen und Berichte führten zu der Frage, welche Methode geeignet sein könnte, um den Trainingsteilnehmern den Transfer zu erleichtern. Das Ziel bestand in der Entwicklung eines Trainingsdesigns, das die Transferwahrscheinlichkeit der Inhalte in den Arbeitsprozeß erhöht. Erreicht werden sollte eine instruierte Unterstützung zur Vermeidung von Mißerfolgen in der Umsetzungsphase, indem die Teilnehmer angeleitet werden, die Transfersituation genau zu planen und auszuwerten.

Transfer im Arbeitskontext

Für Neuberger (1993) besteht der Transfer von Personalentwicklungsmaßnahmen in der Übertragung des Gelernten auf die Praxis. Transfer zeigt sich nach Baldwin und Ford (1988) im Generalisieren und Beibehalten der gelernten Inhalte. Generalisierung bedeutet nach Hasselhorn (1995) dabei, daß das vermittelte Wissen im Sinne eines horizontalen Transfers auf andere, nicht im Training enthaltene Aufgabenanforderungen übertragen werden kann und die Kompetenz im Sinne eines vertikalen Transfers sukzessiv gesteigert und erweitert wird (Mandl, Prenzel und Gräsel, 1992).

Angestrebt wird für das entwickelte Trainingsdesign eine mittelfristige Stabilisierung und Aufrechterhaltung (Hasselhorn, 1995) der gelernten Inhalte. Transfer bei Verhaltens- bzw. Führungstrainings ist dabei nicht so sehr ein Problem der Konstruktion einer mentalen Repräsentation des betreffenden Problems sowie der Auswahl von geeigneten Ausgangsproblemen, von denen aus der Transfer geschehen kann, so wie Mandl, Gruber & Renkl (1994) dies der kognitiv-experimentellen Transferforschung zuschreiben. Bei verhaltensbezogenem Training handelt es sich häufig vielmehr um Transferprobleme motivationaler Art. Motivationsbarrieren für eine Umsetzung in den Arbeitsprozeß können nach Bronner und Schröder (1983) durch einen fehlenden Veränderungsdruck oder durch Transferwiderstände beim Übergang vom Lernfeld in das Funktionsfeld entstehen. Die Erträge des neuen Verhaltens müssen deshalb größer sein als die Kosten, die für den Teilnehmer durch Verzicht auf bisheriges Verhalten entstehen, so daß es interessant erscheint, nicht einfach zur "Tagesordnung zurückzukehren".

Der Transfererfolg ist nach Baldwin und Ford (1988) beeinflußt durch die Merkmale der Teilnehmer, das Trainingsdesign sowie die Arbeitsumgebung, in der das Verhalten später gezeigt werden soll.

Neben den Fähigkeiten der *Teilnehmer* und deren Persönlichkeitsvariablen spielen beim Transfer im besonderen motivationale Komponenten ein Rolle. Zu solchen motivationsbezogenen transferfördernden Faktoren rechnet man z.B. eine hohe Leistungsmotivation, Job Involvement, interne Kontrollüberzeugungen (Rotter, 1966, Jonasson & Grabowski, 1993, Krapp, 1993) sowie Selbstwirksamkeitsüberzeugungen (Bandura, 1986, 1977). Von der Ausprägung der Selbstwirksamkeit hängt u.a. die Akzeptanz von Lernzielen, die Ausdauer bzw. Persistenz der Lernbemühungen und die Intensität und Art der kognitiven Auseinandersetzung mit einem Lerngegenstand ab. Aus den Resultaten wiederholter Lernbemühungen zieht der Lernende Schlußfolgerungen über seine eigenen Fähigkeiten, stabilisiert oder korrigiert diese (Krapp, 1993).

Beim *Trainingsdesign* sind die gewählten Lernprinzipien, die zeitliche Struktur des Lernens sowie die Trainingsinhalte besonders zu beachten. Als wirksame transferfördernde Lernprinzipien gelten identische Elemente, Stimulusvariabilität, Übungs- und Feedbackbedingungen (Bandura, 1986, Semmer und Pfäfflin, 1978) sowie das Lernen allgemeiner Prinzipien im Sinne von heuristischen Regeln (Baldwin & Ford, 1988, Holling & Liepmann, 1995). Identische Elemente beziehen sich auf die Anzahl identischer Stimulus- und Responseelemente zwischen Lern- und Realsituation. Anderson (1987) präzisiert, daß die Stärke des Transfers

anhand der Anzahl gemeinsamer Produktionsregeln zwischen Übungs- und Transferaufgabe vorhergesagt werden kann (common productions model of transfer). Nach Franzke (1996) spricht Anderson in neuen Veröffentlichungen auch von der Möglichkeit des deklarativen Transfers, der durch den interpretativen Mechanismus des analogen Schließens gesteuert und optimiert werden kann, wenn eine elaborierte deklarative Wissensbasis existiert. Das Lernen allgemeiner Prinzipien, wie das Lernen mit heuristischen Regeln, erleichtert ebenfalls den Transfer im Gegensatz zu spezifischen, unmittelbar anzuwendenden Fertigkeiten. Desweiteren werden Konzepte und Prinzipien eher verstanden und auf die Arbeitssituationen transferiert, wenn sie anhand mehrerer unterschiedlicher Beispiele erlernt wurden, so daß Analogieschlüsse auf der Basis elaborierter Schemata gezogen werden können (vgl. Gick und Holyoak, 1983, Catrambone & Holyoak, 1989). Diese Annahmen werden derzeit ebenfalls in den aktuellen Konzepten des situierten Lernens und deren Instruktionsmethoden, wie z.B. multiple Perspektiven (Renkl, 1996) diskutiert.
Auch die Möglichkeiten der Anwendung der gelernten Inhalte und die Unterstützung durch die Vorgesetzten sind transferrelevante Größen.

Besonderheiten der Transfersituation

Sieland und Schäuble (1976) weisen daraufhin, daß die Transferwahrscheinlichkeit einerseits durch den Trainingsprozeß, andererseits durch den Transferprozeß beeinflußt wird. Der Transferprozeß stellt eine eigene Lernsituation dar, da im Training selbst bestenfalls erste Erfahrungen, aber noch nicht stabilisierte Verhaltenstendenzen erworben wurden.
Der Transferprozeß erfordert nun seinerseits Instruktionen, durch die Transfermotivation, Diskriminationslernen, der Abbau bisheriger Verhaltenstendenzen und eine Einbeziehung der Vorgesetzten unterstützt werden:
1. Die *Transfermotivation* (Sieland & Schäuble, 1976) soll dahingehend angeregt werden, daß sich der Teilnehmer bewußt Transfer-Lernsituationen stellt. Entscheidend für die Erhaltung der Transfermotivation sind erfolgversprechende Bewährungssituationen, sog. Stabilisierungsbrücken, um neue Verhaltensmöglichkeiten zu erkennen und zu nutzen.
2. *Diskriminationslernen* fördert das Unterscheiden zwischen transfergeeigneten und -ungeeigneten Anwendungssituationen.
3. Abbau *bisheriger Verhaltenstendenzen*: Erfolgreiche Transferversuche setzen die Kenntnis eigener Verhaltenstendenzen und die Einsicht in deren

Dysfunktionalität voraus. Im günstigsten Falle konkurrieren die neuen Verhaltensmöglichkeiten in Transfersituationen mit den bisher praktizierten Verhaltenstendenzen sowie den zugehörigen emotionalen Reaktionen (Mandl et al., 1992, Bronner & Schröder, 1983)
4. *Einbeziehung der Vorgesetzten* durch Transferaufgaben, die gemeinsame Interaktionen erfordern, wodurch die Kommunikation über die Trainingsinhalte und gleichzeitig deren Anwendung initiiert wird.

Aufgabentypen zur Förderung von Lernmotivation im Transferprozeß werden von Hacker und Skell (1993) sowie von Deci und Ryan (1993) beschrieben.
Lernmotivation im Transferprozeß und im Kontext des eigenen Arbeitshandelns entsteht nach Hacker und Skell (1993) durch die Einsicht in die Inhalte und Möglichkeiten, welche die zu erlernende Tätigkeit mit ihrer persönlichen Bedeutung bietet; vollständige Lerntätigkeiten, die das Planen, Handeln und Reflektieren der eigenen Handlung beinhalten, und somit Tätigkeitsspielräume für eigenständige Zielsetzungen ermöglichen; das Selbstentdecken von Zusammenhängen, indem Lernende zum Lösen von Aufgabenstellungen befähigt werden, die zu neuen Einsichten führen; das Erleben von Lernfortschritten durch intrinsisches Feedback und das Wecken von “Könnensbedürfnissen” durch Lerngelegenheiten, die den Wunsch nach Weiterentwicklung erzeugen. Lernmotivation wird nach Deci und Ryan (1993) desweiteren gefördert durch freiwillig gewählte Handlungen, Kompetenz- und Autonomieerleben sowie durch soziale Eingebundenheit. Diese Faktoren tragen zu einem mehr intrinsisch motivierten Lernen bei, welches nach Pekrun und Schiefele (1996) durch den vermehrten Einsatz von Wiederholungs-, Elaborations- und Organisationsstrategien zu einer tieferen Verarbeitung führt (Craik & Lockhart, 1972, Friedrich & Mandl, 1997).
Im folgenden wird nun auf der Basis der oben beschriebenen Ansätze ein Trainingsdesign entwickelt, das versucht, eine integrierte Regulation im Transferprozeß hervorzurufen.

Die Entwicklung eines Trainingsdesigns zur Förderung der Transfermotivation

Zur Unterstützung der Lernmotivation im Transferprozeß wurde ein Trainingsdesign entwickelt, das die Teilnehmer anleitet, die im Training erarbeiteten Verhaltensprinzipien in ihrem Arbeitskontext einzusetzen. Unterstützend sollen dabei die von Hacker und Skell (1993) sowie Deci und Ryan (1993) genannten Prinzipien wirken. D.h. die Lernenden dürfen sich selbstbestimmt Situationen aussuchen (Stabilisierungbrücken), in denen sie das Trainingswissen anwenden wollen (individuelle Zielsetzung). Sie sollen zyklisch vollständige Lerntätigkeiten ausführen und ihre Transfersituationen detailliert vorbereiten (planen), die Durchführung (Handeln) beobachten und anschließend das Resultat reflektieren (kontrollieren). Diskriminationslernen vollzieht sich in den Trainingsbriefen pro-aktiv planend und teilweise retrospektiv auswertend. Durch das Reflektieren der Handlungsresultate sind die Teilnehmer in der Lage, Lernfortschritte zu erkennen und Könnensbedürfnisse zu erwerben, da sie sich fragen, wie die Ausführung noch hätte verbessert werden können.

Die Umsetzung im Programm

Es wurde ein Trainingskonzept entwickelt, das den Erwerb von sozialer Handlungskompetenz im Sinne von Udris (1993) fördert. Unter sozialer Handlungskompetenz versteht man die Fähigkeit einer Person, ein inneres, kognitives Abbild einer sozialen Situation ("soziales operatives Abbildsystem") hinsichtlich der Anforderungen der Situation (Situationskonzept) sowie von sich selbst in dieser Situation (Selbstkonzept) zu entwickeln. Daraus abgeleitet (allein oder gemeinsam mit anderen) werden Ziele entworfen sowie Handlungen situations- und zielangemessen geplant, durchgeführt, bewertet und schließlich prozeßbezogen reflektiert (Udris 1993). Konkrete Trainingsinhalte des entworfenen Konzepts waren u.a. systemisches Denken, Führungsverhalten und Motivation, Streß, Belastung und Beanspruchung, Burn-out, das Harvard-Konzept der Verhandlungsführung, Gesprächsphasenkonzepte und Problemlösetechniken, Kundenorientierung - intern und extern - sowie Moderations- und Präsentationstechniken für Gruppengespräche.

Das Programm beinhaltete 5 *Trainingsphasen* sowie durch 10 *Trainingsbriefe* instruierte Selbstlernphasen, in denen die Teilnehmer aufgefordert wurden, das erworbene Wissen an ihrem Arbeitsplatz gezielt anzuwenden, Gespräche mit Vorgesetzten und Mitarbeitern zu planen, Zwischenziele zu definieren und das Resultat zu reflektieren. Die Trainingstage und Erfahrungszirkel enthielten Kurzvorträge und Lehrgespräche mit anschließenden Umsetzungsübungen (Einzelarbeiten, Paararbeit oder Kleingruppenarbei-

ten), die Präsentation der Gruppenergebnisse sowie Video-Interaktionsübungen zu verschiedenen Kommunikationstechniken.
Durch die in den Trainingsbriefen enthaltenen Instruktionen zum Planen, Durchführen und Reflektieren von Interaktionen sollte ein geistiges Probehandeln (Volpert, 1987) innerhalb der Tätigkeitsregulation (Hacker & Skell, 1993) forciert werden. Es wurden verallgemeinerte heuristische Regeln zur Strategiebildung angewendet, um ein intrinsisch motiviertes Erproben der Verhaltensprinzipien in Realsituationen am Arbeitsplatz zu fördern. Der Einsatz von heuristischen Regeln sollte vor, während und nach der Verhaltensausführung erfolgen. Denn im Zusammenhang mit selbstgesteuertem Lernen bietet sich die wiederholte Regelanwendung, d.h. das Antizipieren von Handlungen und innerer Rückkopplung sowie rückblickende Überlegungen auf einer Metaebene, an.

Die Trainingsbriefe hatten folgenden Aufbau: Zunächst erfolgte ein Rückblick auf den vergangenen Trainingstag in Form einer kurzen Zusammenfassung und der Überleitung zur Aufgabe. Es schloß sich der Zielsatz an, sowie die Aufgabenbeschreibung und Hinweise, welche Materialien, wie z.B. Checklisten, unterstützend genutzt werden können. Die sich anschließenden Passagen werden von den Trainingsteilnehmern bearbeitet und ausgefüllt. Dann wird die Aufgabe erteilt, eine Transfersituation auszusuchen, z.B. ein Mitarbeitergespräch nach der Methode der Gesprächsphasenkonzepte (Saul 1993) zu führen. Explizit hingewiesen wird auf Gefahren und Chancen unterschiedlicher Situationen, die ausgewählt werden. Es schließen sich die heuristischen Regeln zum Planen, Handeln und Reflektieren an, wie z.B: Was ist Anlaß des Gesprächs? Was ist das Ziel des Gesprächs? Was wollen Sie erreichen? Wie reagierte Ihr Mitarbeiter? Haben Sie Ihr Ziel erreicht? Wie zufrieden sind Sie mit dem Gesprächsergebnis? Was werden Sie beim nächsten Mal anders machen?
In den Trainingsbriefen wurden für den Transfer angeregt: vier Aufgaben, in denen es um das Führen von und die gezielte Kommunikation mit einzelnen Mitarbeitern ging (Brief 2-3), eine Verhandlungssituation mit dem Vorgesetzten (Brief 4), eine Planungsaufgabe (Brief 5), zwei Gesprächsphasen zum Vermeiden von Konflikten (Brief 6), eine Delegationsaufgabe (Brief 7), zwei Gruppengespräche nach den Regeln der Moderation und einer Problemlösetechnik (Brief 8 & 9), Lösung einer Fallstudie (Brief 10).

Die Evaluation

Das Programm wurde in zwei Unternehmen aus dem Dienstleistungs- und Industriesektor evaluiert. Insgesamt nahmen 18 Service-Gruppenleiter eines Unternehmens mit dem Schwerpunkt Facility-Management[1] und 43 Vorarbeiter eines Glasfaserherstellers[2] teil. Der Durchführungszeitraum betrug 9 Monate. Das Durchschnittsalter war 41,6 bzw. 43,8 Jahre; durchschnittliche Firmenzugehörigkeit: 20,3 bzw. 20,2 Jahre; in der Position als Vorarbeiter/ Gruppenleiter arbeiteten die Trainingsteilnehmer seit ca. 6,3 bzw. 7,8 Jahren.
Ob sich die Tätigkeiten von Gruppenleitern und Vorarbeitern hinsichtlich der Transferchancen in entscheidendem Maße unterscheiden, wurde anhand des KFZA (Kurzfragebogen zur Arbeitsanalyse, Prümper et al., 1995) erhoben. Mit diesem Vorgehen sollte sichergestellt werden, daß sich die beiden Gruppen hinsichtlich ihres Handlungsspielraumes (HS), der Vielseitigkeit (VS) und der Ganzheitlichkeit (GH) der Tätigkeiten nicht signifikant unterscheiden. Es sollte davon ausgegangen werden kann, daß beide Gruppen ähnliche Chancen haben, Transfersituationen zu planen, auszuführen und zu reflektieren.

Folgende Annahmen wurden formuliert:
Annahme 1: Wenn durch das Trainingskonzept die soziale Handlungskompetenz der Trainingsteilnehmer gefördert wird, dann zeigt sich dies in einer positiveren Selbsteinschätzung der Sozial- und Methodenkompetenz auf den Skalen des SBK (Selbsteinschätzung beruflicher Kompetenzen, Sonntag & Schäfer-Rauser, 1993).
Annahme 2: Wenn die Gestaltung der Trainingsbriefe die Prinzipien der freiwillig gewählten Handlungen, des Autonomie- und Kompetenzerleben erfüllen, dann werden diese hinsichtlich der Skalen Autonomie-Unterstützung, intrinsische Motivation, Kompetenz-Erleben und Selbstbestimmungserleben des Fragebogens von Prenzel et al. (1993) positiver eingeschätzt als die Trainingsphasen.

---

[1] Im Bereich Facility Management werden Leistungen angeboten wie Kaufmännische Dienste, Technische Dienste wie z.B. Überwachung, Sicherungsmanagement, Energiemanagement, Instandhaltung.

[2] Die Vorarbeiter kamen aus den Bereichen Fadenerzeugung, Schlichteherstellung, textile Weiterverarbeitung sowie Wartung und Instandhaltung.

Untersuchungsdesign

Die Untersuchung erfolgte im Pre-Posttest-Design. Zum Pretestzeitpunkt erhielten die Teilnehmer den SBK sowie den KFZA (Kurzfragebogen zur Arbeitsanalyse, Prümper et al., 1995). Im Posttest erhielten die Teilnehmer erneut den SBK, einen Lernmotivationsfragebogen (Prenzel et al. 1993) sowie einen Fragebogen zur subjektiven Veränderungseinschätzung (SVE, Orendi, Papst & Udris, 1986).
Nach dem dritten und zehnten Trainingsbrief wurden die Teilnehmer zusätzlich nach Vorteilen und Schwierigkeiten bei der Bearbeitung der Trainingsbriefe befragt. Die Anworten wurden anhand eines Kategoriensystems in Anlehnung an die Analyse selbstgesteuerten Lernens nach Friedrich und Mandl (1997) ausgewertet.

Ergebnisse

Im Pretest zeigten sich keine signifikanten Unterschiede im SBK zwischen den beiden Trainingsgruppen ($\alpha > .05$). Beide Gruppen unterschieden sich nicht signifikant im KFZA hinichtlich der Variablen Handlungsspielraum (HS), Vielseitigkeit (VS) und Ganzheitlichkeit (GH) auf. Signifikante Unterschiede ergaben sich für die Variablen Zusammenarbeit (ZU) und Soziale Rückendeckung (SR), die von den Vorarbeitern in ihrem Arbeitsumfeld als positiver eingeschätzt wurden.
Die 43 Vorarbeiter führten während der Trainingsphase - nachgewiesen durch die Ausarbeitungen - insgesamt 122 (von 172 = 71%) Führungsgespräche (durch die Briefe vorgegeben), verhandelten 27 mal (von 43 = 62%) mit ihren Vorgesetzten, wendeten 32 (von 86 = 37%) mal Gesprächsphasenkonzepte an und führten 31 (von 86 = 36 %) Gruppengespräche. Die Gruppenleiter führten nachweislich insgesamt 47 (von 72 = 65%) Führungsgespräche, verhandelten 14 mal (von 18 = 78%) mit ihren Vorgesetzten, wendeten 24 (von 36 = 67%) mal die Gesprächsphasenkonzepte an und führten 17 (von 18 = 94%) Gruppengespräche.
Die Zeit, die für die schriftliche Ausarbeitung pro Brief benötigt wurde, lag bei ca. 3,5 Stunden. 40 % beider Gruppen bearbeitete die Briefe während der Arbeitszeit, 40% an Wochenenden und an freien Tage, sowie 20 % nach der Arbeit während der Woche.

Zu Annahme 1
Im Posttest konnten 28 Vorarbeiter- (65%) und 17 Gruppenleiterfragebögen (94%) berücksichtigt werden, da nur diese alle 10 Briefe bearbeitet und die Fragebögen vollständig ausgefüllt hatten.
Beide Gruppen erlebten eine ähnliche subjektive Veränderung auf der Ich-Skala ("Im Vergleich zur Zeit vor dem Kurs...kann ich meine Absichten mit weniger Hemmungen vortragen"), der Ich-Gruppen-Skala ("...habe ich meine Arbeitskollegen besser kennengelernt") sowie der Gruppen-Skala ("...können wir als Gruppe unsere Probleme und Konflikte gemeinsam lösen") in der subjektiven Veränderungseinschätzung (SVE, Orendi et al., 1986), d.h. das Training führte bei beiden Gruppen zur Einschätzung ähnlicher positiver Veränderungen im Umgang mit den Kollegen und den eigenen Mitarbeitern.
Die Auswertung des SBK im Posttest ergab Unterschiede zwischen den Vorarbeitern und den Gruppenleitern auf den Skalen Kommunikation und Kreativität.
Die *Vorarbeiter* schätzten im Posttest auf der Skala Kommunikation (SBK) ihre Kompetenzen signifikant höher ein als die Gruppenleiter (Gruppenleiter Skalenmittel: X=10,29, s=1,80; Vorarbeiter: X=8,29, s=2,95; Beispielitem: "Mit neuen Mitarbeitern ins Gespräch zu kommen und einen Kontakt aufzubauen, fällt mit schwer.") Desweiteren fiel es, verglichen auf der Itemebene des SVE, diesen nach dem Training leichter, ihre Unterstützung anzubieten und um Hilfe zu fragen. Ebenso ergab die Einschätzung, daß in der Gruppe offener miteinander gesprochen wird, bei den Vorarbeitern im Vergleich zu den Gruppenleitern signifikant positivere Ergebnisse.
Die *Gruppenleiter* erlebten ihre Kompetenz im Vergleich zu den Vorarbeitern im Bereich Kreativität (SBK) signifikant höher (Gruppenleiter Skalenmittel: X=12,06, s=3,09; Vorarbeiter: X= 13,29, s=3,58; Beispielitem: "Ich probiere bei meiner Arbeit gerne neue Ideen aus, um zu sehen, ob sich die Arbeit dadurch verbessern läßt")

Die Annahme 1 kann mit den vorliegenden Ergebnissen zum Teil bestätigt werden. Daß das Training zu einer erhöhten erlebten Sozial- und Methodenkompetenz führt, wird nur jeweils von einer Gruppe bestätigt. Während sich das Training bei den Vorarbeitern in subjektiv verbesserten Kommunikationsfähigkeiten äußert, zeigt sich die Wirkung bei den Gruppenleitern in einer gesteigerten Experimentierfreudigkeit.
Eine Erklärung könnte sein, daß die Vorarbeiter die Trainingsbriefe eher dahingehend genutzt haben, Kommunikationsprozesse aktiv einzuleiten

und wahrzunehmen ("Das müssen wir ja nun tun, um die Briefe zu bearbeiten.") sowie ihre Fähigkeiten, wie z.B. "Anweisungen geben", zu trainieren. Die Gruppenleiter dagegen haben die Briefe vermutlich genutzt, um mit Verhaltensweisen zu experimentieren, da die Instruktionen zum Generieren von Lösungsalternativen anregen, ohne konkrete inhaltliche Vorgehensweisen vorzugeben.

Zu Annahme 2
Die Trainingsbriefe werden hinsichtlich ihres Potentials zur Lehrqualität, Autonomie-Unterstützung sowie zum Kompetenzerleben genauso positiv eingeschätzt wie das Training selbst. Der extrinsischen Motivation kommt bei der Bearbeitung der Trainingsbriefe eine signifikant niedrigere Bedeutung zu (Tabelle 1).
Beide Gruppen erfahren eine höhere Kompetenzunterstützung, soziale Eingebundenheit, intrinsische Motivation sowie Selbstbestätigung im Lernprozeß im Training als beim Lernen mit den Trainingsbriefen. Aber auch die extrinsische Motivation erhält im Training eine höhere Einschätzung.
Hier zeigt sich, daß die Methode der Trainingsbriefe nicht, wie angenommen, positiver eingeschätzt wird als das Training. Die Methode der Briefe erlangt lediglich in den nicht signifikanten Fällen eine ähnlich positive Einschätzung hinsichtlich des Lernmotivationspotentials. So erleben die Teilnehmer die Möglichkeiten, u.a. verschiedene Lern- und Arbeitszugänge auszuprobieren, erhalten die Möglichkeit, so lange an Problemen zu arbeiten, bis sie sich kompetent fühlen, und können durch eigenes Tun lernen. Auch die Lehrqualität der Briefe wird als ähnlich hoch wie die des Trainings eingeschätzt. Die Teilnehmer erhalten einen Überblick über den zu bearbeitenden Stoff, die praktische Relevanz wird verdeutlicht; das Lernmaterial ist realitätsbezogen und systematisch aufbereitet. Auch das eigene Kompetenzerleben erfährt in den Briefen eine positive Bewertung. Die Teilnehmer fühlen sich aktiv, haben den Eindruck, den Lernerfolg selbst steuern zu können, merken, was sie können bzw. noch nicht können, und es ergeben sich Probleme, die sie eingehender bearbeiten möchten.
Die extrinsische Motivation bei der Bearbeitung der Briefe wird als deutlich geringer bewertet, d.h. die Teilnehmer haben weniger den Eindruck, für den Teilnahmeschein zu lernen, weniger das Gefühl, sich zum Arbeiten zwingen zu müssen und empfinden das Lernen als weniger anstrengend.

Daß die Briefe im Bereich der Kompetenz-Unterstützung schlechter abschneiden als das Training, kann daran liegen, daß eine Rückmeldung zu

Tabelle 1: Mittelwertunterschiede zwischen der Einschätzung des Trainings und Trainingsbriefen über beide Gruppen. Die Mittelwerte und die Standardabweichungen beziehen sich auf die Skalenwerte. Sie sind zum Zwecke der Vergleichbarkeit auf die bei der Einschätzung verwendeten Skalen nach Prenzel et al. (1993) umgerechnet: 0= nie, 3= sehr häufig

Im Veranstaltungsteil....	Beide Gruppen (Mittelwertsvergleich für abhängige Stichproben)	Sign *= .05 **= .01
Lehrqualität: "...ist das Lernmaterial realitätsbezogen"	Training X = 2,26, (X = 18,12 s=4,1) Trainingsbrief X = 2,16, (8 = 17,24 s=3,98)	n. sig.
Autonomie-Unterstützung: "...besteht die Möglichkeit, durch eigenes Tun etwas zu erarbeiten."	Training X = 2,20 , (X = 17,61 s=4,13) Trainingsbrief 8 = 2,19, (8 = 17,49 s=4,56)	n. sig.
Kompetenz-Unterstützung: "...erhalten wir aus der Sache selbst Rückmeldung über unser Können."	Training X = 2,09, (X = 12,56 s=3,78) Trainingsbrief X = 1,23, (X = 11,05 s=2,79)	*
Soziale Einbindung: "...zeigen die Kursleiter, daß sie die Schwierigkeit des Stoffes für die Teilnehmer wahrnehmen."	Training X = 2,23, (X = 17,85 s=4,21) Trainingsbrief X = 1,84, (X = 14,76 s=4,52)	**
Intrinsische Motivation: "...erlebe ich mich als neugierig und wißbegierig."	Training X = 1,96, (X = 19,63 s=4,41) Trainingsbrief X = 1,60, (X = 16,05 s=6,01)	**
Extrinisch regulierte Motivation: "...habe ich den Eindruck, nur für den Teilnahmeschein zu lernen."	Training X = 1,69, (X = 10,15 s=3,27) Trainingsbrief X = 1,43, (X = 8,59 s=2,95)	**
Kompetenzerleben: "...habe ich den Eindruck, meinen Lernerfolg selbst steuern zu können."	Training X = 2,15, (X = 17,20 s=3,20) Trainingsbrief X = 2,02 , (X = 16,22 s=4,37)	n. sig.
Selbstbestimmungserleben: "...habe ich das Gefühl, Entscheidungsspielräume zu haben."	Training X = 2,23, (X = 17,88 s=3,85) Trainingsbrief X = 2,03, (X = 16,27 s=5,0)	*

den Ausarbeitungen erst im Anschluß an die Gesamtmaßnahme erfolgen konnte. Ursprünglich war geplant, daß die Trainingsbriefe jeweils bis zum nächsten Training/Erfahrungszirkel bearbeitet und mitgebracht werden sollten. Dieser Anspruch ließ sich jedoch nicht realisieren, da die Teilnehmer sehr unterschiedliche Lernstile pflegten und unterschiedliche Ressourcenmanagement-Modelle im Sinne von Zeitmanagement verwendeten. So

gaben die Teilnehmer die Briefe teilweise erst komplett zum Abschluß des Trainings ab. Das Feedback zu den Briefen in Form von schriftlichen Kommentaren und Anregungen zum Weiterdenken kam somit mit einer großen Zeitverzögerung, in der sich die Teilnehmer nach eigenen Angaben unsicher fühlten, ob ihr Vorgehen denn nun "richtig" gewesen sei.
Die Teilnehmer äußerten ebenso, daß eine Rücksichtnahme auf ihre Belastung und die Schwierigkeiten, welche die Aufgaben für sie beinhalten, deutlich weniger in den Briefen erfolgt, als im Training selbst (soziale Einbindung). Es fehlte der "kompetente Rat", der im Training gegeben werden kann. Daß sich die Teilnehmer über eine zu große Belastung durch die Briefe beklagten, kommt auch in den subjektiven Bewertungen der Briefe zum Ausdruck, indem zeitliche Ressourcen und inhaltliche Probleme als Hauptprobleme bei der Bearbeitung der Briefe genannt wurden.
Die intrinsische Motivation im Form von Spaß und Faszination beim Lernen ("... habe ich das Gefühl, mich kaum von der Sache lösen zu können."; "... finde ich das Arbeiten richtig spannend"; "...bin ich von der Sache so fasziniert, daß ich alles um mich herum vergesse.") ist in den Briefen deutlich geringer ausgeprägt. Eine Erklärung könnte sein, daß die Bearbeitung (von durchschnittlich 3,5 Stunden pro Brief) für die Teilnehmer sehr belastend und anstrengend war. Begründet wurde dieses mit der Schwierigkeit, die eigenen Gedanken in Worte zu fassen und so zu formulieren, daß ein Außenstehender die Situation verstehe. Besonders die Vorarbeiter wiesen daraufhin, daß im Arbeitsalltag kaum Anlaß bestehe, "viel" zu schreiben und das Schreiben an sich Mühe bereite.
Das Selbstbestimmungserleben ist im Selbststudium mit den Briefen negativer ausgeprägt, jedoch immer noch deutlich im positiven Bereich. So fühlen sich die Teilnehmer im Training weniger kontrolliert, hatten eher das Gefühl, das tun zu können, was sie wollten, sowie mehr Entscheidungsspielräume zu besitzen.
Das Gefühl wurde bestätigt durch die zum Ausdruck gebrachte Sorge und Befürchtung, die Briefe könnten zur Personalauswahl genutzt und zur Bewertung der Teilnehmer in den Personalakten abgelegt werden.
Die Annahme, daß die Trainingsbriefe hinsichtlich ihres Motivationpotentials im Bereich Autonomie-Unterstützung, intrinsische Motivation, Kompetenzerleben und Selbstbestimmungserleben positiver bewertet werden, konnte also nicht bestätigt werden.

Durch die Befragung nach den Vorteilen und erlebten Schwierigkeiten der Methode "Trainingsbriefe" wurde deutlich (Tabelle 2), daß die Teilnehmer den Wert in der Wiederholung und vertiefenden Elaboration erkennen.

Schwierigkeiten entstehen durch Zeitmangel und konzentrationshemmende Faktoren am Arbeitsplatz sowie dadurch, daß die Teilnehmer denken, die gestellten Aufgaben nur in speziellen Abteilungen umsetzbar seien. Auch Ängste vor einem Mißbrauch der Ausarbeitungen innerhalb des Unternehmens waren begleitende emotionale Prozesse bei der Bearbeitung der Briefe.

Tabelle 2: Ergebnisse der subjektiven Bewertung der Trainingsbriefe nach dem dritten und zehnten Brief. Die Befragung zu den Trainingsbriefen wurden anhand der Kategorien zur Analyse selbstgesteuerten Lernens nach Friedrich & Mandl (1997) ausgewertet.

Einschätzung nach dem 3. Brief (Vorarbeiter n= 43, Gruppenleiter n=18)
Vorarbeiter/Vorteile: Inhaltliche Aspekte, wie z.B. "Arbeitsabläufe überdenken" (60%), Aspekte der Elaboration, wie z.B. "Erfahrungen vertiefen", "Wiederholung" (9%)
Schwierigkeiten: Ressourcen, wie z.B. "Zuviel Zeitaufwand", "Zeitmangel, nötige Ruhe und Konzentration", "Freizeit wird zuviel in Anspruch genommen" (65%), Ängste (emotionale Prozesse), wie z.B. "Datenschutz, Weitergeben der Daten", "Daß es in falsche Hände kommt" (33%), Unklarheit über die Ziele, wie z.B. "Was das alles bringen soll" (16%), Selbstbilderhaltende Bewältigungsstrategie, wie z.B. "Menschenführung kann man nicht lernen" (12%), Inhaltliche Aspekte, wie z.B. "Nicht alle Abteilungen sind gleich" (9%)
Gruppenleiter/Vorteile: Elaboration (61%), Inhaltliche Aspekte (39%), Motivationale Aspekte, wie z.B. "Man spürt einen Lerneffekt", "Die Briefe motivieren mich, Situationen auszuprobieren" (16%)
Schwierigkeiten: Ressourcen (61%), Ängste ((22%), Selbstbilderhaltende Bewältigungsstrategien (16%)
Einschätzung nach dem 10. Brief (Vorarbeiter n= 28, Gruppenleiter n= 17)
Vorarbeiter/Vorteile: Elaboration (25%), Inhaltliche Aspekte (25%)
Schwierigkeiten: Inhaltliche Aspekte (50%), Ressourcen (17%)
Gruppenleiter/ Vorteile: Elaboration (82%), Inhaltliche Aspekte (18%), Erwerb von Kontrollstrategien, "Kontrolle des Wissensstandes", "Feststellen von Schwachstellen" (12%)
Schwierigkeiten: Ressourcen (64%), Volitionale Aspekte, wie z.B. "Manchmal den Einstieg schaffen" (12%)

Sorgen um die Verletzung des Datenschutzes, Fragen nach dem Ziel und Sinn sowie selbstwerterhaltende Abwehrstrategien werden von den Vorarbeitern nach dem Beenden der Maßnahme nicht mehr genannt, auch die Ressourcenprobleme wurden weniger thematisiert. Das kann damit zusammenhängen, daß alle die, die 10 Briefe bearbeiteten, für sich eine Strategie entwickelt hatten, sich ein Zeitfenster zu organisieren, während alle die, die mit dem Zeitmanagement weiterhin Probleme hatten, die Briefe gar nicht mehr bis zum Ende ausfüllten.

Bei den Gruppenleitern werden bei der zweiten Befragung Ängste, Umsetzungsschwierigkeiten aufgrund des Aufgabeninhaltes sowie selbstwerterhaltende Abwehrstrategien nicht mehr genannt. Bei diesen überwiegen jedoch auch nach dem 10. Brief die Zeitprobleme.
Zusammenfassend läßt sich feststellen, daß die Methode der Trainingsbriefe dazu anregte, die Trainingsinhalte auf die vor-Ort gegebenen Arbeits- und Führungssituationen durch die inhaltliche Auseinandersetzung zu übertragen und eine Wiederholung und Vertiefung des Gelernten zu unterstützen.

Es ergibt sich folgendes Bild: Es wurden insgesamt 139 Gespräche geführt, 41 mal verhandelt, 56 Gesprächsphasenkonzepte angewandt und 48 Gruppenbesprechungen veranstaltet sowie reflektiert. Es kann vermutet werden, daß ein horizontaler Transfer des Gelernten stattgefunden hat. Die Trainingsbriefe wurden nicht positiver bewertet als die Trainings selbst, besaßen aber hinsichtlich Lehrqualität, Autonomie-Unterstützung und Kompetenzerleben ein vergleichbar hohes Motivationspotential. Vorteile der Auseinandersetzung mit den Trainingsbriefen sahen die Teilnehmer vor allem in der Wiederholung und Vertiefung der Trainingsinhalte.
Hinsichtlich der Ausgangsfrage, ob die Methode der Trainingsbriefe eine geeignete Methode darstellt, um den Trainingsteilnehmern den Transfer zu erleichtern und Transfermotivation zu unterstützen, kann bemerkt werden: Die Ausarbeitung der Trainingsbriefe führte zu einer Anwendung des Gelernten im Arbeitskontext. Die Bearbeitung der Trainingsbriefe an sich wurde überwiegend als weniger motivierend erlebt als die Teilnahme an den Trainings. Eine Abschlußbemerkung eines Trainingsteilnehmers soll diese Sichtweise verdeutlichen: “Es ist unwahrscheinlich viel Arbeit. Es macht auch nicht immer Spaß, aber es bringt was.”

Diskussion

Das Trainingsdesign stellt für beide Zielgruppen ein Konzept dar, das Wirkung zeigt und zu subjektiv erlebter Kompetenzentwicklung führt, obwohl wesentliche Lernphasen außerhalb der Trainingsphasen stattfanden. Aufgrund der von den Trainingsteilnehmern beschriebenen Transfersituationen in den Briefen wurde es zudem möglich, eine Rückmeldung zu erhalten, mit welchem Erfolg welcher Inhalt in der Praxis angewendet wurde.
Die unterschiedlichen Auswirkungen der Trainings hinsichtlich der Sozialkompetenz bei den Vorarbeitern und der Methodenkompetenz bei den Gruppenleitern läßt vermuten, daß die Briefe unterschiedlich genutzt

werden können. Zum einen als reines Instrument, das zum Transfer in die Arbeitssituation auffordert und zum anderen als Instrument, das experimentelles Lernen und ein Ausprobieren neuer Ideen am Arbeitsplatz anregt.
Der SBK als Evaluationsinstrument, der ursprünglich für die Zielgruppe der Auszubildenden entwickelt worden ist, war in dieser Untersuchung wahrscheinlich nicht das geeignete Instrument, um weitere Effekte der Kompetenzentwicklung im Bereich Sozial- und Methodenkompetenz deutlich zu machen, da der Einfluß von sozialer Erwünschtheit schon zur Pretestphase zu möglichen Deckeneffekten geführt haben kann.
Veränderungen am Trainingsdesign müßten hinsichtlich der zeitlich schnelleren Rückmeldung vorgenommen werden, so daß die Teilnehmer baldmöglichst die Bestätigung erhalten, ob ihr Vorgehen angemessen war oder alternative Vorgehensweisen günstiger gewesen wären.
Die Methode der Trainingsbriefe besitzt in relevanten Aspekten ein ähnlich hohes Motivationspotential wie ein klassisches Training off-the-job, mit diesen wird jedoch deutlich weniger intrinsisch motiviert gelernt. Die Aussagen der Teilnehmer mögen dieses erklären, die die Trainingsbriefe teilweise als "Hausaufgaben" bezeichneten, die unangenehme Schulerfahrungen hervorriefen. Obwohl die Transfersituationen frei zu wählen waren, waren die Trainingsbriefe feste Bestandteile des Programms. Es ist anzunehmen, daß dieser Tatbestand die intrinsische Motivationsbasis minderte, in der nicht allein aus Neugierde und Interesse an der Aufgabe heraus gelernt wurde. In Anlehnung an Kruse (1997) und Weinert (1996) ist zukünftig nach weiteren Methoden zu suchen, wie das Aktivierungs- und Transformationsprinzip in der Erwachsenenbildung in Instruktions- und Trainingsmodelle umgesetzt werden kann, in denen intrinsisch motiviertes Lernen gefördert wird.
Die beschriebenen Ergebnisse lassen weiterhin erkennen, daß theoriebasierte und objektiv vorhandene Bedingungen für intrinsisch motiviertes Lernen nicht notwendiger Weise zu einer subjektiv erlebten intrinsischen Motivation führen. Theoriebasierte Trainingsgestaltung muß demzufolge nicht auch immer hohe Akzeptanz der Teilnehmer mit einschließen. Das traditionelle Training scheint für die meisten Teilnehmer die attraktivere Lernform zu sein, obwohl gleichzeitig Vorteile der Briefbearbeitung wahrgenommen werden. Eine mögliche Ursache liegt vermutlich in der Lern-Sozialisation der Trainingsteilnehmer, für die die selbstgesteuerte Lernform, die die unentgeltliche Inanspruchnahme der Privatzeit stark beeinträchtigte, deutlich gewöhnungsbedürftig ist. Selbstgesteuertes Lernen ohne direkte Begleitung setzt angemessene Selbstevaluationsstrategien voraus, die ohne extrinsisches Feedback auskommen. Den Teilnehmern standen

anhand der Trainingsunterlagen und Trainingsbriefe die notwendigen Erfolgskriterien zwar zur Verfügung, diese schienen aber nicht ausreichend. Gewünscht wurde teilweise ein Expertenurteil auf der Basis von "Richtig" oder "Falsch".
Daß selbstgesteuertes Lernen positive Lernerfahrung voraussetzt, zeigt sich darin, daß die Gruppenleiter das Training sowie die Briefe in vielen Facetten als motivierender erlebten als die Vorarbeiter. So erscheint von Seiten der Personalentwicklung selbstgesteuertes Lernen on-the-job eine erstrebenswerte Kompetenz, jedoch nicht auch unbedingt von den Teilnehmern erwünscht, da dies zusätzlich zum normalen Arbeitsprozeß einen erheblichem Arbeitsaufwand bedeutet, der in die Freizeitgestaltung hinein wirkt und als belastend empfunden wird.

Literatur

Anderson, J.R. (1987). Skill Acquisition: Compilation of Weak Method Problem Solutions. *Psychological Review*, 94, 192-210

Baldwin, T.T. & Ford, J.K. (1988). Transfer of Training: A Review and Directions for future Research. *Personnel Psychology*, 41, 63-105

Bandura, A. (1977). Self-efficiancy: Toward a Unifying Theory of Behavioral Change. *Psychological Review*, 1977, 84 (2), 191-215

Bandura, A. (1986). *Social Foundations of Thought and Action. A Social Cognitive Theory.* Engelwood Cliffs, N.J.: Prentice-Hall

Bronner, R. & Schröder, W. (1983). *Weiterbildungserfolg. Modelle und Beispiele systematischer Erfolgssteuerung.* Handbuch der Weiterbildung für die Praxis in Wirtschaft und Verwaltung. Band 6. München: Hanser

Catrambone, R. & Holyoak, K. J. (1989). Overcoming Contextual Limitations on Problem-Solving Transfer. *Journal of Experimental Psychology: Learning, Memory and Cognition*,1989, 15 (6), 1147-1156

Craik, F.I. & Lockhart, R.S. (1972). Levels of Processing: A Framework for Memory Research. *Journal of Verbal Learning and Verbal Behavior*, 1972, 11, 671-684

Deci, E.L. & Ryan, R.M. (1993). Die Selbstbestimmungstheorie der Motivation und ihre Bedeutung für die Pädagogik. *Zeitschrift für Pädagogik*, 39, 223-238

Etzel, G., Frank-Oestreich, H., Rußland, W. & Welz, F.-G. (1993). Führungsverhalten in Intervallen und Lerntransfer: Erprobung eines neuen Konzepts. *Zeitschrift für Arbeits- und Organisationspsychologie*, 37 (N.F. 11), 1, 33-37

Franzke, M. (1996). Transfer kognitiver Fertigkeiten. In: Hoffman, J. und Kintsch, W. (Hrsg.) (1996). *Lernen. Enzyklopädie der Psychologie*. C/2/7, 355-387, Göttingen: Hogrefe

Friedrich, H.F. & Mandl, H. (1997). Analyse und Förderung selbstgesteuerten Lernens. Weinert, F.E. & Mandl, H. (Hrsg.). *Psychologie der Erwachsenenbildung. Enzyklopädie der Psychologie*. D/I/4, 237-296, Göttingen: Hogrefe

Gick, M.L. & Holyoak, K. J. (1983). Schema Induction and Analogical Transfer. *Cognitive Psychology*, 12, 1-38

Hacker, W. & Skell (1993). *Lernen in der Arbeit*. Berlin: BBIB

Hasselhorn, M. (1995). Kognitive Trainings: Grundlagen, Begrifflichkeiten und Desiderate. W. Hager (Hrsg.) (1995). *Programme zur Förderung des Denkens bei Kindern*. 14-35, Göttingen: Hogrefe,

Holling, H. & Liepmann, D. (1995). Personalentwicklung. H. Schuler (Hrsg.) (1995). *Lehrbuch Organisationspsychologie*. Bern: Huber, 285-317

Jonasson, D.H. & Grabowski, B. (1993). *Handbook of Individual Differences, Learning and Instruction*. Hillsdale, N.J.: Erlbaum

Krapp, A (1993). Die Psychologie der Lernmotivation. *Zeitschrift für Pädagogik*, 39 (2), 187-206

Kruse, A. (1997). Bildung und Bildungsmotivation im Erwachsenenalter. Weinert, F.E. & Mandl, H. (Hrsg.). *Psychologie der Erwachsenenbildung. Enzyklopädie der Psychologie*. D/I/4, 115-178, Göttingen: Hogrefe,

Mandl, H., Gruber, H. & Renkl, A. (1994). Zum Problem der Wissensanwendung. *Unterrichtswissenschaft*, 22 (3), 233-243

Mandl, H., Prenzel, M. & Gräsel, C. (1992). Das Problem des Lerntransfers in der betrieblichen Weiterbildung. *Unterrichtswissenschaft*, 20 (2), 126-143

Neuberger, O. (1994). *Personalentwicklung*. Stuttgart: Enke

Orendi, B., Papst, J. & Udris, I. (1986). *Kooperation in Arbeitsgruppen – Gruppentrainings zur Förderung von sozialer Handlungskompetenz*. Zürich: ETH Zürich, Institut für Arbeits- und Organisationspsychologie

Pekrun, R. & Schiefele, U. (1996). Emotions- und Motivationspsychologische Bedingungen der Lernleistung. Weinert, F.E. (Hrsg.). *Psychologie des Lernens und der Instruktion. Enzyklopädie der Psychologie*. D/I/2, 154-181, Göttingen: Hogrefe,

Prenzel, M., Eitel, F., Holzbach, R., Schoenheinz, R.-J. & Schweiberer, L. (1993). Lernmotivation im studentischen Unterricht der Chirurgie. *Zeitschrift für Pädagogische Psychologie*, 7 (2/3), 125-137

Prümper, J. Hartmannsgruber, K. & Frese, M. (1995). KFZA. Kurzfragebogen zur Arbeitsanalyse. *Zeitschrift für Arbeits- und Organisationspsychologie*, 39 (3), 125-32

Renkl, A. (1996). Träges Wissen: Wenn Erlerntes nicht genutzt wird. *Psychologische Rundschau*, 47 (2), 78-92

Rotter, J.B. (1966). Generalized Expectancies for Internal versus External Control of Reinforcement. *Psychological Monographs*, 80 (1)

Saul, S. (1993). *Führen durch Kommunikation. Gespräche mit Mitarbeiterinnen und Mitarbeitern.* Weinheim: Beltz

Semmer, N. & Pfäfflin, M. (1978) *Interaktionstraining. Ein handlungstheoretischer Ansatz zum Training sozialer Fertigkeiten.* Weinheim: Beltz

Sieland, B. & Schäuble, W. (1976). Training und Transfer. Sader, M., Schäuble, W. & Theis, W. (Hrsg.)(1976). *Verbesserung von Interaktion durch Gruppendynamik.* Psychologische Grundlagen und pragmatische Strukturierungen. Münster: Aschendorff, 129-171

Sonntag, Kh. & Schäfer-Rauser, U. (1993). Selbsteinschätzung beruflicher Kompetenzen bei der Evaluation von Bildungsmaßnahmen. *Zeitschrift für Arbeits- und Organisationspsychologie*, 37 (4), 163-171

Udris, I. (1993). Trainingsverfahren zur Förderung der Sozialkompetenz. Sonntag, Kh. & Friede, C.K. (Hrsg.). *Berufliche Kompetenz durch Training*. Heidelberg: Sauer, 100-127

Volpert, W. (1987). Psychische Regulation von Arbeitstätigkeiten. Rutenfranz, J. & Kleinbeck, U. (Hrsg.). *Arbeitspsychologie. Enzyklopädie der Psychologie.* D/III/1, 1-43 Göttingen: Hogrefe

Weinert, F.E. (1996). Für und Wider die "neuen Lerntheorien" als Grundlagen pädagogisch-psychologischer Forschung. *Zeitschrift für Pädagogische Psychologie*, 10 (1), 1-12

Lernförderung mit dem Computer - Initiierung eines Lernförderungsprojekts für Grundschulen am Beispiel des Höchstener Modells

Burkhard Roeder & Ute Roeder

1 Zusammenfassung

Die Eignung des Computers als Medium zur Lernförderung im schulischen Bereich hat sich bereits mehrfach experimentell nachweisen lassen. Auf der Grundlage solcher Erfahrungen sowie lerntheoretischer Überlegungen wurde an der Dortmunder Universität ein Rahmenprogramm entwickelt, das für den Einsatz im Grundschulbereich geeignet ist. Am Beispiel der Höchstener Grundschule werden die fünf Projektphasen erläutert. Das Projektziel ist es, dieses Programm so weiterzuentwickeln, daß es größere Themengebiete des Stoffplans abdeckt und die Lernförderung mit dem Computer zwanglos in den alltäglichen Schulablauf integriert wird. Bei dem hier entwickelten Lernprogrammpaket handelt es sich **nicht** um den programmierten Unterricht der 60er Jahre. Vielmehr geht es darum, den Schüler/inne/n individuelle Übungsmöglichkeiten zu bieten. Die sich anschließende Evaluationsphase wird am Beispiel der Evaluation des MULLI (Progamm zum schriftlichen Multiplizieren, Kullik & Sieger,1990) entworfen. Abschließend wird die Vision entwickelt, daß dieses Modell nach wissenschaftlicher Evaluation „Schule" macht und sich weitere Grundschulen daran beteiligen werden.

2 Grundschule und Computer: eine Chance

Der computerunterstützte Unterricht hat spätestens seit Etablierung des Internets an Boden gewonnen. Mit großangelegten Initiativen wie „Schulen ans Netz" werden Schulen mit Computern versorgt und Lehrer dementsprechend weitergebildet. Dies gilt jedoch im wesentlichen für Gymnasien. Die anderen Schulformen sind noch unterrepräsentiert was die Ausstattung und den Umgang mit Computern angeht. In den Grundschulen spielt der Computer beinahe keine Rolle.

Lernprogramme lassen sich verschiedenen Kategorien zuordnen, z.b. Drill- und Übungsprogramme, tutorielle Programme, Simulationsprogramme etc. (vgl. z. B. Jacobsen, 1996). Bei den Programmen, die Lehrstoff vermitteln sollen, liegen sogenannte Hypertext-Programme neuerdings im Trend. Im Unterschied zu herkömmlichen Programmen - wo der Stoff von vorne bis hinten „linear“ durchgearbeitet werden mußte - bestehen Hypertext-Programme aus „Knoten“ und „Links“. Der Mausklick auf einen Link erlaubt das schnelle Springen zu inhaltlich verwandten Themen. Hypertextprogramme bieten vor allem für das selbstgesteuerte „entdeckende“ Lernen hervorragende Möglichkeiten (vgl. Gerdes, o. J.).

Diese Programme erfordern neben flüssigem, sinnentnehmendem Lesen auch bereits einige Erfahrung im selbstgesteuerten Lernen und eignen sich dementsprechend noch nicht für die Schulanfänger in der Grundschule. Hier soll der Computer lediglich den von den Lehrerinnen und Lehrern vermittelten Stoff zu festigen helfen, wofür sich Drill- und Übungsprogramme eignen.

Für die Drill- und Übungsprogamme liegt empirische Evidenz für höhere Lerneffektivität vor: Evaluationsstudien weisen Computer-Übungsprogamme als die effektiveren Trainer aus (vgl. z. B. Masendorf & Kullik,1997). Metaanalysen ermitteln die Effektstärke. Mit einer Effektstärke von 0.3 wird dem Computer ein deutlicher und auch relativ konsistenter Vorteil gegenüber herkömmlichem Übungsmaterial bescheinigt. Mindestens ergänzend zum herkömmlichen Üben empfiehlt sich also der Computereinsatz in der Schule - auch und gerade in der Grundschule, wo eine Reihe von automatisierbaren Übungsprozessen von zentraler Bedeutung sind.

Der Einsatz von computerunterstütztem Lernen in Grundschulen in größerem Rahmen scheitert jedoch an mehreren Barrieren: es fehlt eine adäquate Ausstattung, es fehlen geeignete Computerprogramme und es fehlt den Lehrerinnen und Lehrern an Know-How.

An dieser Stelle knüpft die Idee des Höchstener Modells an. Zielsetzung des Modellprojekts ist es, Grundschulen in die Lage zu versetzen, computerunterstütztes Lernen zwanglos in den Schulalltag zu integrieren.

Die Idee zum Höchstener Modell entstand am Lehrstuhl für Methodenlehre an der Universität Dortmund. Hier wurden in den letzten Jahren verschiedene kleinere Übungsprogramme in der Tradition der Lernprogramme zwischen 1970 und 1990 erstellt (vgl. Mandl et al., 1991). Für den Bereich des systematischen Einprägens (Automatisieren) gelten dem Behaviorismus verwandte lerntheoretische Annahmen nach wie vor als sinnvoll. Insbesondere greift hier das von Thorndike (1927) entdeckte law of effect (Gesetz des Erfolges).

Ausgehend von bereits vorhandenen Lernprogrammen für Grund- und Sonderschulen, die zum Teil schon evaluiert wurden (z. B. Roeder, im Druck) bestand das Bestreben darin, diese Programme einerseits vielen Grundschulen zugänglich zu machen und andererseits weiterzuentwickeln und zu einem Gesamtprogramm (Lernprogammpaket für Grundschulen) zusammenzufügen. Zentrales Anliegen ist die Einsetzbarkeit in der Schulpraxis. Die Entwicklung soll nicht im Elfenbeinturm Universität passieren, sondern sich an den tatsächlichen Erfordernissen des Schulalltags orientieren.

An der Höchstener Grundschule in Dortmund-Höchsten bestand die Möglichkeit, die computerunterstützte Arbeit in der zweizügigen zweiten Jahrgangsstufe aufzubauen. Die Voraussetzungen dieser Schule dürfen als typisch angesehen werden: es standen weder Computer noch Gelder für deren Anschaffung zur Verfügung, es waren keine zusätzlichen Räume vorhanden und die Lehrerinnen verfügten nach eigenem Bekunden über keinerlei Computer-Vorerfahrungen. Das ***erste Problem*** des Höchstener Modells bestand dementsprechend darin, Überzeugungsarbeit zu leisten, denn wenn die Lehrerinnen oder Eltern ein solches Projekt nicht unterstützen, ist es von vornherein zum Scheitern verurteilt. Trotz fehlender Computer-Vorerfahrung der Lehrerinnen standen diese dem Projekt wohlgesonnen und auch gespannt gegenüber, was eine hervorragende Grundlage für die weitere Arbeit bedeutete.

3 Die Ausstattung

Nur vereinzelt findet man an Grundschulen Computer. Diese sind entweder von besonders engagierten Lehrerinnen und Lehrern angeschafft worden oder verwaiste Überbleibsel früherer Initiativen. Nur sehr selten ist mit vorhandener Ausstattung eine einigermaßen kontinuierliche und vor allem für alle Schüler zugängliche computerunterstützte Lernförderung möglich. An der Höchstener Grundschule waren einzelne Computerkomponenten vorhanden, teilweise defekt und nicht in Gebrauch. Die ***zweite Aufgabe*** innerhalb des Höchstener Modells bestand also darin, einen Computer-Pool zusammenzustellen. Dazu mußten die bestehenden Computer auf Gebrauchsfähigkeit überprüft und vervollständigt werden. An die Eltern der beteiligten Schulklassen wurde ein Rundschreiben verteilt mit der Aufforderung, ausgemusterte Computer bzw. Bildschirme etc. der Schule zur Verfügung zu stellen. Ergänzend wurden über eine Recycling-Firma einige Computer gegen ein geringes Entgelt vor der Verschrottung gerettet. Dieses Vorgehen schien angesichts mangelnder finanzieller Unterstützung die einzige Möglichkeit zur Verwirklichung der Idee zu sein. Nach kurzer Zeit standen sechs Computer zur Verfügung, die von den beiden zweiten Klassen genutzt werden konnten.

4 Die Raumfrage

Neben der Ausstattung mit Computern gibt es meistens auch Raumprobleme. Wo sollen die Computer stehen? In den Klassenräumen ist meistens nicht genügend Platz. Außerdem könnte es zu gegenseitiger Ablenkung zwischen den Kindern am Computer und den anderen Kindern im parallelen Unterricht kommen.

Die Raumproblematik wurde an der Höchstener Grundschule dadurch gelöst, daß der Flur zwischen den beiden Klassenräumen verwendet wurde. Der Hausmeister baute ein küchenzeilenähnliches „U" in eine Nische, so daß alle sechs Computer nebeneinander gestellt werden können. Damit war die Ausstattungsproblematik mit geringstmöglichen Kosten in kurzer Zeit zufriedenstellend gelöst.

5 Das Programm

Der Softwaremarkt hat offensichtlich davon Notiz genommen, daß computergestütztes Lernen nicht nur sinnvoll ist, sondern auch eine einträgliche Einnahmequelle darstellt. Das Angebot an Lernprogrammen von kommerziellen Anbietern und auch sogenannten Sharewareprogrammen ist mittlerweile kaum noch zu überschauen. Die meisten dieser Programme sind jedoch kaum für den Einsatz in der Schule zu empfehlen, speziell für die Schulen entwickelte Programme gibt es kaum (vgl. Kullik, 1997). Ein in der Schule einzusetzendes Programm hat verschiedene Kriterien zu erfüllen, die sich in Anlehning an Jacobs (1996) nach formalen, pädagogischen und empirischen Kriterien differenzieren lassen. Einige Kriterien sind noch deutlicher beschrieben bei Roeder (im Druck).

Viele Programme verletzen mehr Kriterien, als sie erfüllen. Mangelnde Einsetzbarkeit ergibt sich des weiteren durch die Art der Computer: die an der Schule vorhandenen Computer sind Geräte der vorletzten Generation. Aktuelle Lernsoftware orientiert sich eher an Computergenerationen der Gegenwart oder gar der Zukunft und ist somit auf den vorhandenen Geräten gar nicht lauffähig. Benötigt werden also Programme, die auf einfachen Computern stabil funktionieren. Dabei können weder Farbelemente noch akustische Unterstützungen verwendet werden. Dies ist allerdings nach Ansicht von Fachleuten durchaus vertretbar (vgl. Kullik, 1995).

Das bisher entwickelte und noch zu vervollkommnende Programm beinhaltet die Bereiche Rechnen, Schreiben, Lesen und Denken. Innerhalb dieser Bereiche sind weitere Differenzierungen vorhanden, so z. B. beim Rechnen Plusaufgaben, Malaufgaben usw..

Das Lernprogramm folgt dem Grundprinzip, das Mandl et al. (1991) als die herkömmliche Struktur von Übungsprogrammen bezeichnen. Die Aufgaben werden dargeboten, das Kind gibt über die Tastatur die Lösung ein und erhält sofortige Rückmeldung, ob die Lösung korrekt war: die Aufgabe mit Lösung wird, ergänzt durch ein Herzchen, dargeboten. Ist die Lösung nicht korrekt, hat das Kind noch zwei weitere Gelegenheiten, die Aufgabe zu lösen. Danach erscheint die richtige Lösung auf dem Bildschirm. Die Bildschirmgestaltung ist in allen Teilprogrammen sehr sparsam. Weder „Männeken“ noch Geräusche lenken die Kinder von den jeweiligen Aufgaben ab. Das Programm verzichtet auf jegliche Spielkomponenten.

Innerhalb der Teilprogramme sind die Aufgaben dem Schwierigkeitsgrad nach gestaffelt. Z. B. steigt bei den Plusaufgaben der Schwierigkeitsgrad von einfachsten Aufgaben im Zehnerraum bis zu Kettenaufgaben mit Zahlen bis 100 in 65 Schwierigkeitsstufen - sogenannten „levels“ - an.

Die Kinder, die sich zu Beginn einer jeden „Sitzung“ namentlich am Computer anmelden, arbeiten jeweils auf dem in der letzten Sitzung erreichten Niveau weiter.

Wenn ein Kind nach 10 Aufgaben eines jeweiligen levels mehr als sechs Aufgaben korrekt gelöst hat, steigt der level an. Ansonsten sinkt der level wieder, damit das Kind nicht anhaltend frustriert wird.

Die Schüler können nach jeder Aufgabe sehen, wieviele Aufgaben sie in dieser Sitzung bereits bearbeitet haben und wieviele davon richtig waren.

Diese Informationen können sich die Lehrerinnen und Lehrer für alle Kinder ausdrucken lassen. Aufgesplittet nach den Teilbereichen des Programms erhalten sie für jedes Kind detailliert Auskunft darüber, wieviele

Aufgaben in welchen levels mit welcher Lösungswahrscheinlichkeit und in welcher Zeit gerechnet hat. Dabei ist insbesondere die durchschnittliche Aufgabenlösungszeit individuell sehr verschieden.

Das in weiten Bereichen bereits gut funktionierende Programm wird innerhalb der ***dritten Phase*** des Höchstener Modells ständig weiterentwickelt. Neben dem Praxistest hinsichtlich der Stabilität und Praktikabilität wird vor allem der inhaltlich-didaktische Teil erweitert. In enger Kooperation mit den Lehrerinnen werden neue Bereiche wie z. B. die neue Rechtschreibung und sachkundliche Themen hinzukommen.

6 Erste Erfahrungen

Nachdem die Zweitklässler der Höchstener Grundschule nun seit drei Monaten etwa zweimal wöchentlich mit dem Programm arbeiten, lassen sich einige Beobachtungen schildern.

Obwohl das Programm keinerlei Spielcharakter aufweist, sind die Kinder ausgesprochen motiviert. Selbst bei attraktivem „Gegenunterricht" reißen sich die Schüler förmlich darum, am Computer arbeiten zu dürfen. Da sich große interindividuelle Leistungsunterschiede im Rechnen fanden, sollte auf Wunsch der Lehrerin zunächst bevorzugt gerechnet werden (Plusaufgaben). Es ist erstaunlich, daß die Kinder voller Begeisterung 150 Aufgaben in einer Viertelstunde rechneten, denn es handelt sich eigentlich um eintöniges Päckchenrechnen.

Die Kinder verfolgen ihren Leistungsfortschritt intensiv mit und freuen sich über jeden level-Fortschritt. Während einige Kinder noch längst nicht an ihrer Leistungsgrenze angekommen sind, ist bei anderen Kindern die Anstrengung schon größer. Die aktuelle Leistungsgrenze eines Kindes wird durch den Computer durch das Auf- und Absteigen (Pendeln) zwischen zwei levels registriert und die Lehrerin, die vom Routine-Üben befreit ist, kann sich rechtzeitig der Ursache für das Pendeln widmen. Beispielsweise kann ein Schüler alle Plusaufgaben innerhalb eines Zahlenbereiches lösen, scheitert aber, wenn Kettenaufgaben mit drei Summanden im selben Zahlenbereich gestellt werden. Nachdem die Lehrerin dieses spezielle Problem mit ihm erarbeitet hat, kann er nun auch in höheren Zahlenbereichen weiterrechnen und dort dann auch die Kettenaufgaben lösen.

Die Arbeit per Computer hilft offensichtlich auch den stillen Kindern. Manche konnten bisher innerhalb der Klassensituation kaum Aufgaben lösen - am Computer meistern sie problemlos level für level. Auch dies war eine neue Erfahrung für die Lehrerinnen, die die Computerarbeit im positiven Sinne zur lehrzielorientierten Leistungsbeurteilung der Schüler mit heranzogen.

Ein Mädchen, das zu den schwächsten Rechnern der Klasse gehört, zeigte im Mathematikunterricht Desinteresse. Nach einigen Computersitzungen, in denen sie sich zwar mühsam aber stetig durch die Level nach oben gearbeitet hatte, fiel sie der Lehrerin im normalen Mathematikunterricht plötzlich durch aktive Beteiligung am Unterricht auf.
Diese und viele andere Beobachtungen weisen bereits jetzt darauf hin, daß das Projekt sinnvolle Lernförderung leistet. Darüberhinaus wird in Kürze innerhalb der ***vierten Phase*** mit der Evaluation einzelner Progammteile begonnen. Hiervon werden systematische Aufschlüsse über die Effizienz erwartet. Diese Evaluation wird ähnlich dem in Roeder (im Druck) beschriebenen experimentellen design ablaufen, mit dem bereits mehrfach der MULLI (Progamm zum schriftlichen Multiplizieren, Kullik & Sieger,1990) auf seine lernförderliche Wirkung untersucht wurde. Neben reinen Leistungssteigerungen in engem Bezug zu den jeweiligen Lernzielen wird zusätzlich die Erfassung peripherer Veränderungen (z. B. Motivation, Selbstwirksamkeit etc.) einbezogen werden müssen, soweit eine ent-sprechende Erfassung bei achtjährigen Kindern möglich sein kann.

7 Wie es weitergeht

Aufgrund eines Zeitungsartikels über das Höchstener Modell wurden bereits andere Schulen auf das Projekt aufmerksam und meldeten Interesse an.

Im Zuge der ***fünften Projektphase***, der Multiplikationsphase, sollen diese Schulen ebenfalls die Möglichkeit erhalten, nach dem Konzept des Höchstener Modells zu arbeiten. Es ist intendiert, Lehramtsstudierende der Universität Dortmund im Rahmen ihrer Ausbildung soweit einzuarbeiten, daß sie die Betreuung von Schulen in einer Einführungsphase übernehmen können. Für die Studenten bieten sich die Vorteile neben den Erfahrungen mit dem Medium Computer vor allem in den Praxismöglichkeiten im Umgang mit Kindern. Darüberhinaus sind fächerübergreifende Initiativen der Studierenden durchaus erwünscht. So wäre es sinnvoll, eigene Unterrichtseinheiten z. B. aus dem Bereich Sachunterricht zu erstellen und auszuprobieren bzw. zu evaluieren. Je nach Akzeptanz bei den Studierenden könnte sich daraus ein neues Erfahrungs- und Übungsfeld für die Lehrerausbildung ergeben.

Literatur

Gerdes, H.(o. J.): *Was ist Hypertext?*
Universität Bonn, verfügbar über das Internet: http://www.psychologie.uni-bonn.de/~gerdes_h/hyper/inhalt.htm

Jacobs, B. (1996): *Der Computer als nützliches Medium in Forschung und Lehre*. Zusammenfassung eines Vortrags an der Universität des Saarlandes, verfügbar über das Internet: http://www.phil.uni-sb.de/~jakobs/vortrag/vortrag1.html

Kulik, J.A. (1994): Meta-analytic studies of findings on computer-based instruction. In: Baker, E. L. & O'Neil, H. F. (Hrsg.): *Technology assessment in education and training*. (S. 9-33). Hillsdale, NJ: Erlbaum

Kullik, U. & Sieger, R. (1990): *Euro-Mulli: Ein Trainingsprogramm für das schriftliche Multiplizieren Forschungs- und Beratungsstelle für computerunterstützte Rehabilitation*, Universität Köln.
http://www.uni-koeln.de/hp-fak/fcr/software.html

Kullik, U. (1995): Lernen mit Computern. In: Bräuer, K. (Hrsg.): *Psychische Potentiale für eine interdisziplinäre Lehrerausbildung: Motivation-Kognition-Entwicklung*. Essen: Die Blaue Eule.

Kullik, U. (1997): Einsatzmöglichkeiten von Multimedia bei lernbehinderten Kindern. *Heilpädagogische Forschung*, Band XXIII, Heft 4, S. 179-182.

Mandl, H., Gruber, H. & Renkl, A. (1991): *Lernen mit dem Computer. Empirisch-pädagogische Forschung in der BRD zwischen 1970 und 1990* (Forschungsbericht Nr. 7). München: Ludwig-Maximilians-Universität, Lehrstuhl für Empirische Pädagogik und Pädagogische Psychologie.

Masendorf, F. u. Kullik, U. (1997): Konzept und Validierung des computerunterstützten Rechentrainings MULLI unter unterschiedlicher Bezugsnormorientierung. In: Masendorf, F. (Hrsg.): *Experimentelle Sonderpädagogik*. Beltz: Weinheim

Roeder, B. (1998): Evaluation computerunterstützten Lernens im Mathematikunterricht. In: Greisbach, M., Kullik, U. & Souvignier, E. (Hrsg.): *Von der Lernbehindertenpädagogik zur Praxis der schuli-*

schen Lernförderung. Papst Science Publishers: Lengerich, Berlin, Düsseldorf, Riga, Scottsdale AZ (USA), Wien, Zagreb. (im Druck)
Thorndike, L.E. (1972): The law of effect. *American Journal of Psychology*, 39, 212-222

Fragetraining und Wissenserwerb im Geschichtsunterricht: Trainingsformen, Testformate und geschlechtsspezifische Differenzen

Heinz Neber

1 EPISTEMISCHES FRAGEN UND WISSENSERWERB

Von Lernenden wird zunehmend eine aktivere Rolle beim Wissenserwerb auf fachspezifischen Gebieten gefordert, erforscht und in Form von Lernumwelten technologisch realisiert (Brophy & Alleman, 1992; Deitering, 1994; Neber, 1998a,b; im Druck). Aktivitätskonzepte und Förderkonsequenzen variieren jedoch beträchtlich. Nach Ann Brown (1994) sind Aktivitäten zur zielgerichteten Kontrolle von Lernprozessen zu fördern. Dazu gehören das Planen, Überwachen und Bewerten. Diese Kontrollaktivitäten lassen sich in bereits seit Dewey (1910) gebräuchlichen Stufenmodellen des Problemlösens einordnen und repräsentieren Stufen des Problemlösens und sie ermöglichen es, diese Prozesse selbst zu steuern (Deitering, 1994). Aktivitäten mit dieser Funktion werden im folgenden als prozeßkontrollierende Aktivitäten bezeichnet.
Nach Scardamaglia et al. (1992) sind dagegen Aktivitäten zu fördern, die zur Konstruktion bzw. Generierung bereichsspezifischen Wissens führen. Solche Aktivitäten werden aus Wissensmodellen abgeleitet und ermöglichen es Lernenden, modellspezifische Wissenskomponenten zu generieren; sie werden im folgenden als wissensgenerierende Aktivitäten bezeichnet.
Sowohl die prozeßregulierende als auch die wissensgenerierende Funktion von Lernaktivitäten kann durch Fragen unterstützt werden, die Lernende selbst stellen. Selbstgestellte Fragen, die das Verstehen und den Wissenserwerb fördern, werden als „epistemische", d.h. zu Erkenntnissen und Wissen führende Fragen bezeichnet (Neber, 1996). Zwei Modi epistemischen Fragens sind zu unterscheiden: Selbstfragen und kommunikative Fragen. Daraus ergibt sich eine Klassifikation epistemischen Fragen, die an Beispielen erläutert wird (Tabelle 1).

Bestellung Datum 11.6.99

14.7.99

990235

fest zur Ansicht zur Forts. Preisangebot

Sozialkognitive Aspekte der pädagogischen Psychologie.
Bd.1.Dokumentaiton des 3.Dortmunder Symposions...
Essen:Verl.Die Blaue Eule 1999
3892069255

eingetroffen

14.7.99 DM 46.–

Hruza-M.

Lieferant

arabella

Staatsinstitut für Schulpädagogik
– Bibliothek –

8 München 81, Arabellastraße 1
Telefon 9214-2118

Tabelle 1: Funktion und Modus epistemischer Fragen beim Erwerb von Wissen: Klassifikation und Beispiele

FUNKTION	MODUS *Selbstfragen*	*Kommunikative Fragen*
Prozeßkontrolle	„Self Questioning Metacognitive Acquisition Procedures" beim Lesen von Texten (Pressley & Forrest-Pressley, 1985)	Metakognitive Erleichterung durch „generic questions" beim reziproken Lernen (King, 1991)
Wissensgenerierung	Training objektgenerierenden Fragens durch Vorgabe von Modellfragen (Neber, 1996)	Förderung wissens-konstruierender Prozesse durch „question stems" in Dyaden (King & Rosenshine, 1994)

Selbstfragen sind Fragen, die Lernende während oder nach Informationsaufnahmeprozessen an sich selbst stellen. Interventionen zur Intensivierung epistemischer Selbstfragen fokussierten bisher vor allem die prozeßkontrollierende Funktion dieser Aktivitäten. Besonders Pressley und Mitarbeiter (Pressley & Forrest-Pressley, 1985) entwickelten Verfahren zum Training von Selbstfragen, um die Auswahl und den Einsatz bereits erworbener Lernstrategien durch Leser zu verbessern. Pressley et al. (1985) bezeichnen solche Fragen als „Self-Questioning Metacognitive Acquisition Procedures", z.B. beim Lesen von Shakespeare-Texten: „Hat mir das Lesen von Hintergrundliteratur geholfen?" (Pressley et al., 1985, 290).

Auch King (1991) thematisierte die prozeßkontrollierende Funktion von Fragen. Sie trainierte kommunikatives epistemisches Fragen in Schülerdyaden, wobei Fünftklässler ihre Wissenserwerbsprozesse gegenseitig kontrollierten (Neber, 1998b). Zur Formulierung der Fragen standen vorformulierte allgemeine Fragen (generic questions) zur Verfügung. Die zu spezifizierenden Fragen bezogen sich auf die Planung der Lernziele (z.B.: Was ist das Problem?), das Prozessmonitoring (z.B.: Verwenden wir den Plan?) und die Evaluation der Leistung.

Weitere Studien von King bezogen sich auf wissensgenerierendes Fragen (King, 1992; King & Rosenshine, 1994). Grundlage waren Ergebnisse der Organisationstheorie des Gedächtnisses, wonach Behaltensleistungen durch Kategorisierung und Vernetzung von Gedächtnisinhalten gesteigert werden (Postman, 1972). Fragen zum Generieren von Elaborationen und

Relationen wurden im regulären Unterricht dadurch angeregt, daß den Lernenden Fragestämme (question stems) auf Karten zur Verfügung gestellt wurden. Beispiele solcher Fragestämme sind: Wie beeinflußt ...? Wie hängt ... mit ... zusammen? (King & Rosenshine, 1994). Schüler vervollständigten die von ihnen ausgewählten Fragestämme und stellen sie am Ende von Unterrichtsstunden an Lernpartner in Dyaden.

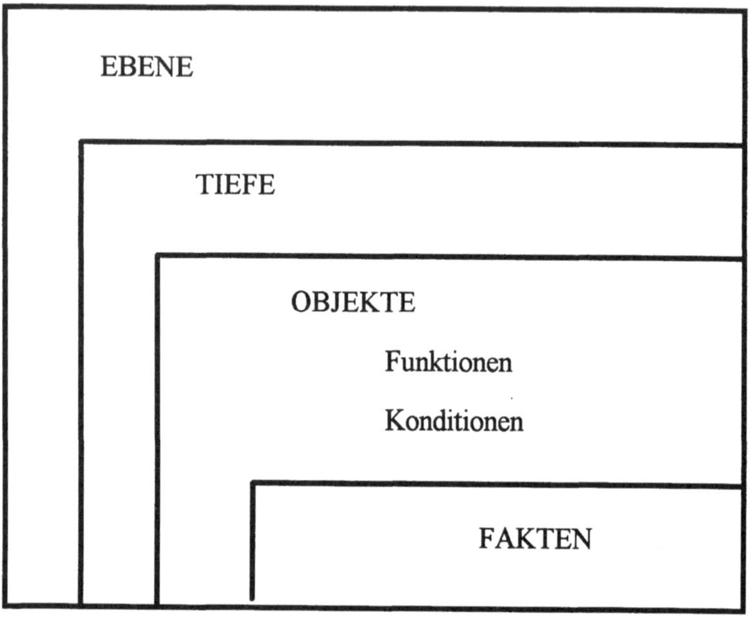

Abbildung 1: Modell vollständigen Wissens (nach Neber, 1993)

Neber (1996) trainierte Selbstfragen zu im Geschichtsunterricht behandelten Themen durch Vorgabe von Modellfragen. Diese Fragen erfüllten ausschließlich die wissensgenerierende Funktion. Zwei Fragerichtungen wurden verglichen, die aus dem Modell vollständigen Wissens (Neber, 1993) abgeleitet worden waren (Abb. 1). Im Modell werden mehrere Dimensionen und Komponenten unterschieden. Die Dimension „Ebene" bezieht sich auf den Generalisierungsgrad von Wissenskomponenten, der von fallbezogen bis abstrakt variieren kann. Die Dimension „Tiefe" bezieht sich auf die fachspezifische Verankerung von Wissenskomponenten. So kann zur Interpretation historischer Ereignisse „tiefes" Wissen in Form historischer Prinzipien und Gesetzmäßigkeiten

eingesetzt werden oder aber Wissen geringer Tiefe etwa in Form von Alltagsüberzeugungen und Vorurteilen (weitere Ausführungen zu Ebene und Tiefe in Neber, 1993, 228-232).
Die beiden Dimensionen kennzeichnen die im Modell unterschiedenen Komponenten „Fakten“ und „Objekte“. Fakten sind die elementarsten Wissenskomponenten (z.B.: Welchen Ozean überquerte Kolumbus?). Auf Fakten beschränktes Wissen ist unvollständig und muß nach dem Modell durch Transformation von Fakten in Objekte erweitert werden. Objekte sind um Konditionen (z.B.: Welche Voraussetzungen ermöglichten es Kolumbus, den Atlantik zu überqueren?) und um Funktionen (z.B.: Welche Konsequenzen hatten die Seereisen des Kolumbus?) erweiterte Fakten. Objekte schließen also Bedingungen (Geltungsbereiche) und Ziele (intendierte oder tatsächlich erreichte Zielzustände) von Fakten ein. Dadurch sind Objekte auf situative Fragestellungen und Probleme anwendbar und ermöglichen eine wissensinterne Nutzungssteuerung (Neber, 1992, 1993). Dieses Wissenskonzept wurde aus allgemeinen Wissensmodellen der Carnegie-Mellon-University (Charney & Reder, 1987) und spezifischen Modellen technischen Wissens (Gott, 1987) abgeleitet. Auf dieser Basis konnte der Erwerb nutzbaren technischen Wissens gefördert werden (Neber, 1992, 1994). Die Transformation von Fakten- in Objektwissen entspricht dem Übergang vom Anfänger zum Experten, und obbjektgenerierendes Training ist als ein Beitrag zur Expertiseförderung im Unterricht aufzufassen (Neber, 1987).
Eine im folgenden als „frühere Trainingsstudie“ bezeichnete Untersuchung basierte auf dem dargestellten Wissensmodell. Ziel war, den generativen Wissenserwerb durch Selbstfragen im Geschichtsunterricht zu fördern (Neber, 1996).

2 TRAINING EPISTEMISCHEN FRAGENS IM GESCHICHTSUNTERRICHT

2.1 Charakteristika der Trainingsstudie

Die hier darzustellende Untersuchung knüpft an die frühere Studie an und erweitert sie. Folgende Modifikationen sind hervorzuheben:

a. In der früheren Trainingsstudie wurden ausschließlich Formen wissensgenerierenden Fragens trainiert und verglichen. In der aktuellen Studie werden dagegen Effekte des Trainings im wissensgenerierenden und prozeßkontrollierenden Fragen auf den Wissenserwerb verglichen.

b. Im früheren Training wurden Fragen durch Modellfragen angeregt. Dabei handelt es sich um einen relativ indirekten Ansatz zur Modifikation von Frageaktivitäten, der bereits in den siebziger Jahren - dort mit realen Modellen - erfolgreich eingesetzt worden ist (Denney, 1975). In einer neueren Zusammenfassung von Fragestrainingsstudien empfehlen Rosenshine, Meister & Chapman (1995) allerdings, daß mit direkteren Interventionsformen, die das angestrebte Fragen stärker vorstrukturieren, höhere Trainingseffekte erzielt werden können. In der aktuellen Studie wird daher die dargestellte Methode der Fragestämme (Rosenshine et al., 1994) verwendet, um wissensgenerierendes bzw. prozeßkontrollierendes epistemisches Fragen in stärker vorstrukturierter Weise zu trainieren.

c. In der früheren Studie erfolgte das Fragetraining als „blindes" Training und die Vorteile der geförderten Fragerichtungen wurden nicht explizit erläutert. Die aktuelle Studie wird dagegen als „informiertes" Training durchgeführt, und die Plausibilität der Fragerichtungen wird den Pbn begründet. Dies soll nach Brown & Palincsar (1982) Trainingseffekte verstärken.

d. In der früheren Trainingsstudie wurde der Wissenserwerb durch ein einziges Testformat (freie Antworten auf spezifische Fragen) überprüft. In der aktuellen Studie werden dagegen verschiedene Testformate verwendet, die sich darin unterscheiden, wie stark sie die möglichen Antworten vorstrukturieren. Begründungen dafür liefern neuere Ergebnisse zur Wissensdiagnostik. Das gesamte Spektrum des einer Person zur Verfügung stehenden Wissens kann danach nicht durch ein einziges Testformat erfaßt werden (Snow, 1993). In Anlehnung an Bennetts (1993) Klassifikation von Testaufgaben werden in der aktuellen Studie daher multiple-choice Antworten als stark vorstrukturierendes und freies Erklären (essay-format) als wenig vorstrukturierendes Testformat verwendet. Letzteres ist besonders zur Messung historischen Wissens erforderlich (Baker, Freeman & Cayton, 1991). Ergebnisse von Voss, Carretero, Kennet & Silfies (1994) zeigen, daß durch Testformate, die Antworten unterschiedlich stark vorstrukturieren tatsächlich unterschiedliche Qualitäten des vorhandenen Wissens erfaßt werden. In freien schriftlichen Erklärungen zum Thema „Warum ist die UdSSR zusammengebrochen?" produzierten Studenten der Geschichte weit weniger Gründe, als sie nach einer stärker vorstrukturierten Überprüfung tatsächlich kannten. Freie Testformate sind daher unverzichtbar, wenn Fertigkeiten zur Nutzung vorhandenen Wissens überprüft werden sollen. Verfügbarkeit von Wissen und dessen tatsächliche Nutzung sollten daher mit unterschiedlichen Verfahren gemessen werden (Neber, 1993).

e. In der aktuellen Studie werden geschlechtsspezifische Differenzen untersucht. Nach neueren Ergebnissen sind solche Differenzen zu erwarten. Bolger & Kellaghan (1990) zeigten, daß Schülerinnen bei Testformaten, die die Antworten wenig vorstrukturieren relativ besser abschneiden als Schüler, während sich umgekehrt Leistungsvorteile für Schüler bei stark vorstrukturierenden Testformaten ergaben. Bridgeman (1991) und Bridgeman & Lewis (1991) fanden entsprechende Differenzen. Während sich bei multiple-choice Items deutliche geschlechtsspezifische Unterschiede zuungunsten der Studentinnen ergaben, waren die entsprechenden Differenzen bei der Überprüfung historischer Kenntnisse in Aufsatzform nur marginal.

2.2 Ziele der Untersuchung

In dieser Untersuchung werden

- Trainingseffekte wissensgenerierenden und prozeßkontrollierenden Fragens überprüft,
- Ergebnisse unterschiedlich vorstrukturierter Methoden der Wissensüberprüfung verglichen sowie
- Trainingseffekte und Ergebnisse der Wissensüberprüfung im Hinblick auf Geschlechtsdifferenzen analysiert.

2.3 Methode

Das Fragetraining erfolgte in insgesamt acht Stunden im Geschichtsunterricht einer siebten Gymnasialklasse mit n=24 Schülern und Schülerinnen. In diesen acht Stunden wurden Aufstieg und Niedergang der Römischen Republik behandelt. Der Unterricht war stark lehrerzentriert ausgerichtet und stützte sich in jeder Stunde auf Quellen und Lehrtexte. Weder Selbstfragen noch kommunikatives Fragen der Schüler waren in diesem Unterricht bisher thematisiert oder gezielt gefördert worden.

Zunächst wurden die Schüler in zwei, nach Geschlechtszugehörigkeit und lehrerbeurteiltem Leistungsrang im Fach Geschichte vergleichbare Gruppen eingeteilt. Beide Gruppen durchliefen ein Training im epistemischen Fragen. Nach jeder der acht Unterrichtseinheiten in der Trainingsphase wurde den Schülern eine Liste mit 14 Satzanfängen (stems) vorgelegt und sie waren aufgefordert, diese zu vervollständigen. Mindestens zwei Fragen oder Aussagen mußten zu jeder Unterrichtseinheit aufgeschrieben werden. Den Schülern wurde Zweck und Bedeutung dieser Aktivitäten erläutert und damit ein „informiertes Training" realisiert. In den ersten vier Unterrichtseinheiten arbeiteten die Schüler individuell, und ab der fünften Einheit erfolgte das Training in Dyaden, wobei die schriftlichen Fragen ausgetauscht wurden. In allen Trainingssitzungen unterschieden sich die beiden experimentellen Gruppen lediglich in den zur Frageanregung verwendeten "stems".

In der ersten Gruppe (wissensgenerierendes *Training*) erhielten die Pbn in jeder Trainingssitzung eine Liste von 14 wissensgenerierenden Fragestämmen. Diese waren nach dem dargestellten „Modell vollständigen Wissens" (Neber, 1993) konstruiert. Zwei Wissenskomponenten wurden berücksichtigt, die für den Erwerb kausalen Wissens über historische Ereignisse entscheidend sind. Konditionsbezogene Fragestämme betrafen Voraussetzungen für historische Ereignisse (z.B. „was ermöglichte ..?") und funktionsbezogene Stämme waren auf intendierte oder nicht intendierte Folgen historischer Ereignisse gerichtet (z.B. „wozu diente..?").

Der zweiten Gruppe (prozeßkontrollierendes Training) lagen in jeder Sitzung ebenfalls jeweils 14 Stämme vor. Diese bezogen sich jedoch auf Kontrollprozesse und nicht auf Wissenskomponenten. Berücksichtigt wurden Planung (z.B. „ich wollte wissen.."), Monitoring (z.B. „beim Lernen habe ich darüber nachgedacht..") und Evaluation (z.B. „besonders wichtig ist...").

Eine Woche nach Abschluß des Trainings wurde das erworbene Wissen über die Themen der acht Unterrichtseinheiten unangekündigt überprüft. Basierend auf dem dargestellten Modell vollständigen Wissens wurde das Fakten- und Objektwissen der Schüler mit Hilfe von zwei Testformaten gemessen.

Als „Wissenstest" wurde ein Fragebogen mit 24 multiple-choice Items verwendet. Zu jeder der acht Unterrichtseinheiten wurde je eine Fakten-, Konditions- und Funktionsfrage mit vier Antwortalternativen formuliert (daher waren jeweils maximal 8 Punkte für Fakten, Konditionen und Funktionen zu erreichen).

Itembeispiele:

Fakten:

Wie lang war ein Soldat, der vom Beginn bis zum Ende am 2. Punischen Krieg beteiligt war, den Gefahren des Krieges ausgesetzt?

[a] 6 Jahre [b] 12 Jahre [c] 17 Jahre [d] Weiß ich nicht.

Konditionen:

Tiberius Gracchus wurde 131 v. Chr. erschlagen. Nenne einen wichtigen (nicht vorgeschobenen) Grund für diesen politischen Mord. Er

[a] strebte Alleinherrschaft an [b] verstieß gegen die Verfassung [c] wollte sich wiederwählen lassen.

Funktionen:

Welches Ziel verfolgte M. Octavius als er sein Veto gegen Tiberius Gracchus einlegte? Er

[a] wollte sich wichtig machen. [b] wollte kein Land abgeben. [c] wollte den Oberbefehl über das Heer.

Als zweite Form der Wissensüberprüfung wurde „schriftliches Erklären" als freies Format gewählt. Lediglich das allgemeine Thema „Warum ist die Römische Republik untergegangen?" war vorgegeben.

Die zu diesem Thema produzierten Erklärungen der Schüler wurden nach dem Modell vollständigen Wissens ausgewertet. Variablen waren die Zahl der enthaltenen Fakten, der Konditionen und der Funktionen. Als Gesamtmaß des in den Erklärungen reproduzierten Wissens wurde ein Summenscore aus allen drei Einzelkomponenten (Fakten, Konditionen und Funktionen) gebildet.

2.4 Hypothesen

Hypothese 1:

Das Training im wissensgenerierenden Fragen fördert den Wissenserwerb stärker als das Training im prozeßkontrollierenden Fragen.

Ein erstes Argument für diese Hypothese liefern Untersuchungen zum Generierungseffekt. Danach werden selbsterzeugte Gedächtnisinhalte besser behalten als vorgegebene. Dieser Effekt ist für einfache Lernmaterialien (z.B. Wörter) seit Slamecka & Graf (1978) relativ stabil nachgewiesen worden. Stärkere Effekte sind nach Buyer & Dominowski (1989) zu erwarten, wenn durch die Generierungsaktivitäten integrierte Einheiten im Gedächtnis aufgebaut werden. Dies entspricht Annahmen von Craik & Tulving (1975), die Craiks älteren „levels-of-processing“ Ansatz durch den „degree-of-encoding-elaboration“ Ansatz ersetzten. Behaltensleistungen sind danach vom Ausmaß der Elaboration des Materials abhängig. Eine solche wird durch das Training im wissensgenerierenden Fragen angeregt.

Ein zweites Argument zugunsten der ersten Hypothese liefern Untersuchungen zum Lernen durch Beispiele (worked examples). Nach Chi & VanLehn (1991) unterscheiden sich effektiv und wenig effektiv Lernende dabei lediglich hinsichtlich ihrer wissensgenerierenden Aktivitäten. Effektiv Lernende expandieren die in den Beispielen gegebene Information durch Selbsterklärungen. Nach Chi et al. (1991) werden dadurch Konditionen, Konsequenzen und Ziele der in den Beispielen demonstrierten Rechenoperationen erzeugt. Effektiv Lernende generieren durch ihre Aktivitäten demnach genau die Komponenten, durch die nach dem Modell vollständigen Wissens Fakten in Objekte transformiert werden und deren Konstruktion durch das wissensgenerierende Fragetraining angeregt wird.

Hypothese 2:
Unterschiedlich stark vorstrukturierte Testformate resultieren in geschlechtsspezifischen Differenzen: Bei multiple-choice Items erzielen Schüler höhere Leistungen als Schülerinnen; bei freien Erklärungen sind dagegen keine Geschlechtsdifferenzen zu erwarten.

Diese Hypothese wird durch die in Abschnitt 2.1 e dargestellten Ergebnisse begründet.

3 Ergebnisse

Die im Posttest produzierten schriftlichen Erklärungen wurden durch zwei vortrainierte Beurteiler ausgewertet. Relativ hohe Übereinstimmungen wurden erreicht: Zahl der Fakten in den Erklärungen: r=,89; Zahl der Konditionen: r=.83; Zahl der Funktionen: r=.82.

3.1 Wissensgenerierendes versus prozeßkontrollierendes Fragen

Nach der ersten Hypothese war zu erwarten, daß die Lernleistungen nach dem Training im wissensgenerierenden Fragen höher ausfallen als nach dem Training im prozeßkontrollierenden Fragen. Diese Hypothese ließ sich durch die Resultate im *multiple-choice Wissenstest* nicht bestätigen. Jede Gruppe erzielte vergleichbare Werte für Fakten, Konditionen und Funktionen (Tab. 2). So überprüft, unterschied sich das über die acht Unterrichtseinheiten erworbene Wissen der beiden Trainingsgruppen demnach nicht.

	WISSENSTEST (multiple-choice)						ERKLÄRUNGEN (freies Format)					
	Fakten		Konditionen		Funktionen		Fakten		Konditionen		Funktionen	
TRAINING	M	s	M	s	M	s	M	s	M	s	M	s
wissensgenerierendes Fragen	5,2	1,6	4,5	1,1	4,6	1,2	10,6	3,2	3,5	1,7	6,4	2,7
prozeßkontrollierende s Fragen	5,0	1,3	4,2	1,6	4,4	1,8	7,3	3,1	1,8	1,5	4,0	1,7

Tabelle 2: Wissenserwerb nach wissensgenerierendem und prozeßkontrollierendem epistemischen Fragen

Um so erstaunlicher ist, daß die Überprüfung des Wissenserwerbs durch das freie Testformat „schriftliches Erklären“ zu deutlichen Unterschieden zwischen den Trainingsgruppen führte. Die im wissensgenerierenden Fragen trainierte Gruppe schnitt bei der Wissensüberprüfung via schriftliches Erklären sehr signifikant besser ab. Dies trifft auf den multivariaten Effekt ($F_{2,20}$=7,9;p=.00;eta^2=.44) und alle überprüften univariaten Effekte der dazu durchgeführten MANOVA zu (Zahl der Fakten in den Erklärungen: $F_{1,22}$=6,2;p=.02;eta^2=.22; Zahl der Konditionen: $F_{1,22}$=5,7;p=.03;eta^2=.20 und Zahl der Funktionen: $F_{1,22}$=6,2;p=.02;eta^2=.22).

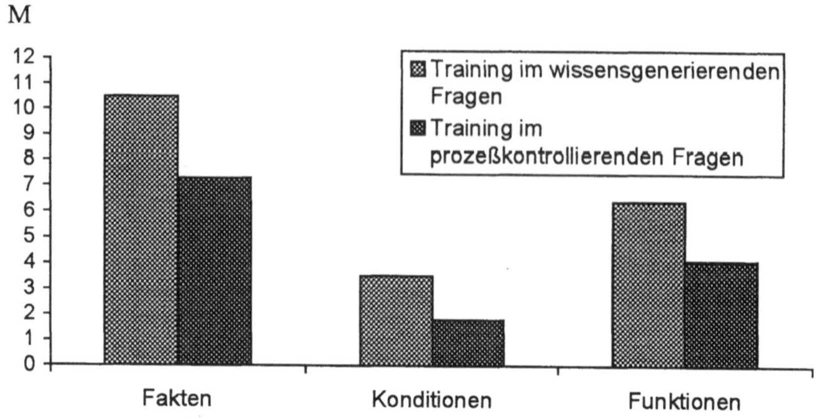

Abbildung 2: Wissenskomponenten in schriftlichen historischen Erklärungen nach einem Training im wissensgenerierenden und im prozeßkontrollierenden Fragen im Geschichtsunterricht

Die erste Hypothese läßt sich mit den Daten des freien Testformats bestätigen, mit den Daten des strukturierten Testformats dagegen nicht.

3.2 Geschlechtsdifferenzen bei Testformaten

Mit der zweiten Hypothese werden mit den Testformaten variierende *geschlechtsspezifische Unterschiede in den Lernleistungen* angenommen. Wegen der kleinen Stichprobe wurde diese Hypothese nicht in Kombination mit dem Faktor „Trainingsgruppe" überprüft und lediglich die Geschlechtszugehörigkeit als Faktor berücksichtigt (Schüler: n=13; Schülerinnen: n=11). Als abhängige Variablen wurden jeweils die Gesamtleistungen beim multiple-choice Wissenstest und bei den schriftlichen Erklärungen in die MANOVA aufgenommen. Beim Wissenstest war dies die erreichte Gesamtpunktzahl und bei den Erklärungen die Summe der enthaltenen Wissenskomponenten.

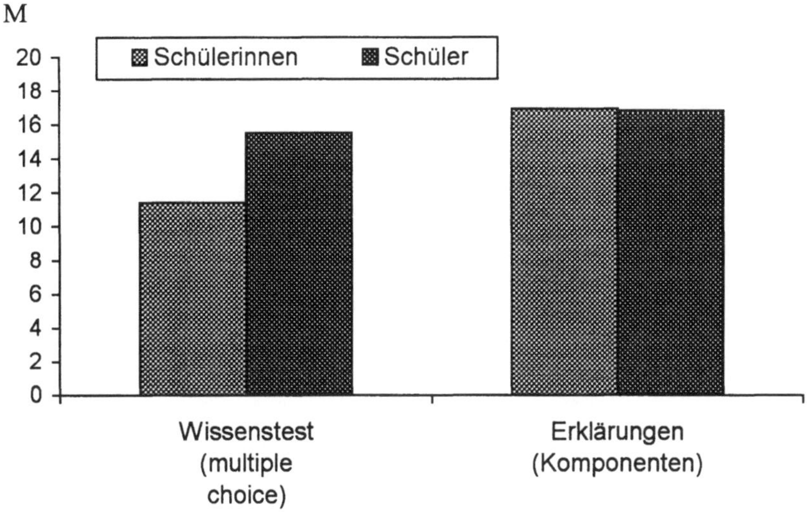

Abbildung 3: Wissenserwerb von Schülern und Schülerinnen im Geschichtsunterricht: Ergebnisse bei zwei Testformaten

Beim multiple-choice Wissenstest schnitten Schüler sehr signifikant besser ab als Schülerinnen ($M_{Schüler}$=15,5; s=3,2; $M_{Schülerinnen}$=11,4; s=3,0; $F_{1,22}$=10,8; p=.00; eta^2=.33). Die Summenscores für die in den schriftlichen Erklärungen enthaltenen Wissenskomponenten unterschieden sich dagegen nicht ($M_{Schüler}$=16,8; s=5,4; $M_{Schülerinnen}$=16,9; s=5,9; $F_{1,22}$=0,01; p=.96; vgl. Abb. 3).

Die zweite Hypothese wird durch die Daten bestätigt: Beim strukturierten Testformat „multiple-choice items" erzielten Schüler höhere Leistungen als Schülerinnen, während beim freien Testformat („schriftliches Erklären") keine Geschlechtsunterschiede zu beobachten waren.

4 Diskussion

Diese Studie verfolgte das Ziel, den Wissenserwerb in Geschichte zu verbessern. Das Training im wissensgenerierenden epistemischen Fragen führte zu deutlicher positiven Effekten als das Training im Fragen zur Regulation von Erwerbsprozessen. Doch konnte dies nur unter bestimmten

Testbedingungen nachgewiesen werden. Nur wenn das Wissen in Form schriftlicher Erklärungen überprüft wurde, d.h. durch ein Testformat, das die Antworten wenig vorstrukturiert, ließen sich solche Unterschiede zugunsten des wissensgenerierenden Fragens nachweisen.

Wie lassen sich diese Vorteile interpretieren? Dies läßt sich im Anschluß an Voss et al. (1993) beantworten. Diese Autoren stellten generell große Diskrepanzen bei der Wissensdiagnose mit verschiedenen Testformaten fest. Beim strukturierten Abfragen kannten Geschichtsstudenten M=21,7 Gründe für den Zusammenbruch der UdSSR, während sie in freien Aufsätzen zu diesem Thema lediglich M=8,8 Gründe nannten. Voss et al. führten diese Diskrepanz darauf zurück, daß die Studenten ihr erworbenes Wissen für freie Aufsätze nicht spontan nutzen können.

Generell ist anzunehmen, daß durch das Aufsatzformat nicht nur der Umfang existierenden Wissens überprüft wird, sondern auch wie weit vorhandenes Wissen zugänglich und nutzbar ist. Dies trifft auch auf schriftliches Erklären zu. Während durch das multiple-choice Format einzelne Wissenselemente isoliert vom Kontext abgefragt wurden, setzte das Aufsatzformat (schriftliches Erklären) auf einen thematischen Kontext bezogene Integrationsleistungen voraus, um aus isolierten Wissenselementen kausale Argumentationsstrukturen herzustellen. „Historical proficiency" ist durch solche Integrations- und Nutzungsleistungen gekennzeichnet und läßt sich nach Baker, Freeman & Clayton (1991) nur durch explanative Aufsätze als freie Testformate überprüfen. Die hier festgestellten Unterschiede zwischen den Testformaten stützen diese Auffassung.

Auch das zweite hervorzuhebende Ergebnis, das geschlechtsspezifische Differenzen bei Geschichtsleistungen betrifft, ist durch den Einsatz verschieden vorstrukturierter Testformate zur Wissensdiagnose gewonnen worden. Bei der Überprüfung des Wissens durch schriftliches Erklären erzielten Schülerinnen und Schüler gleiche Leistungen. Beim Test mit stark vorstrukturierten Antwortmöglichkeiten schnitten Schülerinnen dagegen schlechter ab. Wie lassen sich diese, vom Testformat abhängigen Unterschiede interpretieren? Zwei Alternativen bieten sich an.

Schülerinnen haben nach Ergebnissen des multiple-choice Testformats weniger verfügbares Wissen erworben als Schüler. Trotzdem waren sie in der Lage, im themenbezogenen Kontext des schriftlichen Erklärens gleiche

Leistungen wie Schüler zu erzielen. Dies kann bedeuten, daß Schülerinnen einen relativ besseren Zugang zum vorhandenen Wissen haben und dieses kontextbezogen besser nutzen können als nicht kontextbezogen. Bei ausschließlich dekontextualisierter Wissensdiagnose durch multiple-choice Formate wären Schülerinnen demnach benachteiligt.

Bridgeman et al. (1991) schlagen folgende Erklärung für die textformatabhängigen Leistungsunterschiede bei Schülerinnen vor. Danach erfordern Aufsatzformen nicht nur fachspezifisches Wissen, sondern zusätzlich solche Fähigkeiten, in denen wiederholt stabile Geschlechtsunterschiede zugunsten von Schülerinnen festgestellt worden sind. Dazu gehören sprachliche Fähigkeiten und „composition skills". Diese könnten auch zum besseren Abschneiden von Schülerinnen beim hier verwendeten Testformat „schriftliches Erklären" beigetragen haben.

Eine Entscheidung für diesen Interpretationsansatz ist allerdings nur durch weitere Untersuchungen möglich. Dazu gehören nach Bennett (1993) genauere Prozeßanalysen beim Lösen von Testaufgaben unterschiedlichen Formats. Außerdem sollten zusätzliche Parameter der sprachlichen Kompetenz gemessen werden. Insgesamt weisen die hier erzielten Ergebnisse jedoch darauf hin, daß unterschiedliche Aufgabenformate nicht nur - wie bei Neber (1997b) - zur Förderung des Wissenserwerbs erforderlich sind, sondern auch zur Wissensdiagnose.

Literatur

Baker, E.L., Freeman, M. & Clayton, S. (1991). Cognitive assessment of history for large-scale testing. In Wittrock, M.C. & Baker, E.L. (Eds.), *Testing and cognition* (pp.131-153). Englewood Cliffs,NJ: Prentice-Hall.

Bennett, R.E. (1993). On the meanings of constructed response. In Bennett, R.E. & Ward, W.C. (Eds.), *Construction versus choice in cognitive measurement*. Hillsdale,NJ: Erlbaum, 1-28.

Bolger, N. & Kellaghan, T. (1990). Method of measurement and gender differences in scholastic achievement. *Journal of Educational Measurement*, 27, 165-174.

Bridgeman, B. (1991). Essays and multiple choice tests as predictors of college freshman GPA. *Research in Higher Education*, 32, 319-332.

Bridgeman, B. & Lewis, C. (1991). *Sex differences in the relationship of Advanced Placement essay and multiple-choice scores to grades in college courses* (report RR-91-48). Princeton,NJ: Educational Testing Service.

Brown, A. (1994). The advancement of learning. *Educational Researcher*, 23, 4-12.

Buyer, L.S. & Dominowski, R.L. (1989). Retention of solutions: It is better to give than to receive. *American Journal of Psychology*, 102, 353-363.

Charney, D.H. & Reder, L.M. (1987). Initial skill learning: an analysis of how elaborations facilitate the three components. In Morris, P. (Ed.), *Modeling cognition*. New York: Wiley, 135-165.

Chi, M.T.H. & VanLehn, K.A. (1991). The content of physics self-explanations. *The Journal of the Learning Sciences*, 1, 69-105.

Craik, F.I.M. & Tulving, E. (1975). Depth of processing and the retention of words in episodic memory. Journal of Experimental *Psychology*, 104, 268-294.

Deitering, F. (1994). *Selbstgesteuertes Lernen*. Göttingen: Verlag für Angewandte Psychologie.

DeKleer, J. & Brown, J.S. (1983). Assumptions and ambiguities in mechanistic models. In Gentner, D. & Stevens, A.L. (Eds.), *Mental models*. Hillsdale,NJ: Erlbaum, 155-190.

Denney, D.R. (1975). The effects of exemplary and cognitive models and self-rehearsal on children's interrogative strategies. *Journal of Experimental Child Psychology*, 19, 476-488.

Dewey, J. (1910). *How we think*. Boston,MA: Heath.

King, A. (1991). Effects of training in strategic questioning on children's problem solving performance. *Journal of Educational Psychology*, 83, 307-317.

King, A. (1992). Facilitating elaborative learning through guided student generated questioning. *Educational Psychologist*, 27, 111-126.

King, A. & Rosenshine, B. (1994). Effects of guided cooperative questioning on children's knowledge construction. *Journal of Experimental Education*, 61, 127-148.

Neber, H. (1987a). Questioning in Germany: Self-directed questioning. *Questioning Exchange*, 1, 189-192.

Neber, H. (1987b). Angewandte Problemlösepsychologie. In Neber, H. (Hrsg.), *Angewandte Problemlösepsychologie*. Münster: Aschendorff, 1-118.

Neber, H. (1992). Wissensnutzung: Förderung durch ein Training des situativen Wissenszugangs. *Zeitschrift für Pädagogische Psychologie*, 6, 99-114.

Neber, H. (1993). Training der Wissensnutzung als objektgenerierende Instruktion. In Klauer, K.J. (Hrsg.), *Kognitives Training*. Göttingen: Hogrefe, 217-243.

Neber, H. (1996). Förderung der Wissensgenerierung in Geschichte: Ein Beitrag zum entdeckenden Lernen durch epistemisches Fragen. *Zeitschrift für Pädagogische Psychologie*, 10, 27-38.

Neber, H. (1997a). Untersuchungen zum Lernen durch Fragen. In Kittler, U. & Metz-Göckel, H. (Hrsg.), *Pädagogische Psychologie in Erziehung und Organisation*. Essen: Die Blaue Eule, 55-67.

Neber, H. (1997b). Wissensgenerierung durch Lernaufgaben: Lernen mit Beispielen und problemorientierter Erwerb im Bereich technischen Rechnens. *Zeitschrift für Pädagogische Psychologie*, 11, 27-39.

Neber, H. (1998a). Kooperatives Lernen. In Rost, D.H. (Hrsg.), *Handwörterbuch Pädagogische Psychologie*. München: PVU/Beltz, 255-259.

Neber, H. (1998b). Entdeckendes Lernen. In Rost, D.H. (Hrsg.), *Handwörterbuch Pädagogische Psychologie*. München: PVU/Beltz, 82-86.

Postman, L. (1972). A pragmatic view of organization theory. In Tulving, E. & Donaldson, W. (Eds.), *Organization and memory* (pp. 4-48). New York: Academic Press.

Pressley, M. & Forrest-Pressley, D. (1985). Questions and children's cognitive processing. In Graesser, A.C. & Black, J.B. (Eds.), *The psychology of questions* (pp.277-296). Hillsdale,NJ: Erlbaum.

Scardamaglia, M. & Bereiter, C. (1992). Text-based and knowledge-based questioning by children. *Cognition and Instruction*, 93, 177-199.

Slamecka, N.J. & Graf, P. (1978). The generation effect: delineation of a phenomenon. *Journal of Experimental Psychology*: Human Learning and Memory, 4, 592-604.

Snow, R.E. (1993). Construct validity and constructed-response tests. In Bennett, R.E. & Ward, W.C. (Eds.), *Construction versus choice in cognitive measurement* (pp. 45-60). Hillsdale,NJ: Erlbaum.

Voss, J.F., Carretero, M., Kennet, J. & Silfies, L.N. (1994). The collapse of the Soviet Union: A case study in causal reasoning. In Carretero, M. & Voss, J.F. (Eds.), *Cognitive and instructional processes in history and the social sciences* (pp. 403-430). Nillsdale,NJ: Erlbaum.

Wissenschaftliches Denken bei Kindern und Jugendlichen

Albert Ziegler und Merry Bullock

1 Überblick über die Forschungslage und Anliegen der Untersuchung

In neueren didaktischen Ansätzen wird vielfach die Bedeutung einer selbständigen, realitätsnahen Form der Auseinandersetzung mit dem Lernstoff betont (vgl. den Anchored-Instruction-Approach, Bransford, Franks, Vye & Sherwood, 1989; Cognition and Technology Group at Vanderbilt, 1990; das Cognitive Apprenticeship, Collins, Brown & Newman, 1989; die Cognitive Flexibility Theory, Spiro, Feltovich, Jacobson, & Coulson, 1991; zusammenfassend Law & Wong, 1996). Die Offenheit vielfältiger Planungs- und Entscheidungsprozesse verlangt dabei von Kindern eine Reihe kognitiver Problemlösekompetenzen, wobei insbesondere der Fähigkeit zur systematischen Herstellung von Situationen, die eine konklusive Interpretation von Information gestatten, eine zentrale Bedeutung zukommt (Bullock & Ziegler, 1997). Doch Kinder und Jugendliche - wie auch wissenschaftlich nicht geschulte Erwachsene - sind auffallend schlechte Experimentatoren. Dies wird zumindest seit Piaget und Inhelder (Inhelder & Piaget, 1958; Piaget, 1987) behauptet und ist auch vielfach demonstriert worden. Bekommen Kinder die Aufgabe gestellt, eine Hypothese zu testen, und müssen dabei mehrere Variablendimensionen berücksichtigen, produzieren sie meist unkontrollierte Tests, anscheinend ohne zu erkennen, daß die Ergebnisse solcher Tests nicht konklusiv interpretierbar sein werden (Karmiloff-Smith & Inhelder, 1974; Kuhn, 1989; Klahr, Fay & Dunbar, 1993). Ferner neigen sie dazu, Tests zu konstruieren, die lediglich dazu geeignet sind, ihre eigenen Hypothesen zu bestätigen und nicht solche, die ihre Hypothesen testen könnten (Kuhn & Phelps, 1982; Tschirgi, 1980).

Allerdings basieren diese Befunde auf einem sehr eingeschränkten Spektrum an Erhebungsmethoden. In der Tradition Piagets wurde das Verständnis der Logik des Experiments fast ausschließlich durch Aufgaben überprüft, deren verbaler Anteil auf das unerläßlich notwendige Maß reduziert wurde. Man könnte das in diesen Aufgaben geforderte Verständnis des Experimentierens in den Bereich des Handlungswissens einordnen.

Es gibt allerdings in der Literatur Anhaltspunkte, die nahelegen, daß diese Erhebungsmethode das kindliche Verständnis des Experimentierens unterschätzt. So können bereits die meisten Schüler am Ende der Grundschulzeit korrekt evaluieren, welches von zwei Experimenten das bessere ist, sind aber nicht dazu in der Lage, selbst ein solches Experiment zu entwerfen

(Bullock & Ziegler, im Druck). Will man diese Diskrepanz zwischen Verständnis und Produktion eines adäquaten Experiments beispielsweise in der Terminologie Andersons (1983) beschreiben, so würde man diesen Kindern durchaus das deklarative Wissen, das ihnen das Verständnis eines guten Experiments erlaubt, zuordnen, ihnen jedoch ein prozedurales Defizit zuschreiben, d.h. sie können das deklarative Wissen noch nicht in Handeln umsetzen. Insofern könnten also Studien, die das wissenschaftliche Denken von Kindern in einem verbalen Format untersuchen, wertvolle Ergänzungen liefern. Wir werden deshalb einen neuen Aufgabentyp erproben, der in einem rein verbalen Format das kindliche Verständnis des wissenschaftlichen Experimentierens erfaßt.

2 Methode

2.1 Untersuchungsteilnehmer

An der Untersuchung nahmen insgesamt 169 Schüler aus vier Münchner Grundschulen, zwei Hauptschulen und zwei Gymnasien teil. Allerdings mußten die Daten von vier Schülern aus den Analysen ausgeschlossen werden, weil sie nicht kooperierten (2 Fälle) oder der Versuchsleiter einen Fehler beging (2 Fälle). Die Daten stammen von 165 Schülern, von denen 34 die 2. Klasse, 41 die 4. Klasse, 48 die 6. Klasse und 42 die 8. Klasse besuchten, wobei auf der 6. und 8. Klassenstufe zwei Drittel Schüler des Gymnasium, ein Drittel Schüler der Hauptschule waren. Die Geschlechtsanteile waren ungefähr ausgeglichen.

2.2 Wissenschaftliche Denkaufgaben im verbalen Format

Bei den Denkaufgaben im verbalen Format wurden die zwei Komponenten Verständnis und Produktion eines guten Experiments unterschieden. Im Verständnisteil bekamen die Kinder fünf Geschichten vorgegeben, die nach dem gleichen Muster aufgebaut waren: Ein Protagonist führte einen Test durch und die Kinder sollten bewerten, ob dieser Test gut oder schlecht sei. Jeder dieser Tests enthielt einen offensichtlichen Mangel, der sich auf die Interpretation der Testresultate durch den Testleiter oder die Testdurchführung bezog. Die Mängel der fünf Geschichten waren:

Aufgabe 1: kein Norm- bzw. Vergleichswert zur Interpretation der Resultate.

Aufgabe 2: keine Variation der fokalen Dimension.
Aufgabe 3: keine Variablenkontrolle.
Aufgabe 4: keine Kontrollgruppe.
Aufgabe 5: Zufriedenheit mit inkonklusiven Resultaten.

Beispielsweise lautete die Aufgabe 1:

Ein Apotheker hat eine Tablette gegen Fußpilz entwickelt. Er macht eine Untersuchung, um ihre Wirkung auszuprobieren. Er sucht sich aus dem Telefonbuch die Telefonnummern von 100 Personen heraus. Er ruft sie an, ob sie an der Erprobung der Tablette teilnehmen möchten. Er hat Glück, denn alle 100 Personen nehmen an seiner Untersuchung teil. Die Personen nehmen nun 10 Tage lang pro Tag eine Tablette. Nach den 10 Tagen ruft er wieder bei allen 100 Personen an und erkundigt sich, ob sie Fußpilz haben. Keine von den 100 Personen hat Fußpilz. Was denkst du? Hat der Apotheker eine gute Untersuchung gemacht?

Nach jeder Geschichte wurde das Kind gefragt, ob die Untersuchung gut gewesen sei und wurde um eine Begründung gebeten. Hatte das Kind den Test als inadäquat gekennzeichnet, wurde es zusätzlich um einen Verbesserungsvorschlag gebeten, wie man die Untersuchung hätte besser gestalten können.
Bei der Auswertung der Begründungen wurden vier Kategorien unterschieden:

* das Kind erkennt den in die Geschichte eingebauten Mangel;
* das Kind nennt andere methodische Mängel als die von uns eingebauten;
* das Kind bezieht sich bei der Bewertung der Güte der Untersuchung nicht auf methodische Aspekte der Untersuchung, sondern führt weitere Aspekte an, z.B. hält es die Untersuchung für gut, weil sie erfolgreich war oder es meldet ethische Bedenken an, z.B. daß eine Tablette gegen Fußpilz Nebenwirkungen haben könne;
* das Kind bestreitet grundsätzlich den Sinn einer empirischen Untersuchung.

Im Produktionsteil sollten die Kinder zwei Untersuchungen planen. Bei der ersten Aufgabe sollten sie sich vorstellen, sie seien ein/e Wissenschaftler/in, der/die herausbekommen will, ob eine bestimmte Zahnpasta tatsächlich die beste gegen Karies sei. Die Kinder sollten ihr Vorgehen beschreiben. Durch die Nachfrage, ob sie noch auf etwas anderes achten müssen, die solange gestellt

wurde, bis die Kinder mit "nein" antworteten, wurde sichergestellt, daß die Kinder alles, was ihnen wichtig erschien, verbalisierten. Schließlich wurde noch gefragt, ob sie nun wirklich wüßten, ob die untersuchte Zahnpasta die beste gegen Karies sei. Die zweite Aufgabe wies die gleiche Struktur auf, nur sollten die Schüler die Güte eines Katzenfutters testen.
Für die Auswertung der Produktionsaufgaben wurden analoge Kategorien wie bei der Verständnisaufgabe gebildet. Es wurde kodiert, ob ein Normwert, die Variation der fokalen Dimension, die Variablenkontrolle oder eine Kontrollgruppe vorgeschlagen wurden. Durch die Nachfrage wurde überprüft, ob die Kinder ihre Experimente für konklusiv hielten.

2.3 Durchführung und Design

Die Schüler bearbeiteten zuerst eine der beiden Produktionsaufgaben (Zahnpasta oder Katzenfutter), dann die Verständnisaufgaben und anschließend die zweite Produktionsaufgabe.

2.4 Auswertung der verbalen Daten

Die verbalen Daten wurden von zwei wissenschaftlichen Hilfskräften kodiert. Die Übereinstimmung lag - je nach Aufgabe - bei mindestens 93%. Bei Abweichungen wurde das Urteil eines dritten Kodierers als entscheidend betrachtet.

3 Resultate

Zuerst ist festzuhalten, daß die Darbietungsreihenfolge der beiden Produktionsaufgaben keine Rolle spielte.

3.1 Verständnisaufgaben

Wie eine Inspektion von Tabelle 1 verdeutlicht, variiert der Schwierigkeitsgrad der fünf Verständnisaufgaben beträchtlich. Während beispielsweise auf der achten Klassenstufe über 90% erkannten, daß die fokale Dimension nicht variiert wurde, monierten auf der gleichen Klassenstufe weniger als die Hälfte die fehlende Variablenkontrolle.

Bei sämtlichen Detektionsaufgaben sind deutliche Zugewinne in den Lösungsquoten mit dem Alter feststellbar (Kruskal-Wallis-Test, jeweils $p < 0.05$), die jedoch nicht konkurrent auftreten. So sind mit posthoc durchgeführten Wilcoxon-Tests statistisch bedeutsame Entwicklungsgewinne beim Erkennen des fehlenden Normwertes und der Zufriedenheit mit inkonklusiven Daten zwischen der 2. und 4. Klasse zu verzeichnen, während sie bei der Variation der fokalen Dimension, der fehlenden Variablenkontrolle und der fehlenden Kontrollgruppe zwischen der 4. und 6. Klasse nachzuweisen sind. Obwohl bei der Bewertung dieser Befunde die unterschiedlichen Anforderungen der Aufgaben an das Textverständnis berücksichtigt werden müssen, sollte dennoch in künftiger Forschung die Möglichkeit im Auge behalten werden, daß wissenschaftliches Denken kein homogenes, einheitliches Konstrukt ist, wie es beispielsweise in der Tradition von Inhelder und Piaget (1958) gesehen wird, sondern daß sich unterschiedliche Facetten wissenschaftlichen Denkens unterscheiden lassen, die in verschiedenen Entwicklungabschnitten erworben werden (vgl. Bullock, Nunner-Winkler, Stern, Lopez & Ziegler, in press).
Bemerkenswert ist, daß viele "Fehllösungen" weitere methodische Vorschläge beinhalteten, was zumindest einen prinzipiell empirischen Zugang dieser Kinder zu den wissenschaftlichen Denkproblemen andeutet. Der Sinn einer empirischen Untersuchung wurde hauptsächlich bei der 3. und 5. Detektionsaufgabe bestritten. Allerdings müssen wir hier selbstkritisch anmerken, daß es in der Tat nicht deutlich ist, inwieweit diese "Fehllösung" nicht doch als sinnvoll zu werten ist; denn beispielsweise macht es tatsächlich keinen Sinn, sämtliche denkbaren Variablen konstant zu halten.

Tabelle 1

Lösungen der Detektionsaufgaben auf den Klassenstufen in Prozent

	Fehler spezifiziert	Weitere methodische Vorschläge	Bezug auf eigenes Wissen	Bestreitet Sinn einer Untersuchung	"Weiß nicht"
	Fehlender Norm- bzw. Vergleichswert zur Interpretation der Resultate				
Klasse 2	12.5	12.5	31.3	6.3	37.5
Klasse 4	61.9	19.0	14.3		4.8
Klasse 6	78.3	8.7	13.0		
Klasse 8	85.7	4.8	9.5		
	Keine Variation der fokalen Dimension				

Klasse 2	40.0	6.7	33.3		20.0
Klasse 4	47.6	19.0	14.3		19.0
Klasse 6	73.9	13.0	8.6		4.3
Klasse 8	95.2	4.8			
Keine Variablenkontrolle					
Klasse 2	6.7	6.7	33.3	33.3	20.0
Klasse 4	9.5	42.9	33.3	9.5	4.8
Klasse 6	43.5	30.4	13.0	8.7	4.3
Klasse 8	42.9	42.9	9.5	4.8	
Keine Kontrollgruppe					
Klasse 2	6.7	6.7	33.3		53.3
Klasse 4	19.0	33.3	38.1	4.8	4.8
Klasse 6	56.5	26.1	13.0		4.3
Klasse 8	66.7	14.3	14.3		4.8
Zufriedenheit mit inkonklusiven Resultaten					
Klasse 2	33.3	6.7	13.3	13.3	33.3
Klasse 4	95.2			4.8	
Klasse 6	81.8	4.5		9.1	4.5
Klasse 8	81.8	4.8		14.3	4.8

3.2 Planungsaufgaben

In Tabelle 2 sind die Prozentsätze der Kinder festgehalten, die die einzelnen Merkmale eines Experiments in ihrer Untersuchungsplanung berücksichtigten. Auch bei diesem Aufgabentyp variierten die Lösungsraten teilweise beträchtlich. So erkannten auf der obersten Klassenstufe lediglich etwa 40%, daß für die Interpretation der Resultate ein Vergleichswert erforderlich ist, während 100% die Variation der fokalen Dimension berücksichtigten.

Mit Ausnahme der Variation der fokalen Dimension treten bei der Berücksichtigung von Merkmalen eines guten Experiments deutliche Altersprogressionen auf (Kruskal-Wallis-Test, jeweils $p < 0.05$), wobei sich -

wie bei den Verständnisaufgaben auch - kein einheitliches Alter angeben läßt, wann die markantesten Entwicklungszugewinne zu verzeichnen sind.

Tabelle 2

Prozentsätze der Schüler auf den einzelnen Klassenstufen, die in einer der Produktionsaufgaben bei der Planung des Experiments den Vergleich mit einer Basisrate, die Variation der fokalen Dimension, die Konstanthaltung der Variablen, die Installation einer Vergleichsgruppe oder die Konklusivität der Resultate erwähnten

	Normwert	Fokale Dimension	Variablen-kontrolle	Kontroll-gruppe	Inkonklusive Resultate
Klasse 2	-	81.3	18.8	43.8	16.7
Klasse 4	14.3	81.0	33.3	61.9	35.2
Klasse 6	21.7	95.7	69.6	78.3	36.4
Klasse 8	38.1	100	71.4	85.7	61.9

3.3 Zusammenhänge zwischen Verständnis- und Planungsaufgaben

Von den insgesamt 51 Kindern, welche in der ersten Verständnisaufgabe das Fehlen eines Vergleichswertes erkannt hatten, berücksichtigten 15 bei der Planung des Experiments die Basisrate. Dagegen tat dies lediglich eines der 30 Kinder, die den eingebauten Fehler nicht erkannt hatten. Dieser Unterschied ist hochsignifikant ($Chi^2(1)=8.10$, $p < 0.001$).
Bei der Variation der fokalen Dimension wurde sowohl in der Verständnisaufgabe als auch in der Produktionsaufgabe nahezu ein Deckeneffekt erreicht. Ein durchgeführter Fisher's Exact Test zeigt jedoch, daß marginal mehr Kinder, die den eingebauten Fehler erkannten (50 von 53 vs. 22 von 27), die Variation der fokalen Dimension in ihre Versuchsplanung aufnahmen ($p < 0.10$).
Von den Kindern, welche in der Verständnisaufgabe bemängelten, daß die Testbedingungen nicht gleich waren, berücksichtigte ein geringfügig größerer Anteil in der Planungsaufgabe die Bedeutung konstanter Bedingungen (13 von 22 vs. 27 von 58), wobei sich jedoch der Unterschied nach einem Chi^2-Test als insignifikant erwies.
Das Erkennen des Fehlens einer Kontrollgruppenaufgabe stand dagegen statistisch bedeutsam in Zusammenhang mit der Planung einer Kontrollgruppe ($Chi^2(1)=6.06$, $p < 0.01$). Während lediglich 28 von 48 Kindern, die den

eingebauten Fehler nicht erkannt hatten, eine Kontrollgruppe planten, waren es 27 von den übrigen 32 Kindern.
Ebenfalls erkannte ein signifikant höherer Anteil der Kinder, die bei der Verständnisaufgabe die Inkonklusivität der Resultate bemerkten, daß die Resultate der selbst geplanten Untersuchung aufgrund weiterer, potentiell intervenierender Variablen oder aufgrund des Stichprobencharakters der Untersuchung u.U. nicht konklusiv sind (14 von 18 vs. 29 von 53; $Chi^2(1)=2.99$, $p < 0.05$).
Insgesamt belegen diese Resultate somit einen positiven Zusammenhang zwischen der Detektion von Fehlern in den Verständnisaufgaben und der Planung eines eigenen Experiments. Wegen des konkurrenten Charakters der Untersuchung kann allerdings die Kausalrichtung des Zusammenhangs nicht bestimmt werden. Aufgrund der Befundlage bei wissenschaftlichen Denkaufgaben im Handlungsformat (vgl. Bullock & Ziegler, im Druck) läßt sich jedoch vorsichtig schlußfolgern, daß das Erkennen der Fehler eine notwendige Vorbedingung für das Planungsverhalten ist.
Gewöhnlich wird in der Literatur ein kontrolliertes Experiment durch die Variation der fokalen Dimension und die gleichzeitige Konstanthaltung der Randbedingungen definiert. Konzentriert man sich bei den beiden im verbalen Format durchgeführten Aufgabentypen auf diese beiden Aspekte, so sind die in Tabelle 3 festgehaltenen Raten kontrollierter Experimente festzustellen. Bei beiden Aufgaben zeigen sich klare Altersprogressionen (Verständnisaufgaben: $Chi^2(3)= 14.00$, $p < 0.01$; Planungsaufgaben: $Chi^2(3)= 13.17$, $p < 0.01$), wobei jeweils die größten Zugewinne zwischen der 4. und der 6. Klasse zu verzeichnen sind. Aus der Tabelle wird ebenfalls ersichtlich, daß die Planung eines Experiments den Schülern leichter fällt als die Detektion der Fehler. Dies ist insofern unerwartet, als sich die Fehlerdetektion bei Aufgaben im Handlungsformat durchgehend als viel einfacher herausgestellt hat (Bullock & Ziegler, im Druck).
Es zeigen sich wieder deutliche Zusammenhänge zwischen der Planungsfähigkeit und dem Verständnis: Während von den 43 Kindern, die ein adäquates Experiment planten, nur 6 auch die Fehler erkannten, waren es bei den guten Planern von 39 immerhin 13 ($Chi^2(1)= 4.31$, $p < 0.05$).

Tabelle 3

Prozentsatz an Schülern, die bei den Verständnis- bzw. den Planungsaufgaben sowohl die Bedeutung der Variation der fokalen Dimension wie der Konstanthaltung der Bedingungen erkannten

	Klasse 2	Klasse 4	Klasse 6	Klasse 8
Verständnisaufgabe	5.9	4.8	34.8	42.9
Planungsaufgabe	17.6	33.3	69.6	61.9

4 Zusammenfassung der Hauptbefunde

Hauptanliegen dieses Beitrags war die Überprüfung der in der Entwicklungspsychologie (z.B. Karmiloff-Smith & Inhelder, 1974; Kuhn, 1989; Klahr, Fay & Dunbar, 1993) weit verbreiteten skeptischen Grundhaltung, wonach Kinder und Jugendliche nicht die kognitiven Voraussetzungen mitbringen, die verschiedene Didaktiken voraussetzen (vgl. Bransford, Franks, Vye & Sherwood, 1989; Cognition and Technology Group at Vanderbilt, 1990, Collins et al., 1989, Spiro et al., 1991). Es wurde jedoch darauf hingewiesen, daß sich diese Einschätzung auf eine eingeschränkte Befundlage stützt, da die eingesetzten Denkaufgaben das wissenschaftliche Denken der Kinder und Jugendlichen allesamt in einem Handlungsformat erfaßten. Aus diesem Grund wurde in dieser Arbeit erstmals eine Denkaufgabe in einem rein verbalen Format eingesetzt.

In der Tat legen aber auch die Resultate der Aufgaben im verbalen Format nahe, daß zumindest die Kinder im Grundschulalter Tests produzieren, die grundlegenden wissenschaftlichen Gütestandards nicht genügen.

Üblicherweise erzielen Kinder und Jugendliche bei Aufgaben im Handlungsformat bei Verständnisaufgaben bessere Leistungen als bei Produktionsaufgaben (vgl. Bullock & Ziegler, 1993). Bei den Aufgaben im verbalen Format zeigte sich jedoch ein umgekehrter Schwierigkeitsgrad: Hier wurden in den Planungsaufgaben, die Produktionsaufgaben entsprechen, eine schlechtere Leistung erbracht als in den Verständnisaufgaben, die wie Evaluationsaufgaben eher ein passives Testverständnis erfordern. Die uns am plausibelsten erscheinende Erklärung dieses Befunds ist, daß durch die erhöhten Anforderungen an das Textverständnis sowie das Gedächtnis die Verständnisaufgaben zusätzliche Anforderungen an die Kinder stellen.

Obwohl auch in dieser Studie nur relativ wenige Schüler ein kontrolliertes Experiment planten, zeigen die Resultate der Studie andererseits deutlich, daß ein substantieller Teil der Kinder im Grundschulalter zumindest einen kontrastiven Test produzieren kann, was im Gegensatz zur oben zitierten entwicklungspsychologischen Literatur steht, in der behauptet wird, daß Grundschulkinder grundsätzlich nur nicht-kontrastive "Tests" produzieren und versuchen, positive Ergebnisse zu erzielen, anstatt eine Hypothese zu testen; ferner zeigen die Befunde, daß fast alle Grundschulkinder auch einen kontrastiven Test spontan erkennen können.

Insgesamt läßt sich also aus unseren Befunden die für die angeführten didaktischen Ansätze bedeutsame Folgerung ableiten, daß Lehrende Kindern durchaus die Möglichkeiten einräumen können, verschiedene Alternativen zu explorieren. Allerdings sollten sie selbst die Vergleichbarbeit der Randbedingungen dieser Alternativen sicherstellen. Sollte sich ferner in künftigen Forschungsarbeiten zeigen, daß die weiteren Komponenten adäquaten Experimentierens trainierbar sind - und dazu verfügen wir momentan über fast gar keine Erkenntnisse - ließen sich die selbstregulativen Anteile von Lernprozessen weiter steigern.

5 Literatur

Anderson, J.R. (1983). *The architecture of cognition.* Cambridge, MA: Harvard University Press.

Bransford, J. D., Franks, J. J., Vye, N. J. & Sherwood, R. D. (1989). New approaches to learning and instruction: Because wisdom can't be told. In S. Vosniadou & A. Ortony (Eds.), *Similarity and analogical reasoning.* Cambridge: Cambridge University Press.

Bullock, M., Nunner-Winkler, G., Stern, E., Lopez, A. & Ziegler, A. (in press). Using a complex rule: Domain-specific or domain-general. In D. Fasko, Jr. (Ed.), *Critical thinking: Current research, theory and practice.*

Bullock, M. & Ziegler, A. (1993). *Producing scientific tests: What develops and when?* Poster presented at SRCD. New Orleans: March 1993.

Bullock, M. & Ziegler, A. (1997a). Der Einfluß der Grundschule auf die allgemeine kognitive Entwicklung. In F. E. Weinert & A. Helmke (Eds.), *Entwicklung im Grundschulalter.* Weinheim: Psychologische Verlags Union.

Bullock, M. & Ziegler, A. (1997b). Scientific thinking: Development and individual differences. In F. E. Weinert & W. Schneider (Eds.), *Individual development from 3 to 12. Findings from a longitudinal study*. New York, NY: Cambridge University Press.

Cognition and Technology Group at Vanderbilt (1990). Anchored instructionb and its relationship to situated cognition. *Educational Researcher*, 19, 2-10.

Collins, A., Brown, J. S. & Newman, S. E. (1989). Cognitive apprenticeship: Teaching the crafts of reading, writing, and mathematics. In L. B. Resnick (Ed.), *Knowing, learning, and instruction*. Hillsdale, NJ: Erlbaum.

Inhelder, B. & Piaget, J. (1958). *The growth of logical thinking from childhood to adolescence*. New York: Basic Books.

Karmiloff-Smith, A. & Inhelder, B. (1974). If you want to get ahead, get a theory. *Cognition*, 3, 195-212.

Klahr, D., Fay, A.L. & Dunbar, K. (1993). Heuristics for scientific experimentation: a developmental study. *Cognitive Psychology*, 25, 111-146.

Kuhn, D. (1989). Children and adults as intuitive scientists. *Psychological Review*, 96, 674-689.

Kuhn, D., & Phelps, E. (1982). The development of problem-solving strategies. In H. Reese (Ed.), *Advances in child development and behavior* (Vol. 17). NY: Academic Press.

Law, L.-C. & Wong, K.-M. P. (1996), Expertise und Instructional Design. In H. Gruber & A. Ziegler (Hrsg.), *Expertiseforschung*. Opladen: Westdeutscher Verlag.

Piaget, J. (1987). Possibility and necessity: *The role of necessity in cognitive development* (Vol. 2). Minneapolis: University of Minnesota Press.

Spiro, R. J., Feltovich, P. J. Jacobson, M. J. & Coulson, R. L. (1991). Cognitive flexibility, constructivism, and hypertext: Random access instruction for advanced knowledge aquisition in ill-structured domains. *Educational Technology*, 31, 24-33.

Tschirgi, J. (1980). Sensible reasoning: A hypothesis about hypotheses. *Child Development*, 51, 1-10.

Schulischer Kontext, geschlechtsbezogenes Selbstwissen und Fachpräferenzen

Bettina Hannover

1 Problemstellung

Wenn man aktuelle Statistiken über Ausbildungswege von Mädchen und Jungen betrachtet, so stellt man im Vergleich zu Statistiken aus vergangenen Jahrzehnten eine Umkehrung der Verhältnisse fest: Mädchen haben im Schnitt bessere Zensuren, sie sind an Hauptschulen unterrepräsentiert, sie besuchen häufiger eine weiterführende Schule als Jungen, an den Hochschulen und Universitäten nehmen sie inzwischen annähernd 50% aller Studienplätze ein (Statistisches Bundesamt, 1975, 1989, 1996). Was sich jedoch im Verlauf der Jahrzehnte nicht geändert hat, ist, daß Fach- und Berufswahlen stark geschlechtstypisiert ausfallen. Egal ob man Lehrstellen, Kurse in der gymnasialen Oberstufe oder Studiengänge an den Universitäten betrachtet, immer stellt man fest, daß weniger als 20% aller Mädchen bzw. Frauen sich für eine Schwerpunktsetzung im technischen Bereich oder im Bereich der exakten Naturwissenschaften und Mathematik entscheiden, also Fachrichtungen wählen, die althergebracht als typisch männliche Interessengebiete gelten (z.B. Statistisches Bundesamt 1996; Heinrichs & Schulz, 1988). Es scheint, daß die in den vergangenen zwanzig Jahren auf politischer und auf pädagogisch-psychologischer Ebene entfalteten umfangreichen Bemühungen, eine geschlechtsunabhängige Interessenentwicklung zu fördern, wenig Wirkung gezeigt haben. Nach wie vor gilt, daß wir dann, wenn wir das Geschlecht einer Person kennen, sehr gut vorhersagen können, welche Interessen sie entwickeln und welche sie vermutlich nicht entwickeln wird (z.B. Beerman, Heller & Menacher, 1992; Hannover, 1991; Hoffmann, Häußler & Peters-Haft, 1997; Metz-Göckel, Frohnert, Hahn-Mausbach & Kauermann-Walter, 1991).

Dieses Phänomen soll im vorliegenden Papier damit erklärt werden, daß die Interessenentwicklung an ein ganz zentrales Merkmal der Person gebunden ist, nämlich an ihre Identität oder ihr Selbstkonzept (vgl. auch Hannover, im Druck). Diese Vermutung impliziert die Annahme, daß solange systematische Unterschiede im Selbstkonzept weiblicher und männlicher

Personen gegeben sind, wir auch Geschlechtsunterschiede in der Interessenentwicklung beobachten werden.

2 Die kontextabhängige Aktivierung unterschiedlichen Selbstwissens

Unter dem Selbstkonzept soll dabei eine Gedächtnisstruktur im Sinne eines assoziativen Netzwerkes verstanden werden, die die Gesamtheit der Informationen enthält, die die Person im Laufe ihres Lebens über sich selbst speichert (z.B. Greenwald & Banaji, 1989; Hannover, 1997a; Linville & Carlston, 1994; Markus, 1977; Smith, 1997). Informationen sind in Form von Propositionen gespeichert, die das Selbst mit bestimmten Prädikaten verbinden, die ihrerseits untereinander verbunden sein können. Strukturell besteht das Selbstkonzept aus zahlreichen, auf verschiedene soziale Kontexte bezogenen Clustern von Informationsknoten, wie z. B. "Selbst als Lehrerin", "Selbst als sportlich" oder "Selbst als Frau". Diese Cluster von Informationsknoten sollen im weiteren als Selbstkonstrukte und die Gesamtheit der Selbstkonstrukte als das Selbstkonzept einer Person bezeichnet werden.

Mit dem Verständnis des Selbstkonzepts als eines assoziativen Netzwerkes von Gedächtnisrepräsentationen ist die Annahme impliziert, daß zwischen den Informationsknoten eines Selbstkonstrukts mehr und engere Verbindungen bestehen als über verschiedene Selbstkonstrukte hinweg. Entsprechend sollte sich die Aktivierung eines Informationsknotens zunächst nur innerhalb des Konstrukts ausbreiten. Im Ergebnis sollte zu einem konkreten Zeitpunkt stets nur ein Selbstkonstrukt aktiviert sein. Weil verschiedene Selbstkonstrukte unterschiedliches Selbstwissen enthalten, bedeutet die wechselnde Aktivierung konkret, daß die Person zu verschiedenen Zeitpunkten auf unterschiedliches, wenn nicht sogar widersprüchliches Selbstwissen zugreift. So ist es beispielsweise denkbar, daß mit der Aktivierung des Selbstkonstrukts "Lehrerin" die Information "ich bin dominant" zugänglich wird und mit der Aktivierung des Selbstkonstrukts "Mutter" die Information "ich bin zurückhaltend".

Das situational aktivierte Selbstkonstrukt wird im weiteren als Arbeitsselbst bezeichnet (Cantor, Markus, Niedenthal & Nurius, 1986; Higgins, 1990; Markus & Kunda, 1986). Welches der zahlreichen Selbstkonstrukte in einer konkreten Situation ins Arbeitsselbst gelangt, sollte nun vom Kontext, in dem sich die Person aktuell befindet, bestimmt sein: Die Person sollte am leichtesten auf dasjenige Selbstkonstrukt zugreifen können, das Repräsentationen des Selbst im aktuellen Kontext beinhaltet; der Kontext bildet also die Aktivierungsquelle (Hannover, 1997a). So ist es beispielsweise plausibel anzunehmen, daß eine Person dann, wenn sie im Kontext "Schule" ist, wahrscheinlicher ihr Selbstkonstrukt als Lehrerin als ihr Selbstkonstrukt als Mutter aktiviert, während umgekehrt ihr Arbeitsselbst dann, wenn sie gerade mit ihrer Tochter spielt, eher ihr Selbstkonstrukt als Mutter als ihr Selbstkonstrukt als Lehrerin beinhalten sollte. Dies sollte deshalb gelten, weil der Kontext einen perzeptuellen Input bereitstellt, der diejenige Selbstrepräsentation am stärksten aktiviert, auf die er am ehesten anwendbar ist. In unserem Beispiel sollte der durch die Schulumgebung bereitgestellt perzeptuelle Input am stärksten auf das Selbst als Lehrerin anwendbar sein und der durch die eigenen Kinder bereitgestellte Input auf das Selbst als Mutter.

Wir nehmen nun weiter an, daß neueintreffende Informationen auf der Grundlage des aktivierten Selbstwissens verarbeitet werden. Dies sollte deshalb gelten, weil auf im Arbeitsselbst enthaltene Informationen leichter zugegriffen werden kann als auf andere Informationen des Selbstkonzepts (vgl. z.B. Higgins & Bargh, 1987; Srull, 1991; Markus & Sentis, 1982). Wir erwarten entsprechend, daß die Person Verhaltensweisen zeigt, die mit dem aktivierten Selbstwissen konsistent sind (Hannover, 1997a). Wenn also beispielsweise das im Selbstkonzept einer Person enthaltene Selbstkonstrukt als Lehrerin die Information "ich bin dominant" enthält, ihr Selbstkonstrukt als Mutter hingegen die Information "ich bin zurückhaltend", so sollte sich die Person dann, wenn ihr Selbstkonstrukt als Lehrerin aktiviert ist, wahrscheinlicher dominant und weniger wahrscheinlicher zurückhaltend verhalten, als wenn ihr Selbstkonstrukt als Mutter im Arbeitsselbst enthalten ist.

Will man diese Annahmen zur Erklärung von Geschlechtsunterschieden in der schulischen Interessenentwicklung heranziehen, so werden Interessen als Auswirkung der Aktivierung selbstbezogenen Wissens verstanden. Welche Interessen eine Person entwickelt, sollte demnach davon abhängig sein, welches Selbstwissen sie in Kontexten, die für die schulische Interessenentwicklung relevant sind - d.h. in der Schule - typischerweise aktiviert. Zur Erklärung von Geschlechtsunterschieden müssen demnach einerseits die Selbstkonstrukte, deren Aktivierung die Entwicklung geschlechtstypischer Interessen begünstigen, und andererseits die schulischen Kontexte identifiziert werden, in denen diese Selbstkonstrukte typischerweise aktiviert werden.

3 Selbstwissen, das die Entwicklung geschlechtstypischer Interessen begünstigt

Bezugnehmend auf die Frage, welche Selbstkonstrukte dann, wenn sie ins Arbeitsselbst geladen werden, das Zeigen geschlechtstypischer Interessen begünstigen, wird angenommen, daß dies geschlechtsbezogene Selbstkonstrukte sind, d.h. die Cluster von Informationsknoten, die an das Selbstwissen, weiblich bzw. männlich zu sein, angebunden sind. Diese Selbstkonstrukte enthalten Wissen über persönliche Merkmale, die allgemeinhin mit Geschlechtsrollen assoziiert werden, also z.B. typisch feminine oder maskuline Personeigenschaften oder geschlechtstypisierte Aktivitäten. Verschiedene Untersuchungsbefunde sprechen dafür, daß das geschlechtsbezogene Selbstkonstrukt wahrscheinlicher mit der eigenen Geschlechtsrolle konsistente Informationen, als Informationen, die geschlechtsuntypisch sind, enthält (z.B. Bem, 1981; Hannover, 1997b; Schneider-Düker & Kohler, 1988; Spence, Helmreich & Stapp, 1975).

In unseren eigenen Studien wurde dies durch die Analyse von Selbstbeschreibungen nachgewiesen (für einen Überblick vgl. Hannover, 1994). Information, die im Arbeitsselbst enthalten ist, sollte leichter zugänglich sein, d.h. operational gefaßt wahrscheinlicher und schneller benutzt werden können, als andere Information aus dem Selbstkonzept, die aktuell nicht Teil des Arbeitsselbst sind. Um zu zeigen, daß das geschlechtsbezogene Selbstkonzept leichter zugängliche geschlechtstypische als -untypische Information enthält, bitten wir Versuchspersonen (Vpn), sich so schnell wie möglich durch das Bedienen einer Ja- oder einer Nein-Taste anhand von Begriffen zu beschreiben, die auf einem Computermonitor dargeboten werden. Wir erwarten, daß mit der eigenen Geschlechtsrolle konsistente Begriffe häufiger bejaht und schneller beurteilt werden als Begriffe, die geschlechtsrollenuntypisch sind.

Unter Verwendung dieser Methode fand Hannover (1997b) in einer Stichprobe von Jugendlichen, denen die Begriffe des Bemschen Geschlechtsrolleninventars (Bem, 1981) zur Selbstbeschreibung vorgegeben worden waren, daß Mädchen feminine Begriffe häufiger bejahten und schneller beurteilten als Jungen, die ihrerseits maskulinen Begriffen häufiger zustimmten und sie schneller beurteilten. In einer mit erwachsenen Probanden durchgeführten Untersuchung konnten ähnliche Unterschiede unter Verwendung idiosynkratischen Stimulusmaterials gesichert werden (Hannover, 1994, Experiment 2). Hier waren die Vpn 14 Wochen vor Durchführung der eigentlichen Untersuchung aufgefordert worden, sich durch verschiedene freie Selbstbeschreibungen zu charakterisieren. Z.B. wurden sie gebeten, persönliche Eigenschaften aufzuschreiben, die typisch für einen Deutschen, die untypisch für einen Studenten sind, die typisch für eine Frau sind oder die typisch für einen Mann sind.

Die auf die beiden letzten Aufforderungen hin abgegebenen idiosynkratischen Selbstbeschreibungen stellten das kritische Stimulusmaterial dar. In der eigentlichen Untersuchung wurden jeder Vp die von ihr genannten "typisch femininen" und "typisch maskulinen" selbstbeschreibenden Eigenschaftsbegriffe vorgegeben (selbstgenerierte Begriffe), und zwar durchmischt mit den Begriffen, die eine zufällig zugeordnete gleichgeschlechtliche und eine zufällig zugeordnete gegengeschlechtliche andere Vp generiert hatte (partnergenerierte Begriffe). Die Aufgabe der Vp bestand nun wiederum darin, gegenüber allen Begriffen so schnell wie möglich durch Bedienen einer Ja- bzw. Nein-Taste zu entscheiden, ob die jeweilige Eigenschaft auf sie selbst zutrifft oder nicht.

Die Daten zeigen, daß von den selbstgenerierten Begriffen die für die eigene Geschlechtsgruppe typischen schneller beurteilt wurden als die für die andere Geschlechtsgruppe typischen. Demgegenüber wurden bei den partnergenerierten Begriffen von weiblichen und männlichen Vpn die des weiblichen Partners schneller beurteilt als die des männlichen Partners - ein Befund, der damit erklärt werden kann, daß feminine Items im testtheoretischen Sinne leichter sind als maskuline (vgl. auch Cota & Dion, 1986; Lorenzi-Cioldi, 1991). Das differentielle Ergebnismuster für selbst- und partnergenerierte Begriffe zeigt, daß obwohl nicht selbstbezogenes Wissen über die eigene Geschlechtsgruppe (hier operationalisiert über Begriffe des gleichgeschlechtlichen Partners) nicht per se zugänglicher ist als nicht selbstbezogenes Wissen über die jeweils andere Geschlechtsgruppe (Begriffe des gegengeschlechtlichen Partners), Wissen aus dem idiosynkratischen Selbstkonzept zugänglicher ist, wenn es geschlechtsrollenkonsistent als wenn es geschlechtsrolleninkonsistent ist.

Zusammengefaßt sprechen die Befunde der beiden geschilderten Untersuchungen für die Annahme, daß das geschlechtsbezogene Selbstkonstrukt typischerweise zugänglichere geschlechtsrollenkonsistente als -inkonsistente Information enthält. Wird nun das geschlechtsbezogene Selbstkonstrukt ins Arbeitsselbst geladen, so bedeutet dies in aller Regel, daß geschlechtstypisches und nicht geschlechtsuntypisches Selbstwissen aktiviert ist. Entsprechend ist zu erwarten, daß neueintreffende Information in Richtung auf Geschlechtstypizität verarbeitet wird, also z.B. die Entwicklung geschlechtstypischer schulischer Interessen wahrscheinlicher ist als die Entwicklung geschlechtsuntypischer.

Diese Annahme wird durch die Befunde einer Untersuchung gestützt, in der geschlechtsbezogenes Selbstwissen durch ein experimentelles Priming aktiviert wurde (Hannover & Beyer, in Vorbereitung). Vpn sollten per Dias gezeigte Personen daraufhin beurteilen, ob sie attraktiv oder unattraktiv (Experimentalgruppe) bzw. ob sie fröhlich oder traurig sind (Kontrollgruppe). Weil angenommen werden kann, daß Wissen über die eigene körperliche Attraktivität Teil des geschlechtsbezogenen Selbstkonstrukts ist, wurde erwartet, daß die Vpn der Experimental-, nicht aber die der Kontrollgruppe geschlechtsbezogenes Selbstwissen aktivieren würden. Um die Annahme zu prüfen, daß die Aktivierung geschlechtsbezogenen Selbstwissens eine geschlechtstypisierte Interessenentwicklung begünstigt, wurden im Anschluß an das Priming- als eine für die Interessenentwicklung relevante Variable - Erfolgserwartungen erhoben. Genauer sollten die Vpn angeben, für wie wahrscheinlich sie es halten, bestimmte Aufgaben lösen zu können. Dabei enthielt die Skala der einzuschätzenden Aufgaben (Hannover, 1994) zehn prototypisch maskuline Aufgaben, wie z.B. eine Programmiersprache anwenden oder ein Motorrad fahren, zehn prototypisch feminine Aufgaben, wie einen Streit zwischen Partnern schlichten oder einen Gänsebraten zubereiten und geschlechtsneutrale Aufgaben, die in der Auswertung unberücksichtigt blieben.

Die Befunde zeigten zunächst, daß die Männer gegenüber den maskulinen Aufgaben sehr viel erfolgszuversichtlicher waren als die Frauen, die sich ihrerseits die femininen Aufgaben tendenziell stärker zutrauten als die Männer (vgl. auch Beyer, 1990, im Druck; Beyer & Bowden, 1997; Lenney, 1977, Lenney, Mitchell & Browning, 1983). Darüberhinaus zeigte sich erwartungsgemäß, daß die Erfolgserwartungen der Männer nach der experimentellen Aktivierung geschlechtsbezogenen Selbstwissens im

Vergleich zu denen der Männer der Kontrollgruppe gegenüber maskulinen Aufgaben unverändert, aber gegenüber femininen Aufgaben reduziert waren. Umgekehrt führte die Aktivierung geschlechtsbezogenen Selbstwissens bei den Frauen zu reduzierten Erfolgserwartungen gegenüber maskulinen Aufgaben, wohingegen sich für die Erfolgserwartungen gegenüber femininen Aufgaben keine Effekte zeigten. Diese Befunde sind konsistent mit unserer Annahme, daß die Aktivierung geschlechtsbezogenen Selbstwissens für die Entwicklung geschlechtstypisierter Erfolgserwartungen verantwortlich ist: Enthält das Arbeitsselbst das geschlechtsbezogene Selbstkonstrukt, so greift die Person auf geschlechtsrollenkonsistentes Selbstwissen zu. Soll die Person in dieser Situation die Wahrscheinlichkeit eigenen Erfolgs in geschlechtstypisierten Aufgaben abschätzen, so bildet sie ihre Urteile auf der Grundlage geschlechtskonsistenten Selbstwissens. Im Ergebnis ist sie gegenüber geschlechtsrolleninkonsistenten Aufgaben weniger erfolgszuversichtlich als in einer Situation, in der sie die Wahrscheinlichkeit eigenen Erfolgs auf der Grundlage anderen Selbstwissens abschätzt.

Weil hohe Erfolgserwartungen die Entwicklung von Interesse an dem entsprechenden Inhaltsbereich begünstigen (z.B. Eccles & Harold, 1990; Eccles-Parsons et al, 1983; Hannover, 1991; Hannover & Bettge, 1993), sprechen die geschilderten Befunde für unsere Annahme, daß die Aktivierung des geschlechtsbezogenen Selbstkonstrukts die Entwicklung geschlechtstypischer schulischer Interessen begünstigt und die Entwicklung geschlechtsuntypischer Interessen behindert. Wenn Schülerinnen und Schüler nun in aller Regel geschlechtstypische Interessen zeigen, so ist dies unseren Vorannahmen entsprechend damit zu erklären, daß im schulischen Kontext häufig geschlechtsbezogenes Selbstwissen aktiviert wird. Im folgenden sollen zwei häufig im schulischen Kontext gegebene aktivierende Variablen beispielhaft diskutiert werden, nämlich geschlechtsbezogene Stereotype und gemischtgeschlechtliche Gruppenkonstellationen.

4 Schulische Kontexte, in denen geschlechtsbezogenes Selbstwissen aktiviert wird

Eine durch den Kontext gegebene Aktivierungsquelle geschlechtsbezogenen Selbstwissens stellen Stereotype dar, die auf Geschlechtsrollen bezogen sind. Das geschlechtsbezogene Selbstkonstrukt besteht wesentlich aus stereotypen Informationen, z.B. aus Repräsentationen typisch femininer und maskuliner Eigenschaften. Entsprechend kann angenommen werden, daß es immer dann ins Arbeitsselbst geladen wird, wenn eine Person mit Geschlechtstereotypen konfrontiert ist. In einer Interventionsstudie haben wir Geschlechtsstereotype in Unterrichtsmaterialien als ein Beispiel betrachtet (Hannover, 1992a; Hannover & Bettge, 1993). Genauer wurde angenommen, daß durch Schulbücher, in denen Mädchen und Jungen in geschlechtstypisierter Weise dargestellt werden, geschlechtsbezogenes Selbstwissen aktiviert wird. Um diese Annahme zu prüfen, haben wir die Mädchen und Jungen aus insgesamt 18 neunten Gymnasialklassen über jeweils sechs Mathematikunterrichtsstunden hinweg mit Textaufgaben arbeiten lassen, in denen - im Gegensatz zu den sonst in Mathematikbüchern vorherrschenden Aufgaben (vgl. z.B. Glötzner, 1982; Lopatecki & Lüking, 1989) - besonders auf den Alltag der Mädchen Bezug genommen wurde. Im Anschluß an die Unterrichtseinheit wurden als eine für die Interessenentwicklung relevante Variable wiederum Erfolgserwartungen, in diesem Fall gegenüber Mathematik-Textaufgaben (Bettge, 1992), erhoben. In einer Kontrollgruppe aus weiteren 18 Klassen, in denen mit konventionellen Mathematikbüchern gearbeitet worden war, ergab sich, daß die Mädchen weniger erfolgszuversichtlich waren als die Jungen (vgl. auch Beerman et al., 1992, Hannover, 1991; Rosenfield & Stephan, 1978; Rustemeyer, 1982) - ein Geschlechtsunterschied, der damit erklärt werden kann, daß die mit konventionellen Mathematikbüchern konfrontierten Schülerinnen aufgrund der in diesen Büchern kommunizierten Geschlechtsrollenstereotype geschlechtsbezogenes Selbstwissen aktiviert und ihre Erfolgserwartungen auf der Grundlage dieses Selbstwissens abgeschätzt haben. Der Geschlechtsunterschied in den Erfolgserwartungen war in der Interventionsgruppe verschwunden, ein Hinweis darauf, daß das Arbeitsselbst dieser Jugendlichen während der Abgabe der Erfolgserwartungsurteile ein anderes als das geschlechtsbezogene Selbstkonstrukt enthalten hat. Zusammengefaßt sprechen diese Befunde dafür, daß Geschlechtsunterschiede in der schulischen Interessenentwicklung vermittelt durch geschlechtsbezogene Stereotype, die zur Aktivierung des geschlechtsbezogenen Selbstkonstrukts führen, zustandekommen können.

Als eine weitere durch den Kontext gegebene Aktivierungsquelle geschlechtsbezogenen Selbstwissens haben wir gemischtgeschlechtliche Gruppenkonstellationen benannt. In zahlreichen Untersuchungen konnte McGuire nachweisen, daß Menschen, zu einer spontanen Selbstbeschreibung aufgefordert, diejenigen Merkmal am wahrscheinlichsten benennen, bzgl. derer sie im aktuellen Kontext distinkt sind (für einen Überblick vgl. McGuire, 1984). Dies bedeutet z.B., daß Personen in einer spontanen Selbstbeschreibung um so wahrscheinlicher ihr Geschlecht erwähnen, je stärker ihre eigene Geschlechtsgruppe im aktuellen Kontext unterrepräsentiert ist.

In unseren theoretischen Begrifflichkeiten ausgedrückt bedeutet dies, daß geschlechtsbezogenes Selbstwissen um so wahrscheinlicher ins Arbeitsselbst geladen werden sollte, je distinkter die eigene Geschlechtszugehörigkeit im aktuellen Kontext ist. Dies kann als Erklärung dafür herangezogen werden, warum Mädchen mehr Interesse an "Jungenfächern" und stärkeres Zutrauen in die eigenen für diese Fächer relevanten Fähigkeiten entwickeln, wenn sie in reinen Mädchengruppen, als wenn sie in gemischtgeschlechtlichen Gruppen unterrichtet werden (z.B. Häußler & Hoffmann, im Druck; Hoffmann et al., 1997; Giesen, Gold, Hummer & Weck, 1992; Hertel, 1995; Kauermann-Walter, Kreienbaum & Metz-Göckel, 1988): Weil die eigene Geschlechtszugehörigkeit in einer getrenntgeschlechtlichen Gruppe weniger distinkt ist als in einer gemischtgeschlechtlichen, sollte in getrenntgeschlechtlichen Gruppen weniger wahrscheinlich geschlechtsbezogenes Selbstwissen aktiviert werden.

Um diese Annahme zu prüfen, hat Hannover (1992b, 1997c) das Phänomen zum Ausgangspunkt genommen, daß das Interesse an Naturwissenschaften und Mathematik mit dem Einsatz der Pubertät bei Schülerinnen aus Mädchenschulklassen weniger stark abfällt als bei Schülerinnen aus koedukativen Klassen (z.B. Ainley, Robinson, Harvey-Beavis, Elsworth & Fleming, 1994; Häußler & Hoffmann, im Druck; Hoffmann et al., 1997). Es wurde vermutet, daß wenn Jungen im Klassenzimmer sind, der Einsatz der pubertären Veränderungen für Mädchen zur Aktivierung geschlechtsbezogenen Selbstwissens führt. Dies ist deshalb zu erwarten, weil Mädchen ihre körperliche Veränderung bei Anwesenheit von Jungen stärker mit ihrer neuen Rolle als Frau und potentieller (Sexual-)partnerin für einen Mann in Zusammenhang bringen dürften (vgl. auch Caspi & Moffitt, 1991; Kracke, 1988, 1993).

Um zu zeigen, daß der Beginn der Pubertät in koedukativen Klassen wahrscheinlicher eine auf den eigenen pubertären Reifestatus - und damit auf geschlechtsbezogenes Selbstwissen - gerichtete Selbstdefinition auslöst, wurden in vier koedukativen und in vier Mädchenschulklassen der pubertäre Reifestatus jeder Schülerin und jedes Schülers gemessen. Weiter wurden innerhalb jeder der acht Klassen Interaktionsgruppen von Jugendlichen identifiziert. Dazu wurden soziometrische Wahlen erhoben; d.h., jeder Jugendliche mußte angeben, mit welchen anderen Jugendlichen aus der Klasse er am liebsten interagiert.

Soziometrische Wahlen sind von Sympathie bestimmt, wobei Sympathie gegenüber solchen Personen empfunden wird, die einem auf Variablen, die für die Selbstdefinition relevant sind, ähnlich sind (Byrne, 1971; Engel & Hurrelmann, 1993; Kolip, 1994; Maccoby, 1990; Suman & Kureshi, 1988). Bezogen auf die von Hannover (1992b, 1997c) betrachteten soziometrischen Wahlen bedeutet dies, daß wenn auf den eigenen Reifestatus bezogenes Selbstwissen aktiviert ist, Jugendliche vorzugsweise solche Mitschülerinnen und Mitschüler angeben sollten, die ihnen im körperlichen Reifestatus ähnlich sind. Die Untersuchungshypothese lautete demnach, daß sich in koedukativen Schulklassen diejenigen Jugendlichen vorzugsweise untereinander wählen, die sich im mittleren pubertären Reifestatus ähnlich sind, wohingegen in Mädchenschulklassen die soziometrischen Wahlen unabhängig vom Reifestatus der Schülerinnen sind. Mit anderen Worten sollte in koedukativen Schulklassen, nicht aber in Mädchenschulklassen, die Varianz des Reifestatus der Jugendlichen innerhalb von Interaktionsgruppen geringer sein als zwischen verschiedenen Interaktionsgruppen.

Um diese Annahme zu prüfen, wurden über die soziometrischen Wahlen Clusteranalysen durchgeführt. Innerhalb einer jeden Klasse wurde zwischen den beiden Gruppen Jugendlicher differenziert, die bezüglich der auf sie entfallenen Wahlen die größten Distanzen aufwiesen. Die Zugehörigkeit eines jeden Jugendlichen zu einem der beiden Cluster wurde nun als unabhängige Variable in einem für jede Klasse einzeln berechneten Mittelwertvergleich über die körperliche Reife verwendet. Die Untersuchungsbefunde zeigten, daß sich die beiden Cluster Jugendlicher, die hinsichtlich der auf sie entfallenen soziometrischen Wahlen die größte Distanz aufwiesen, in drei der vier koedukativen, aber in keiner der monoedukativen Klassen im mittleren Reifestatus signifikant voneinander unterschieden. Dies bedeutet, während sich die Jugendlichen in den koedukativen Klassen in Abhängigkeit davon gewählt haben, wie ähnlich sie anderen in ihrer selbsteingeschätzten körperlichen Reife waren, entstanden die Interaktionsgruppen in den monoedukativen Klassen unabhängig vom Reifestatus der Schülerinnen. Dieser Unterschied in der

Art, wie Interaktionsgruppen gebildet werden, ist konsistent mit unserer Annahme, daß in gemischtgeschlechtlichen Gruppen das auf die eigene körperliche Reifung bezogene oder allgemeiner gesprochen das geschlechtsbezogene Selbstkonstrukt häufiger aktiviert und deshalb stärker verhaltenswirksam wird als in getrenntgeschlechtlichen Gruppen.

5 Ausblick

Im vorliegenden Beitrag sollte eine neue Sichtweise zur Erklärung von Geschlechtsunterschieden in der schulischen Interessenentwicklung präsentiert werden. Versteht man die Entwicklung schulischer Interessen als an die Entwicklung des Selbstkonzepts gebunden, so eröffnet sich eine Perspektive, in der verschiedene Ansätze zur Erklärung von Geschlechtsunterschieden integriert werden können: Schulische Kontexte, in denen sich eine Person vor allem in ihrer Identität als weiblich bzw. männlich definiert, tragen in dieser Sichtweise zur Aufrechterhaltung von Geschlechtsunterschieden in der Interessenentwicklung bei. Aus dieser Sichtweise ergibt sich auch, daß solche schulischen Kontextbedingungen eine geschlechtsunabhängige Interessenentwicklung fördern, in denen sich Personen nicht in erster Linie als weiblich oder männlich definieren, sondern vielmehr als Personen mit zahlreichen Eigenschaften, die in ihrer idiosynkratischen Kombination die Entwicklung individueller und geschlechtsunabhängiger Interessen rechtfertigen.

6 Literatur

Ainley, J., Robinson, L., Harvey-Beavis, A., Elsworth, G. & Fleming, M. (1994). *Subject choice in years 11 and 12.* Canberra: Australian Government Publishing Service.

Beerman, L., Heller, K. A. & Menacher, P. (1992). *Mathe: nichts für Mädchen?.* Bern: Huber.

Bem, S. L. (1981a). *Bem sex-role inventory: Professional manual.* Palo Alto, CA: Consulting Psychologists Press.

Bettge, S. (1992). Geschlechtsunterschiede in Erfolgserwartungen in Abhängigkeit von der Formulierung von Mathematik-Textaufgaben. *Zeitschrift für Sozialpsychologie*, 23, 47-53.

Beyer, S. (1990). Gender differences in the accuracy of self-evaluations of performance. *Journal of Personality and Social Psychology*, 59, 960-970.

Beyer, S. & Bowden, E. M. (1997). Gender differences in self-perceptions: Convergent evidence from three measures of accuracy and bias. *Personality and Social Psychology Bulletin*, 23, 157-172.

Byrne, D. (1971). *The attraction paradigm*. New York: Academic Press.

Cantor, N., Markus, H., Niedenthal, P. & Nurius, P. (1986). On motivation and the self-concept. In R. M. Sorrentino & E. T. Higgins (Hrsg.), *Handbook of motivation and social cognition: Foundations of social behavior* (S. 96-121). New York: Guilford.

Caspi, A. & Moffitt, T. E. (1991). Individual differences are accentuated during periods of social change: The sample case of girls at puberty. *Journal of Personality and Social Psychology*, 61, 157-168.

Cota, A. A. & Dion, K. L. (1986). Salience of gender and sex composition of ad hoc groups: An experimental test of distinctiveness theory. *Journal of Personality and Social Psychology*, 50, 770-776.

Eccles, J. S. & Harold, R. (1990). Gender differences in participation in sports. *Journal of Applied Sport Psychology*, 3, 7-35.

Eccles-Parsons, J., Adler, T., Futterman, R., Goff, S., Kaczala, C., Meece, J. & Midgley, C. (1983). Expectations, values and academic behaviors. In J. T. Spence (Hrsg.), *Achievement and achievement motivation* (S. 75-146). New York: Freeman.

Engel, U. & Hurrelmann, K. (1993). *Was Jugendliche wagen. Eine Längsschnittstudie über Drogenkonsum, Streßreaktionen und Delinquenz im Jugendalter*. Weinheim: Juventa.

Giesen, H., Gold, A., Hummer, A. & Weck, M. (1992). Die Bedeutung der Koedukation für die Genese der Studienfachwahl. *Zeitschrift für Pädagogik*, 38, 66-81.

Glötzner, J. (1982). Heidi häkelt Quadrate, Thomas erklärt die Multiplikation. In I. Brehmer (Hrsg.), *Sexismus in der Schule* (S. 154-158). Weinheim: Beltz.

Greenwald, A. G. & Banaji, M. R. (1989). The self as a memory system: Powerful, but ordinary. *Journal of Personality and Social Psychology*, 57, 41-54.

Häußler, P. & Hoffmann, L. (im Druck): Chancengleichheit für Mädchen im Physikunterricht - Ergebnisse eines erweiterten BLK-Modellversuchs. *Zeitschrift für Didaktik der Naturwissenschaften*

Hannover, B. (1991). Zur Unterrepräsentanz von Mädchen in Naturwissenschaften und Technik: Psychologische Prädiktoren der

Fach- und Berufswahl. *Zeitschrift für Pädagogische Psychologie*, 5, 169-186.

Hannover, B. (1992a). Mädchen in geschlechtsuntypischen Berufen. Eine quasiexperimentelle Studie zur Förderung des Interesses Jugendlicher an Naturwissenschaften und Technik. *Zeitschrift für Sozialpsychologie*, 23, 36-45.

Hannover, B. (1992b). Spontanes Selbstkonzept und Pubertät. Zur Interessenentwicklung von Mädchen koedukativer und geschlechtshomogener Schulklassen. *Bildung und Erziehung*, 45, 31-46.

Hannover, B. & Bettge, S. (1993). *Mädchen und Technik*. Göttingen: Hogrefe.

Hannover, B. (1994). *Das multiple und flexible Selbst. Auswirkungen situationaler und chronischer Zugänglichkeit selbstbezogener Konstrukte* (Unveröffentlichte Habilitationsschrift). Berlin: Technische Universität.

Hannover, B. (1997a). *Das dynamische Selbst. Zur Kontextabhängigkeit selbstbezogenen Wissens*. Bern: Huber.

Hannover, B. (1997b). Zur Entwicklung des geschlechtsrollenbezogenen Selbstkonzepts. Der Einfluß "maskuliner" und "femininer Tätigkeiten" auf die Selbstbeschreibung mit instrumentellen und expressiven Personeigenschaften. *Zeitschrift für Sozialpsychologie*, 28, 60-75.

Hannover, B. (1997c). Die Bedeutung des pubertären Reifestatus für die Herausbildung informeller Interaktionsgruppen in koedukativen Klassen und in Mädchenschulklassen. *Zeitschrift für Pädagogische Psychologie*, 11, 3-13.

Hannover, B. & Beyer, S. (in Vorbereitung). *Self-stereotyping and expectancies of success for sex-typed tasks.*

Hannover, B. (im Druck). The development of self-concept and interest. In L. Hoffmann, A. Krapp, A. Renninger & J. Baumert (Hrsg.), *Proceedings on the Seeon-conference on interest and gender*. Kiel: Institut für die Pädagogik der Naturwissenschaften.

Heinrichs, U. & Schulz, Th. (1988). *Projekt Mädchen und Naturwissenschaften in der Schule. Zusammenfassender Bericht* (Schriftenreihe der Behörde für Schule und Berufsbildung Hamburg). Hamburg: Behörde für Schule und Berufsbildung.

Hertel, T. (1995). *Beeinflußt koedukativer Unterricht die Interessen der Mädchen an der Physik? Eine empirische Untersuchung*. Frankfurt: Lang.

Higgins, E. T. (1990). Personality, social psychology, and person-situation relations: Standards and knowledge activation as a common language. In L. A. Pervin (Hrsg.), *Handbook of personality: Theory and research* (S. 301-338). New York: Guilford.

Higgins, E. T. & Bargh, J. A. (1987). Social cognition and social perception. *Annual Review of Psychology*, 38, 369-425.

Hoffmann, L., Häußler, P. & Peters-Haft, S. (1997). *An den Interessen von Mädchen und Jungen orientierter Physikunterricht. Ergebnisse eines BLK-Modellversuchs.* Kiel: Institut für die Pädagogik der Naturwissenschaften an der Universität Kiel.

Kauermann-Walter, J., Kreienbaum, M. A. & Metz-Göckel, S. (1988). Formale Gleichheit und diskrete Diskriminierung: Forschungsergebnisse zur Koedukation. In H. G. Roloff, K. Klemm, H. Pfeifer & E. Rösner (Hrsg.), *Jahrbuch für Schulentwicklung* (Bd. 5, S. 157-188). München: Juventa.

Kolip, P. (1994). Freundschaften im Jugendalter. Mädchen und Jungen im Vergleich. *Zeitschrift für Erziehung*, 14, 20-37.

Kracke, B. (1988). *Pubertät und Problemverhalten* (Unveröff. Diplomarbeit). Berlin: Technische Universität.

Kracke, B. (1993). *Pubertät und Problemverhalten bei Jungen*. Weinheim: Beltz, Psychologie-Verlagsunion.

Lenney, E. (1977). Women's self-confidence in achievement settings. *Psychological Bulletin*, 84, 1-13.

Lenney, E., Mitchell, L. & Browning, C. (1983). The effect of clear evaluation criteria on sex bias in judgments of performance. *Psychology of Women Quarterly*, 7, 313-328.

Linville, P. W. & Carlston, D. E. (1994). Social cognition of the self. In P. G. Devine, D. L. Hamilton & T. M. Ostrom (Hrsg.), *Social cognition: Impact on social psychology* (S. 144-193). San Diego: Academic Press.

Lopatecki, C. & Lüking, I. (1989). *Bescheiden, sittsam und rein? Rollenklischees in Mathematik-Schulbüchern für die Sekundarstufe I* (Schriftenreihe der Bremischen Zentralstelle für die Verwirklichung der Gleichberechtigung der Frau). Bremen: Zentralstelle für die Verwirklichung der Gleichberechtigung der Frau.

Lorenzi-Cioldi, F. (1991). Self-stereotyping and self-enhancement in gender groups. *European Journal of Social Psychology*, 21, 403-417.

Maccoby, E. E. (1990). Gender and relationship. A developmental account. *American Psychologist*, 45, 513-520.

Markus, H. (1977). Self-schemata and processing information about the self. *Journal of Personality and Social Psychology*, 35, 63-78.

Markus, H. & Kunda, Z. (1986). Stability and malleability of the self-concept. *Journal of Personality and Social Psychology*, 51, 858-866.

Markus, H. & Sentis, K. (1982). The self in social information processing. In J. Suls (Hrsg.), *Psychological perspectives on the self* (Bd. 1, S. 41-70). Hillsdale, NJ.: Erlbaum.

McGuire, W. J. (1984). Search for the self: Going beyond self-esteem and the reactive self. In R. A. Zucker, J. Aronoff & A. I. Rabin (Hrsg.), *Personality and the prediction of behavior* (S. 73-120). Orlando: Academic Press.

Metz-Göckel, S., Frohnert, S., Hahn-Mausbach, G. & Kauermann-Walter, J. (1991). *Mädchen, Jungen und Computer*. Opladen: Westdeutscher Verlag.

Rosenfield, D. & Stephan, W. G. (1978). Sex differences in attributions for sex-typed tasks. *Journal of Personality*, 47, 244-259.

Rustemeyer, R. (1982). *Wahrnehmung eigener Fähigkeit bei Mädchen und Jungen*. Frankfurt: Lang.

Schneider-Düker, M. & Kohler, A. (1988). Die Erfassung von Geschlechtsrollen - Ergebnisse zur deutschen Neukonstruktion des Bem Sex Role Inventory. *Diagnostica*, 34, 256-270.

Spence, J. T., Helmreich, R. & Stapp, J. (1975). Ratings of self and peers on sex role attributes and their relation to self-esteem and conceptions of masculinity and femininity. *Journal of Personality and Social Psychology*, 32, 29-39.

Srull, T. K. (1991). Identifying the causes, correlates, and consequences of concept activation: Looking back and looking ahead. *Psychological Inquiry*, 2, 205-207.

Statistisches Bundesamt (Hrsg.). (1975). *Statistisches Jahrbuch 1975 für die Bundesrepublik Deutschland*. Stuttgart: Kohlhammer.

Statistisches Bundesamt (Hrsg.). (1989). *Statistisches Jahrbuch 1989 für die Bundesrepublik Deutschland*. Stuttgart: Kohlhammer.

Statistisches Bundesamt (Hrsg.). (1996). *Statistisches Jahrbuch 1996 für die Bundesrepublik Deutschland*. Stuttgart: Metzler-Poeschel.

Suman, H. C. & Kureshi, A. (1988). Interpersonal attraction as a function of physical attractiveness, personality similarity-dissimilarity and reciprocity. *Psychologica*, 31, 234-238.

Kausalitätsüberzeugungen, Selbstwirksamkeitsüberzeugungen und Schulleistungen

Olaf Köller und Ingmar Hosenfeld

1 Einleitung

Kausalitätsüberzeugungen (KÜ), die in der Literatur oft auch als subjektive Theorien bezeichnet werden (Nicholls, Cobb, Yackel, Wood & Wheatley 1990a), thematisieren im schulischen Kontext *Wenn-Dann-Beziehungen* wie z.B. "wenn man sich in der Schule immer anstrengt, wird man erfolgreich sein". Naive bzw. subjektive Theorien "sind als neurale Spuren im Gedächtnis gespeichert, veränderbar und können situationsspezifisch aktiviert werden" (Hofer, 1985, S. 131). Charakteristisch für KÜ ist, daß die Schüler/-innen selbst nicht über die vermuteten Quellen schulischer Erfolge verfügen müssen, die sie als wichtig erkennen. So kann ein Schüler die Vorstellung haben, daß eine hohe Begabung der zentrale Faktor für Erfolg ist, ohne daß er selbst über diese hohe Begabung verfügt.

Einen sinnvollen theoretischen Rahmen zur Verankerung von KÜ (subjektiven Theorien) bietet die kontrolltheoretische Konzeption von Skinner, Chapman und Baltes (1988), in der drei weitgehend unabhängige Formen individueller Überzeugungen im leistungsthematischen Kontext vorgestellt werden: (1) Selbstwirksamkeitsüberzeugungen (SWÜ; *Agency Beliefs*), d.h. Erwartungen einer Person, daß sie über bestimmte Mittel verfügt, wobei allerdings die (vermutete) Wirksamkeit dieser Mittel zunächst irrelevant ist, (2) KÜ (*Means-Ends Beliefs*), d.h. Wissen darüber, welche Mittel im allgemeinen zu welchen Konsequenzen führen, unabhängig von dem Ausmaß, in dem die Probanden glauben, über diese Mittel zu verfügen, und (3) Kontrollerwartungen (*control expectancies*), d.h. die subjektiven Überzeugungen von Personen, daß sie gewünschte Zustände erreichen können, ohne dabei Bezug auf die Mittel zu nehmen.

Untersuchungen zum Zusammenhang von SWÜ und KÜ (subjektiven Theorien über Ursachen schulischer Erfolge) auf der einen Seite und Schulleistungsindikatoren auf der anderen Seite haben deutlich gemacht, daß die SWÜ nicht, aber die KÜ substantiell mit der Leistung korrelieren (im Überblick Little, Oettingen & Baltes, 1995). Als Leistungsmaße wurden hier üblicherweise Noten verwendet, die allerdings ihrerseits auf SWÜ wirken, so daß es bei diesen Untersuchungen oftmals offenblieb, ob die Leistungen durch SWÜ beeinflußt waren und/oder vice versa.

Eine nähere Betrachtung von SWÜ und KÜ legt es nahe anzunehmen, daß letztere notwendige Voraussetzung für erstere sind: Erst das generelle Wissen bzw. die naive Theorie, daß Anstrengung eine zentrale Ursache von schulischen Erfolgen ist, kann zur Folge haben, daß Personen glauben, selbst über ein hinreichendes Maß an Anstrengungsbereitschaft zu verfügen, um in der Schule erfolgreich zu sein. Insofern ist es plausibel anzunehmen, daß KÜ, wenn auch in geringem Maße, signifikante Zusammenhänge mit Schulleistungen aufweisen.

1.1 Zur Bereichsspezifität von Kausalitätsüberzeugungen

Bei der Prädiktion von Schulleistungen mit Hilfe motivationaler Variablen ist wiederholt diskutiert worden, inwieweit Motivationskonstrukte fachspezifisch oder global konzeptualisiert werden müssen. Für die Bereiche der Fähigkeitsselbstkonzepte (Hansford & Hattie, 1982), der Leistungsangst (Schnabel, 1998) und des schulischen Interesses (Schiefele, 1996) konnte gezeigt werden, daß die fachspezifischen Konzepte im lern- und leistungsthematischen Kontext erklärungsmächtiger sind als global gefaßte Konzepte. Andererseits zeigt die aktuelle Forschung zu den Ziel- bzw. motivationalen Orientierungen (im Überblick Köller, 1998), daß es sich hierbei offenbar um bereichsunspezifische Konzepte handelt (Duda & Nicholls, 1992), die über verschiedene Leistungsdomänen hinweg Lernerfolge vorhersagen können (Köller, 1998).

Bezogen auf KÜ (subjektive Theorien über die Ursachen schulischer Erfolge) stellt sich ebenfalls die Frage, ob diese bereichsunspezifisch sind, oder Personen in einem Schulfach ganz andere naive Theorien haben als in einem zweiten. Bislang fehlen hierzu systematische Studien, Untersuchungen von Duda und Nicholls (1992) sowie Stipek und Gralinski (1996) lassen aber vermuten, daß KÜ von Schülerinnen und Schülern der Sekundarstufe I eher bereichsunspezifisch sind.

In einem ersten Schritt soll daher überprüft werden, inwieweit KÜ (subjektive Theorien über Ursachen schulischer Erfolge) domänenspezifisch oder global sind. Als Leistungsdomänen bzw. Schulfächer werden Englisch und Mathematik berücksichtigt.

Weiterhin stellt sich die Frage nach Zusammenhängen von KÜ mit Schulleistungsindikatoren. Hierzu werden Zeugnisnoten und Leistungen in curricular angepaßten Mathematikleistungstests berücksichtigt. In Übereinstimmung mit früheren Befunden (Little et al., 1995) wird erwartet, daß SWÜ im Vergleich zu KÜ deutlich höher mit den Schulnoten korrelieren. Bezogen auf den curricular angepaßten Test wird dagegen erwartet, daß SWÜ und KÜ in vergleichbarer Höhe mit der Testleistung kovariieren.

2 Methode

Insgesamt N = 1461 Schülerinnen (50.3%) und Schüler (49.7%) der 7. Jahrgangsstufe aus Nordrhein-Westfalen nahmen an der Studie teil. 22.5% der Jugendlichen besuchten zum Zeitpunkt der Untersuchung die Hauptschule, 24.4% die Realschule, 36.9% das Gymnasium und 16.2% die Gesamtschule. Sie bearbeiteten neben einem neu entwickelten Instrument zur Erfassung von KÜ (subjektiven Theorien über schulische Erfolge) eine Kurzform des revidierten "Control, Agency, and Means-Ends Interview" (CAMI) von Little et al. (1995) sowie einen curricular angepaßten Mathematiktest. Zusätzlich wurde die Mathematiknote im letzten Zeugnis erfragt. Alle Fragebogen und Tests wurden durch vorher geschulte Testleiter im Klassenverband durchgeführt, die Erhebungsdauer umfaßte zwei Schulstunden. Die Studie wie auch alle ihre Instrumente waren zuvor durch die involvierten Schulleiter genehmigt.

2.1 Ein neuer Fragebogen zur Erfassung von Kausalitätsüberzeugungen

Zur Erfassung von KÜ (subjektiven Theorien) hat die Arbeitsgruppe um Nicholls ein Instrument bestehend aus fünf Subskalen entwickelt (vgl. Nicolls, et al 1990b, S. 147), das die Dimensionen *Anstrengung und Interesse* (Itembeispiel: "Students will do well at school when they work really hard."), *Zusammenarbeit und selbständiges Verstehen* (Itembeispiel: "Students will do well at school when they try to figure things out."), *Wettbewerb* (Itembeispiel: "Students will do well at school when they are smarter than the others."), *Konformität* (Itembeispiel: "Students will do well at school when they solve the problems the way the teacher shows and don't think up their own ways.") und *extrinsische Gründe* (Itembeispiele: "Students will do well at school when they are just lucky"/"when they are quiet in class") erfassen soll.

Die analytische Trennbarkeit der fünf Skalen ist fragwürdig (s. hierzu Nicholls, Cobb, Wood, Yackel & Patashnick 1990b, sowie Schnabel, 1998). Viel gravierender erscheint allerdings der Mangel, daß als zentrale Ursache schulischer Erfolge die Fähigkeitsdimension (vgl. Meyer, 1984; Möller & Köller, 1996) unberücksichtigt bleibt.

Im Rahmen unserer Arbeit wurde eine Teiladaptation der Skalen vorgenommen. Weitgehend übernommen und übersetzt wurden die Items der Skalen *Anstrengung und Interesse*, *Wettbewerb* und *extrinsische Gründe*, die wir aufgrund der Iteminhalte im folgenden als *Simulation* bezeichnen wollen. Ergänzend wurde noch eine Skala *Fähigkeit* mit fünf Items konstruiert. Der Stamm lautete für das Fach Mathematik "Man hat im Mathematikunterricht am ehesten Erfolg, wenn ...". In der Englischversion wurde "Mathematik" einfach durch "Englisch" ersetzt. Itembeispiele waren "... man sich wirklich anstrengt." (Anstrengung), "... wenn man genug Intelligenz mitbringt" (Fähigkeit), "... man versucht, mehr Aufgaben richtig zu haben als die anderen" (Wettbewerb) und "... man so tut, als möge man den Lehrer." (Simulation). Das Antwortformat wurde vierstufig gewählt (1 = *trifft überhaupt nicht zu*, 2 = *trifft eher nicht zu*, 3 = *trifft eher zu*, 4 = *trifft völlig zu*). Die Tabelle 1 zeigt einige deskriptive Ergebnisse zu den Skalen.

Tabelle 1. Zusammenfassung der Ergebnisse aus Item- und Skalenanalysen für die Skalen zur Erfassung von KÜ (subjektiven Theorien über schulischen Erfolg). Vor dem Schrägstrich stehen die Befunde für Mathematik, hinter dem Schrägstrich für Englisch.

	Var (M_i)[a]	Var (r_{it})[b]	α[c]	M[d]	SD[e]
Anstrengung (6)[f]	3.0-3.6/3.0-3.5	.28-.49/.32-.58	.70/.74	20.4/20.3	2.9/3.1
Fähigkeit (5)	2.5-3.1/2.7-3.1	.30-.54/.38-56	.70/.73	14.4/14.5	2.8/2.9
Wettbewerb (4)	2.2-2.4/2.3-3.5	.34-.57/.45-.58	.66/.73	9.3/9.6	2.8/2.9
Simulation (4)	1.7-2.1/1.7-2.2	.48-.60/.53-.66	.74/.79	7.5/7.9	2.9/3.1

Anmerkungen. [a]Wertebereich der Itemmittelwerte; [b]Wertebereich der Trennschärfen; [c]Cronbachs α; [d]Skalenmittelwert; [e]Skalenstandardabweichung; [f]in Klammern die Anzahl der Items jeder Skala.

2.2 Das "Control, Agency, and Means-Ends Interview" (CAMI)

Das CAMI-Instrument (Little et al., 1995) enthält insgesamt 10 Skalen, die jeweils aus einer gleichen Zahl von positiv und negativ formulierten Items bestehen. Vier Skalen erfassen SWÜ (*Agency Beliefs*), und zwar auf den Dimensionen *Anstrengung*, *Fähigkeit*, *Glück* und *Lehrer*. Fünf Subskalen erfassen KÜ (*Means-Ends Beliefs*) auf den Dimensionen *Anstrengung*, *Fähigkeit*, *Glück*, *Lehrer* und *Unbekannt*. Schließlich erfaßt eine weitere Skala die Kontrollerwartung (*Control Expectancy*). Mittlerweile liegt eine große Anzahl von Studien in vielen Ländern vor (Little, Oettingen, Stetsenko, Baltes, 1995; Oettingen & Little, 1993; Oettingen, Little, Lindenberger & Baltes, 1994), die die Reliabilität und Validität dieses Instruments belegen. In unserer Untersuchung wurden von jeder Skala nur die positiv formulierten Items verwendet (vgl. Little et al., 1995), d.h. im Falle der Skala zur Kontrollerwartung vier Items, für die übrigen Skalen drei Items. Zudem wurden die Items fachspezifisch, d.h. bezogen auf Mathematik, umformuliert. Die Reliabilitäten (Cronbachs α) für die Skalen fielen angesichts der Kürze befriedigend aus und schwankten zwischen α = .50 (KÜ, Subskala "Unbekannt") und .73 (Kontrollmeinung).

2.3 Der Leistungstest in Mathematik

Der Mathematiktest bestand aus 45 curricular angepaßten Items, überwiegend im *multiple-choice* Format. Die Aufgaben stammten aus der ersten und zweiten internationalen Mathematik-Studie (FIMS, Husén, 1967; SIMS, Robitaille & Garden, 1989), aus einer Schulleistungsstudie des Max-Planck-Instituts für Bildungsforschung (vgl. Baumert, Roeder, Sang & Schmitz, 1986) sowie aus der dritten internationalen Mathematik- und Naturwissenschaftsstudie (TIMSS, Baumert, Lehmann et al., 1997). Die Reliabilität des Gesamttests (Kuder-Richardson Formula 20) lag bei r_{tt} = .85.

3 Ergebnisse

3.1 Analysen zur Domänenspezifität

Zur Überprüfung der Frage, inwieweit KÜ (subjektiven Theorien über die Ursachen schulischer Erfolge) domänen- bzw. fachspezifisch sind, wurde eine Reihe von konfirmatorischen Faktorenanalysen gerechnet. Berücksichtigt wurden die in Anlehnung an Nicholls, Cobb, Yackel et al. (1990) konstruierten Skalen *Anstrengung*, *Fähigkeit*, *Wettbewerb* und *Simulation*, die jeweils für Englisch und Mathematik formuliert worden waren (vgl. Methode). Das CAMI konnte nicht berücksichtigt werden, da die Items allein auf Mathematik bezogen waren. In der ersten Analyse wurde angenommen, daß die Domäne überhaupt keine Rolle spielt, d.h. es wurde ein Modell mit vier (kovariierenden) Dimensionsfaktoren (*Anstrengung*, *Fähigkeit*, *Wettbewerb* und *Simulation*) spezifiziert, welche die Varianzen und Kovarianzen der acht Skalen erklären sollten. Im zweiten Lauf wurde ein Modell mit zwei (unabhängigen) Domänenfaktoren (Mathematik und Englisch) spezifiziert, wonach allein die Domänen Varianzen und Kovarianzen erklären sollten. Die Kovarianzen zwischen den Faktoren wurden nicht freigegeben, da verschiedene Autoren (z.B. Kleinmann & Köller, 1997; Marsh, 1989) argumentieren, daß sich hierin Zusammenhänge zwischen Dimensionen und nicht Domänen abbilden. Zudem wurden alle Faktorladungen gleichgesetzt, da angenommen wurde, daß die Domäne auf alle Skalen gleiche Wirkungen hat. Schließlich wurde ein kombiniertes Modell mit (kovariierenden) Dimensions- und (unabhängigen) Domänenfaktoren spezifiziert. Es handelt sich hierbei quasi um ein faktorenanalytisches Multi-Trait-Multi-Method-Modell (Marsh, 1989; Widaman, 1985). Alle Analysen wurden mit LISREL 8 (Jöreskog & Sörbom, 1993) durchgeführt. Wie in LISREL üblich, wurde eine Kovarianzmatrix eingelesen. Die Tabelle 2 zeigt Goodness-of-Fit

Statistiken für alle drei Modelle. Neben dem χ^2-Test wurden verschiedene Fitindizes zur Modellgütebeurteilung verwendet. Der *Rho*-Koeffizient (Tucker & Lewis, 1973) und der Incremental Fit Index (*IFI*; Marsh, Balla & McDonald, 1988) basieren auf der χ^2-Statistik und sind wie diese sensibel gegenüber Veränderungen der Stichprobengröße. Relativ unabhängig von der Stichprobengröße sind der Adjusted Goodness-of-Fit Index (*AGFI*) und das Root-Mean-Square-Residual (*RMR*; vgl. Jöreskog & Sörbom, 1989). Gute Modellanpassungen liegen vor, wenn *Rho, IFI* und *AGFI* größer .90 sind und der *RMR*-Wert unter .05 liegt.

Tabelle 2. Gütestatistiken für verschiedene faktorenanalytische Modelle zur Erklärung der Zusammenhänge der Skalen zu subjektiven Theorien über die Ursachen schulischer Erfolge in Mathematik und Englisch (Erläuterungen im Text).

Modell	χ^2	*df*	*Rho*	*IFI*	*AGFI*	*RMR*
4 korrelierende Dimensionen	190.39	14	.91	.95	.91	.03
2 unkorrelierte Domänen	2815.49	20	.00	.28	.43	.26
Kombination aus Modell 1 und 2	101.14	12	.95	.98	.94	.02

Zufriedenstellende Güteindizes zeigen das Modell mit vier korrelierten Dimensionsfaktoren sowie das Modell, das Dimensions- und Domänenfaktoren kombiniert. Ein χ^2-Differenzentest ergibt, daß das kombinierte Modell signifikant besser die empirischen Kovarianzen reproduziert ($\Delta\chi^2 = 89.3$; $df = 2$; $p < .001$) als ein Modell unter Verzicht von Domänenfaktoren. Die Abbildung 1 illustriert die standardisierte Lösung dieses Modells. Alle eingezeichneten Ladungen sind signifikant ($p < .05$).

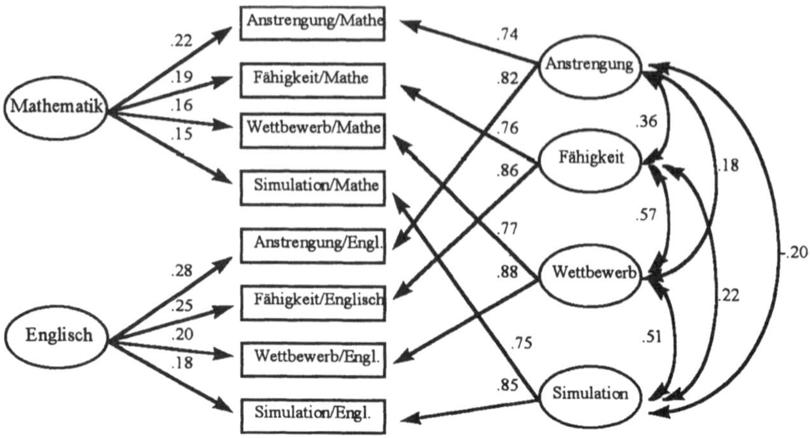

Abbildung 1. Kombiniertes Dimensionen- und Domänenmodell für die Skalen zur Erfassung von Kausalitätsüberzeugungen. Fehlervarianzen sind aus Übersichtsgründen nicht dargestellt.

Deutlich höhere Faktorladungen zeigen die Dimensionsfaktoren, was sich in den erklärten Varianzanteilen niederschlägt, die man einfach durch Quadrierung der Ladungen erhält. Aufgrund der geringen Varianzanteile der Domänenfaktoren kann davon ausgegangen werden, daß es sich bei den KÜ in der untersuchten Alterskohorte um weitgehend domänenunspezifische Konstrukte handelt.

3.2 Zum Zusammenhang von Kausalitätsüberzeugungen, Selbstwirksamkeitsüberzeugungen und Schulleistungen

Für diese Analysen wurden die entsprechenden Skalen des CAMI sowie die Mathematiknote und das Ergebnis im Mathematiktest berücksichtigt. Die CAMI-Subdimensionen wurden verwendet, um die eigenen Befunde mit früheren Arbeiten zum CAMI (im Überblick Little et al., 1995) vergleichen zu können. Die Skala zur Kontrollerwartung (*Control Expectancy*) wurde mit in die Gruppe der SWÜ aufgenommen.
Um die spezifische Bedeutung der KÜ und SWÜ bestimmen zu können, wurden Kommunalitätenanalysen (vgl. Pedhazur, 1982) durchgeführt, die es bei interkorrelierten Prädiktorengruppen erlauben, für jede Gruppe spezifische Varianzerklärungsanteile an einer abhängigen Variable zu bestimmen. Die Abbildung 2 veranschaulicht die Ergebnisse getrennt für die Note und die Testleistung.
Für die Note zeigt sich das bekannte Bild (vgl. Little et al., 1995): der

Erklärungsanteil der SWÜ liegt um das Fünffache (20%) höher als der der KÜ (4%). Es gibt kaum konfundierte Varianz, so daß der Gesamtbetrag der erklärten Notenvarianz bei 25% liegt.
Bei den Leistungstestergebnissen ergibt sich ein gänzlich anderes Bild, beide Formen der subjektiven Überzeugungen erklären in etwa gleiche Beträge an der Leistungsvarianz. Die aufgeklärte Varianz ist hier im Vergleich zur Note ($R^2 = .10$ vs. $R^2 = .25$) deutlich niedriger.

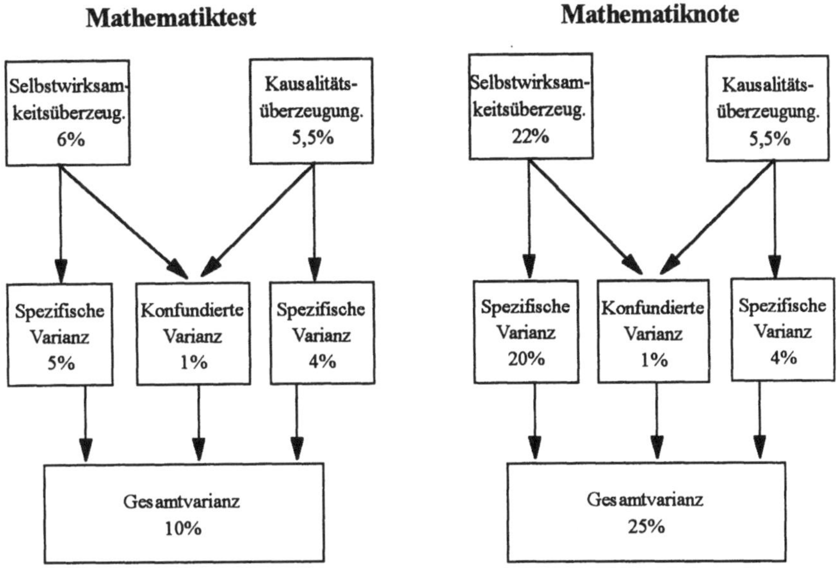

Abbildung 2: Ergebnisse der Kommunalitätenanalyse für Selbstwirksamkeits- und Kausalitätsüberzeugungen als Prädiktoren und Mathematiknote und -leistungstestergebnis als abhängige Variablen

4 Zusammenfassung und Diskussion

Die vorliegende Untersuchung verfolgte zwei Ziele, zum einen die Klärung, ob KÜ (subjektive Theorien über schulischen Erfolg) bereichsübergreifende oder -spezifische motivationale Konzepte sind, zum anderen die Frage nach der relativen Bedeutung dieser Überzeugungen für die Schulleistung, operationalisiert über Noten und Leistungen in einem curricular angepaßten Test.
Die Befunde zur Bereichsspezifität bzw. -globalität zeigen deutlich, daß, zumindest im Bereich von Fremdsprache und Mathematik keine

differentiellen KÜ bestehen, vielmehr sind sie bereichsübergreifend, ähnlich wie dies auch für Zielorientierungen zu gelten scheint (Duda & Nicholls, 1992), deren theoretische Nähe zu KÜ wiederholt gezeigt wurde (vgl. Köller, 1998).

Die Zusammenhangsanalysen mit Schulnoten in Mathematik ergaben zunächst das bekannte Bild (Little et al., 1995), wonach Selbstwirksamkeitsüberzeugungen deutlich mehr Varianz aufklären als KÜ. Diese Unterschiede verschwanden im Leistungstest als aktuelles Performanzmaß für Mathematik. Hier waren die Erklärungsbeiträge beider Variablenblöcke ähnlich und (im Falle der SWÜ) deutlich niedriger. Unseres Erachtens spiegelt sich in diesen differentiellen Befunden wider, daß Leistungsrückmeldungen (in Form von Noten) ihrerseits auf Selbstwirksamkeits-, nicht aber auf KÜ wirken. So erklären sich dann die hohen gemeinsamen Varianzanteile von Noten und SWÜ, die die wechselseite Beeinflussung beider Maße abbilden aber nicht nur den gerichteten Einfluß der SWÜ auf die Leistung.

Abschließend muß angemerkt werden, daß die hier vorgestellte Studie querschnittlich angelegt war, und die sicherlich interessantere Frage nach Effekten von SWÜ und KÜ auf schulisches Lernen nicht beantwortet werden konnte. Hierzu werden von uns aktuell auf der Basis einer großen Kohorten-Längsschnittstudie (vgl. Köller, 1998; Schnabel, 1998) systematische Analysen durchgeführt, erste Befunde sind vielversprechend.

Literatur

Baumert, J., Lehman et al. (1997). *TIMSS: Mathematisch-Naturwissenschaftlicher Unterricht im internationalen Vergleich*. Opladen: Leske + Budrich.

Baumert, J., Roeder, P.M., Sang, F. & Schmitz, B. (1986). Leistungsentwicklung und Ausgleich von Leistungsunterschieden in Gymnasialklassen. *Zeitschrift für Pädagogik, 32*, 639-660.

Duda, J.L. & Nicholls, J.G. (1992). Dimensions of achievement motivation in schoolwork and sport. *Journal of Educational Psychology, 84*, 290-299.

Hansford, B.D. & Hattie, J.A. (1982). The relationship between self and achievement/ performance measures. *Review of Educational Research, 52*, 123-142.

Hofer, M. (1985). Subjektive Persönlichkeitstheorien. In T. Herrmann & E.-D. Lantermann (Hrsg.), *Persönlichkeitspsychologie: Ein Handbuch in Schlüsselbegriffen* (S. 130-138). München: Urban & Schwarzenberg.

Husèn, T. (1967): *International study of achievement in mathematics. A comparison of 12 countries.* (Vols I und II). Stockholm, Sweden: Almqvist & Wiksell.

Jöreskog, K.G. & Sörbom, D. (1989). *LISREL 7 - A guide to the program and applications.* Chicago: SPSS Inc.

Jöreskog, K. G., & Sörbom, D. (1993). *LISREL 8. User's reference guide.* Chicago, IL: Scientific Software International, Inc.

Kleinman, M. & Köller, O. (1997). Construct Validity of Assessment Centers: Appropriate Use of Confirmatory Factor Analysis and Suitable Construction Principles. *Journal of Social Behavior and Personality, 12*, 65-84. [Special Issue: Assessment centers: Research and applications].

Köller, O. (1998). *Zielorientierungen und schulisches Lernen.* Münster/New York: Waxmann.

Little, T.D., Oettingen, G. & Baltes, P.B. (1995). The revised Control, Agency, and Means-Ends Interview (CAMI): A multi-cultural validity assessment using mean and covariance structures (MACS) analyses (*Materialien aus der Bildungsforschung Nr. 49*). Berlin: Max-Planck-Institut für Bildungsforschung.

Little, T.D., Oettingen, G., Stetsenko, A. & Baltes, P.B. (1995). Children's action-control beliefs about school performance: How do American children compare with german and Russian children?. *Journal of Personality and Social Psychology, 69*, 686-700.

Marsh, H.W. (1989). Confirmatory factor analyses of multitrait-multimethod data: Many problems and some solutions. *Applied Psychological Measurement, 13*, 335-361.

Marsh, H.W., Balla, J.R. & McDonald, R.P. (1988). Goodness-of-fit indexes in confirmatory factor analysis. The effect of sample *size. Psychological Bulletin, 103*, 391-410.

Meyer, W.-U. (1984). *Das Konzept von der eigenen Begabung.* Bern: Huber.

Möller, J. & Köller, O. (1996). Attribution und Schulleistung. In J. Möller & O. Köller (Hrsg.), *Emotionen, Kognitionen und Schulleistung* (S. 115-136). Weinheim: Beltz/ PVU.

Nicholls, J.G., Cobb, P., Yackel, E., Wood, T. & Wheatley, G. (1990a). Students' theories about mathematics and their mathematical knowledge: Multiple Dimensions of assessments. In G. Kulm (Ed.), *Assessing higher order thinking in mathematics* (pp. 137-154). Washington, DC: American Association for the Advancement of Science.

Nicholls, J.G., Cobb, P., Wood, T., Yackel E. & Patashnick, M. (1990b). Assessing students' theories of success in mathematics: Individual and classroom differences. *Journal for Research in Mathematics*

Education, 21, 109-122.
Oettingen, G. & Little, T.D. (1993). Intelligenz und Selbstwirksamkeitsurteile bei Ost- und Westberliner Schulkindern. *Zeitschrift für Sozialpsychologie, 24*, 186-197.
Oettingen, G., Little, T.D., Lindenberger, U. & Baltes, P.B. (1994). Causality, agency, and control beliefs in East versus West Berlin children: A natural Experiment on the role of context. *Journal of Personality and Social Psychology, 66*, 579-595.
Pedhazur, E.J. (1982). *Multiple regression in behavioral research*. New York: Holt, Rinehard and Winston.
Robitaille, D. & Garden, R. (1989). *The IEA study of mathematics II. Contents and outcomes of school mathematics*. Oxford: Pergamon Press.
Schiefele, U. (1996). *Motivation und Lernen mit Texten*. Göttingen: Hogrefe.
Schnabel, K. (1998). *Prüfungsangst und Lernen*. Münster/New York: Waxmann.
Skinner, E.A., Chapman, M. & Baltes, P.B. (1988). Control, means-ends, and agency beliefs: A new conceptualization and ist measurement during childhood. *Journal of Personality and Social Psychology, 54*, 117-133.
Stipek, D.J. & Gralinski, J.H. (1996). Children's beliefs about intelligence and school performance. *Journal of Educational Psychology, 88*, 397-407.
Tucker, L.R. & Lewis, C. (1973). A reliability coefficient for maximum likelihood factor analysis. *Psychometrika, 38*, 1-10.
Widaman, K. F. (1985). Hierarchically nested covariance structure models for multitrait-multimethod data. *Applied Psychological Measurement, 9*, 1-26.

Auswirkungen dimensionaler Vergleichsprozesse

Jens Möller

Als dimensionale Vergleiche werden intraindividuelle Vergleiche definiert, bei denen Personen ihre Leistungen in einer Domäne ihren Leistungen in einer anderen Domäne gegenüberstellen. Es mag beispielsweise Schüler geben, die nach der Rückgabe einer mißlungenen Klassenarbeit im Fach Mathematik sich mit dem (vermutlich selbstwertdienlichen) Gedanken trösten, in der letzten Arbeit im Fach Deutsch deutlich besser abgeschnitten zu haben. In der vorliegenden Arbeit soll vor allem diskutiert werden, welche Konsequenzen dimensionale Vergleiche haben. Zu diesem Zweck wird das 'Internal/External-frame-of-reference-model' (Marsh, 1986; 1990a, b) vorgestellt, das die gemeinsamen Effekte sozialer und dimensionaler Vergleiche thematisiert. Dazu werden drei eigene empirische Untersuchungen kurz geschildert, die zeigen, daß dimensionale Leistungsvergleiche ein interessantes Forschungsgebiet darstellen.
Zuvor soll auf die empirisch deutlich häufiger untersuchten sozialen und temporalen Vergleichsprozesse hingewiesen werden. Die Theorie sozialer Vergleichsprozesse (Festinger, 1954) geht primär davon aus, daß Personen ein Motiv haben, ihre Leistungen mit denen anderer Personen zu vergleichen (vgl. auch Dauenheimer & D. Frey, 1996; D. Frey, Dauenheimer, Parge & Haisch, 1993; Wagner, 1990; 1996; Wood, 1989), um zu korrekten Einschätzungen der eigenen Leistungsfähigkeit zu gelangen (self-assessment). Maximale Informationen über die eigene Leistungsfähigkeit liefern Vergleichspersonen, die hinsichtlich der relevanten Dimension ähnlich sind. So können Schüler, die zum besten Viertel einer Klasse gehören, ihr Fähigkeitsselbstbild evaluieren und differenzieren, wenn sie sich mit anderen Mitschülern dieser Leistungsgruppe vergleichen. Vergleiche mit unähnlichen Mitschülern, also beispielsweise mit Schülern, die zum untersten Viertel zählen, liefern dagegen kaum Informationen (vgl. Möller & Köller, in Druck). Solche Abwärtsvergleiche können hingegen dem Motiv zur Selbstwerterhöhung (self-enhancement) dienen (vgl. Heckhausen & Krüger, 1993; Levine & Green, 1984; Schwarzer & Jerusalem, 1982; Schwarzer & Schwarzer, 1982; Sedikides & Strube, 1997). Zusätzlich zu den Motiven nach Bewertung der eigenen Fähigkeit und Selbstwerterhöhung können soziale Vergleichsprozesse Ausgangspunkt für die Verbesserung der eigenen Fähigkeiten sein (self-improvement). Gerade Vergleiche mit leicht

überlegenen Klassenkameraden (Aufwärtsvergleiche) bieten über das Modellernen Lernchancen.
Die Auswirkungen sozialer Vergleichsprozesse auf das Selbstkonzept der Begabung werden attributionstheoretisch begründet: Das Erleben der eigenen Überlegenheit führt zu hohen Begabungszuschreibungen, das Selbstkonzept der eigenen Begabung wird ausgeprägter.
Neben sozialen Vergleichen können auch intraindividuelle Vergleiche durchgeführt werden. Unterschieden werden hier temporale und dimensionale Vergleiche. Bei temporalen Vergleichen vergleicht eine Person Leistungen in einer Domäne mit eigenen vorherigen Leistungen in dieser Domäne (Albert, 1977). Als Erfolg oder Mißerfolg wird dann jeweils die aktuelle in Relation zur vorherigen Leistung betrachtet, man orientiert sich an einer individuellen Bezugsnorm (s. Rheinberg & Weich, 1988). Auch im sozialen Vergleich schwache Leistungen können dann positiv beurteilt werden, wenn sie für die betreffende Person einen Performanzzuwachs darstellen.
Entwicklungspsychologisch dominieren solche temporalen Vergleiche zunächst (s. Dauenheimer & D. Frey, 1996; Rubble & K.S. Frey, 1991; Wagner, 1990). Später werden sie vor allem von Kindern mit geringen Fähigkeiten verdrängt, während begabte Kinder auch mit zunehmendem Alter ein stärkeres Interesse an temporalen Vergleichen zeigen (Ruble & Flett, 1988). Die Auswirkungen temporaler Vergleiche auf das Selbstkonzept der eigenen Begabung sind im Gegensatz zu den Effekten sozialer Vergleiche deutlich geringer (vgl. Meyer, 1984): Möglicherweise werden temporale Leistungszuwächse weniger auf einen Anstieg der eigenen Begabung (die als stabiler Faktor konzeptualisiert wird) und mehr auf gesteigerte Anstrengung zurückgeführt.

Forschung zum 'Internal/External-frame-of-reference-model' (Marsh, 1986; 1990a, b)

Das 'Internal/External-frame-of-reference-model' (I/E-Modell) von Marsh (1986; 1990a, b) integriert die Effekte sozialer und dimensionaler Vergleiche. Die theoretischen Überlegungen und empirischen Studien liefern Anhaltspunkte für die Bedeutung des Zusammenwirkens sozialer und dimensionaler Vergleiche auf das Selbstkonzept der eigenen Begabung. Marsh postuliert in seinem I/E-Modell neben sozialen Vergleichen (external frame of reference (E)) einen internalen Maßstab (internal frame of reference (I)), mit dem Personen ihre Leistungen über Domänen hinweg vergleichen. Der soziale Vergleich führt dazu, daß relativ gute Schüler ein hohes Selbstkonzept der fachspezifischen Begabung entwickeln, während schwächere Schüler ein niedriges Selbstkonzept der Begabung in diesem Fach haben. Dimensionale Vergleiche moderieren diese Zusammenhänge: Im dimensionalen Vergleich der eigenen Leistungen in zwei Fächern können z.B. schwache Leistungen eines Schülers in Deutsch, die mit noch schwächeren Leistungen desselben Schülers in Mathematik kontrastiert werden, eine Aufwertung erfahren. Das Selbstkonzept der Begabung in Deutsch könnte von dem Vergleich mit der noch schwächeren Leistung in Mathematik profitieren. Umgekehrt können auch überdurchschnittliche Deutschleistungen abgewertet werden, wenn derselbe Schüler noch bessere Leistungen in Mathematik erbringt. Das I/E-Modell wird in der Pädagogischen Psychologie herangezogen, um zwei gut replizierte und zunächst überraschende Befunde zu erklären: 1. (schwach) negative Zusammenhänge zwischen z.B. der Leistung in Mathematik und dem Selbstkonzept in sprachlichen Fächern (s. Faber, 1992; Marsh, 1990a); 2. geringe Zusammenhänge zwischen dimensionalen Selbstkonzeptmaßen bspw. in Englisch und Mathematik (vgl. Marsh 1990b) trotz der deutlichen Korrelationen zwischen den Fachleistungen.

Nach Marsh (1986, 1990a, b) können dimensionale Vergleiche dazu führen, daß unterdurchschnittliche Schüler in einem Schulfach ein positives Selbstkonzept entwickeln, in dem sie sich in diesem Fach intraindividuell als leistungsstärker als in einem anderen Fach erleben. Dagegen können überdurchschnittliche Schüler durchaus ein negatives Selbstkonzept in einem Fach entwickeln, in dem sie sich trotz einer im sozialen Vergleich guten Leistung als relativ leistungsschwächer als in einem anderen Fach sehen.

Wie soziale führen auch dimensionale Leistungsvergleiche zu Attributionen auf die eigene Begabung. Die fachspezifische Begabung wird in dem Fach höher eingeschätzt, in dem Personen eine bessere Leistung erbringen als in einem anderen Fach.

Empirische Unterstützung für das I/E-Modell stammt bisher ausschließlich aus regressions- und pfadanalytischen Studien (vgl. Bong, 1998; Faber, 1992; Köller, Möller & Baumert, 1998; Marsh, 1986; 1990a; b; Marsh, Smith & Barnes, 1985; Marsh, Walker & Debus, 1991; Skaalvik & Rankin, 1990; 1992; 1995; Tay, Licht & Tate, 1995; Williams & Montgomery, 1995). Aufgrund der korrelativen Befunde der genannten Studien wird ex-post-facto auf das Vorhandensein und die Bedeutung intraindividueller, dimensionaler Vergleichsprozesse geschlossen. Die zwischen Schulleistungen, dimensionalen Vergleichen und Fähigkeitsinferenzen vermittelnden Variablen sind bisher nicht expliziert worden. Die experimentelle oder quasi-experimentelle Erforschung der Effekte dimensionaler Vergleichsprozesse steht somit noch aus. Marsh (1986, S. 146) drückt entsprechende Forderungen aus: "... support for the two processes (soziale und dimensionale Vergleiche, d. Verf.) comes primarily from inferences based on statistical relations in correlational data, and experimental and introspective evidence is needed to further support their existence".

Empirische Hinweise darauf, daß Personen dimensionale Vergleiche bei Fähigkeits- und Begabungsinferenzen mit entsprechenden Effekten heranziehen, liefern die im folgenden beschriebenen eigenen Studien.

Studie 1: Dimensionale Vergleiche und paradoxe Wirkungen von Lob und Tadel (Möller, in Druck)

Daß Lob nach Erfolg nicht unter allen Bedingungen zu einer Attribution auf hohe Leistungsfähigkeit führt und Tadel nach Mißerfolg nicht zwangsläufig zu einer entsprechenden Attribution auf niedrige Begabung, zeigen Untersuchungen zum scheinbar paradoxen Effekt von Lob und Tadel (Meyer & Plöger, 1979; Rheinberg & Weich, 1988). Dabei wurden in experimentellen Studien Zusammenhänge zwischen der Fremdbewertung von Leistungen und Rückschlüssen auf Begabung gefunden, die zunächst paradox anmuten. So führte Lob dann zu einer Attribution auf niedrige Fähigkeit, wenn ein anderer Schüler für eine identische Leistung nicht gelobt wird. Tadel dagegen kann zu einer Attribution auf hohe Fähigkeit führen, wenn die identische Leistung eines anderen Schülers nicht getadelt wird. Als vermittelnde Variablen werden dabei soziale Vergleichsprozesse und Anstrengungsattributionen angenommen (s. Möller & Jerusalem, 1997). Schüler gehen davon aus, daß Lehrer insbesondere die Anstrengung der Schüler bewerten (Bewertungsprinzip). Bei Lob wird entsprechend von hoher Anstrengung ausgegangen. Wird ein Schüler also nach der Bearbeitung einer Aufgabe gelobt, geht er davon aus, daß der Lehrer eine höhere Anstrengung annimmt im Vergleich zu dem Mitschüler mit identischer Leistung, der nicht gelobt wurde. Da Anstrengung und Begabung in einem kompensatorischen Verhältnis stehen (Kompensationsprinzip), deutet höhere Anstrengung - und somit Lob - auf niedrigere Begabung.

Auch Tadel kann als Anstrengungssanktion gedeutet werden. Schüler nehmen an, daß mangelnde Anstrengung nach Mißerfolg besonders dann getadelt wird, wenn Lehrer von einer hohen Begabung ausgehen und interpretieren Tadel als Bestätigung eines hohen Selbstkonzepts. Im sozialen Vergleich von Schülern mit gleicher Leistung wird folglich ein gelobter Schüler für weniger begabt und ein getadelter Schüler für begabter gehalten als ein neutral behandelter Schüler.

Welche Begabungsinferenzen nach Lob und Tadel aufgrund dimensionaler Leistungsvergleiche durchgeführt werden, ist dagegen bisher nicht untersucht worden. Es kann allerdings zunächst davon ausgegangen werden, daß fachbezogene Vergleiche ebenfalls zu paradoxen Effekten führen können. Auch wenn identische Leistungen eines Schülers in zwei Fächern zu unterschiedlichen Sanktionierungen durch Lehrer führen, sollten unterschiedliche Fähigkeitszuschreibungen resultieren. Dagegen erscheint dies im Falle temporaler Vergleiche zweifelhaft. Wenn ein Schüler zu zwei Zeitpunkten in einem Fach identische Leistungen bringt, wird er unterschiedliche Sanktionen möglicherweise zwar auf die Anstrengungsattributionen der Lehrer zurückführen. Es gibt aber deutliche Hinweise (s. Rheinberg & Weich (1988) zu den Auswirkungen individueller Bezugsnormen) darauf, daß temporale Vergleiche nur in sehr eingeschränktem Ausmaß zu Begabungsinferenzen herangezogen werden.

In unserer Studie soll also untersucht werden, ob dimensionale Vergleichsinformationen ähnlich wie soziale Vergleichsinformationen zu paradoxen Wirkungen von Lob und Tadel führen. Dabei wurde auf die bewährte Untersuchungstechnik in Studien zu paradoxen Wirkungen von Lob und Tadel zurückgegriffen. Den Probanden wurden drei Arten von Vergleichsinformationen (sozial, temporal, dimensional) in einer szenarischen Studie vorgelegt. Untersucht wurde also, ob paradoxe Begabungsinferenzen nach Lob und Tadel auftreten,

- wenn ein anderer Schüler für eine identische Leistung neutral sanktioniert wird (sozialer Vergleich);
- wenn derselbe Schüler für eine vergleichbare Leistung in einem anderen Fach neutral sanktioniert wurde (dimensionalerVergleich);
- wenn derselbe Schüler für eine zeitlich frühere vergleichbare Leistung in dem selben Fach neutral sanktioniert wird (temporaler Vergleich).

Jeweils N = 20 Studierende bekamen ein Szenario vorgelegt, das die experimentellen Manipulationen enthielt. Die Szenarios werden hier für die Bedingung 'Lob' beschrieben. In der Bedingung 'sozialer Vergleich' wurden - wie in Studien zu paradoxen Wirkungen üblich - zwei Schüler eingeführt: Heute gehe es darum, daß eine mittelschwere Klassenarbeit in Mathematik zurückgegeben werde: "Klaus und Paul haben je 7 der 10 Aufgaben richtig

gelöst. Paul gibt der Lehrer eine neutrale Rückmeldung: "Du hast 7 Aufgaben gelöst, Paul!" Klaus lobt er: "Gut gemacht, Klaus!".
In der Bedingung ‚dimensionaler Vergleich' wurde geschildert, daß der Lehrer die Klasse sowohl in Mathematik als auch in Deutsch unterrichte. In beiden Fächern seien mittelschwere Arbeiten geschrieben worden: "Klaus hat beim Mathematiktest und beim Deutschtest jeweils 7 Aufgaben richtig gelöst. In bezug auf den Deutschtest gibt der Lehrer eine neutrale Rückmeldung: "Du hast 7 Aufgaben gelöst, Klaus!" In bezug auf den Mathematiktest lobt er: "Gut gemacht, Klaus!".
In der Bedingung 'temporaler Vergleich' wurde geschildert, daß innerhalb von acht Wochen zwei mittelschwere Klassenarbeiten in Mathematik geschrieben worden seien. Vor acht Wochen habe Klaus 7 von 10 Aufgaben richtig gelöst. Heute habe Klaus erneut 7 von 10 Aufgaben gelöst: Der Lehrer gab Klaus damals eine neutrale Rückmeldung: "Du hast 7 Aufgaben gelöst, Klaus!" Heute lobt er Klaus : "Gut gemacht, Klaus!".
Für die Tadelbedingung wurde das Lösen von 3 von 10 Aufgaben vorgegeben; das Lob wurde ersetzt durch den Tadel: "Hm, das war wohl nicht so toll, Klaus!"
Zunächst antworteten die Probanden auf die offene Frage, warum ihrer Meinung nach der Lehrer bei gleicher Leistung unterschiedliche Rückmeldungen gegeben hat. Von unabhängigen Beurteilern wurde eingeschätzt, ob die Antworten eher auf eine konventionelle Interpretation (Lob als Hinweis auf hohe Fähigkeit, Tadel als Hinweis auf niedrige Fähigkeit) oder eine paradoxe Interpretation schließen ließen.
Welche Ergebnisse zeigten sich? Für die sozialen Vergleiche ergaben die Analysen der freien Antworten wesentlich mehr paradoxe (73.7% bei Lob, 80.0% bei Tadel) als konventionelle Interpretationen. Ähnliche Werte ergaben sich für dimensionale Vergleiche (70.0% bei Lob; 89.5% bei Tadel). Dagegen dominierten bei den temporalen Vergleichen konventionelle Interpretationen (73.7% bei Lob; 65.0% bei Tadel).
Auch bei den Einschätzungen der Begabung der Stimulusperson durch die Probanden sowie bei entsprechenden Erwartungs- und Anstrengungszuschreibungen zeigten sich paradoxe Wirkungen nach sozialen und dimensionalen Vergleichen, nicht aber bei den temporalen Vergleichen (zu weiteren Details s. Möller, in Druck).
Damit zeigte sich die Bedeutung dimensionaler Vergleichsprozesse. Wie auch soziale Vergleiche lösten dimensionale Vergleiche paradoxe Begabungsinferenzen und entsprechende Anstrengungs- und Erwartungszuschreibungen nach Lob und Tadel aus. Diese Befunde können daher als Unterstützung für die Annahme gewertet werde, daß dimensionale

Vergleiche Auswirkungen auf Fähigkeitseinschätzungen nach Leistungsrückmeldungen haben.

Studie 2: Dimensionale Vergleiche in verbalen Schulleistungsbeurteilungen (Möller & Köller, 1997)

Effekte dimensionaler Vergleiche können in Berichtszeugnissen, wie sie beispielsweise in Grundschulen üblich sind, auftreten, da hier verbale Beurteilungen zu verschiedenen Fächern gleichzeitig präsentiert werden. Dabei dient bei zwei Fächern jeweils die eine Information als Kontextinformation für die andere, und die Beschreibungen der Leistungen beeinflussen sich wechselseitig: Sind die Beurteilungen in zwei Fächern unterschiedlich (positiv vs. negativ), wird die positive Beurteilung einer Leistung positiver ausfallen als bei alleiniger Präsentation dieser Beurteilung, die negative Beurteilung wird entsprechend negativer ausfallen. Überprüft wurde daher, ob ein Deutsch-Bericht anders beurteilt wird, wenn er mit einem anderen (Mathematik-Bericht) kombiniert wird als wenn er ohne Kontext auftritt. Erst dieser Vergleich mit einer kontextfreien Präsentation des einzelnen Berichts ermöglicht die Feststellung von Urteilseffekten. Ein Bericht über die Schülerleistung in einem Fach sollte also Auswirkungen auf die Fremdwahrnehmung der Schülerleistung in einem anderen Fach haben.

In einer Untersuchung zu Urteilseffekten in Berichtszeugnissen wurde eine experimentelle Studie durchgeführt, um zu klären, inwiefern die verbale Leistungsbeurteilung in einem Fach die Wahrnehmung der verbalen Leistungsbeurteilung in einem zweiten Fach beeinflußt. Insgesamt N = 120 Probanden lasen daher sechs konstruierte Varianten von Berichtszeugnissen, die jeweils Beurteilungen zu den Leistungen in Deutsch (positiv vs. negativ) und/oder Mathematik (positiv vs. negativ) enthielten.

Die Ergebnisse zeigten deutliche Effekte dimensionaler Vergleichsprozesse: Positive Deutsch-Leistungen, die mit einer negativen Mathematikleistung gemeinsam präsentiert wurden, wurden deutlich besser (bis zu einer halben Note) beurteilt als wenn sie mit einer positiven Mathematikleistung oder kontextfrei präsentiert wurden. In ähnlicher Weise wurden negative Mathematikleistungen noch schlechter beurteilt, wenn sie mit einer positiven Deutschleistung kontrastiert wurden. Die Ergebnisse bestätigten sich auch für affektive Folgen der Zeugnisse (weitere Details in Möller & Köller, 1997)

Diese Studie zeigt, daß fachbezogene dimensionale Vergleiche bei der Lektüre von Berichtszeugnissen auftreten und derartige Vergleiche schriftlicher Leistungsberichte die Wahrnehmung der Einzelleistungen beeinflussen.

Studie 3: Richtungen und Effekte dimensionaler Vergleiche nach Klassenarbeiten (Möller & Köller, in Druck)

In der dritten Studie zu dimensionalen Vergleichen wurden N = 281 Schüler und Schülerinnen (61.9% weiblich) nach der Rückgabe einer Klassenarbeit im Fach Mathematik befragt, mit welchen anderen Fachleistungen sie ihre Leistung in Mathematik vergleichen würden. Zusätzlich gaben die Schüler an, ob sie in diesem Vergleichsfach in der Regel schlechter, gleich gut oder besser als in Mathematik abschneiden.
Untersucht wurde also zunächst, welche Zusammenhänge sich zwischen den Variablen Selbstkonzept (hoch vs. niedrig), Note (gut vs. mittel vs. schlecht) und dimensionale Vergleichsrichtung (aufwärts vs. horizontal vs. abwärts) ergaben. Da die abhängige Variable Häufigkeitsdaten liefert, sind entsprechende Auswertungsverfahren adäquat. Aus diesem Grund werden in dieser Studie log-lineare Analysen verwendet.
Die entsprechende Auswertung der mehrdimensionalen Kontingenztafel ergab die beste Modellanpassung (LR-$X^2(8) = 8.44$; $p=.39$) für die Assoziationen [Selbstkonzept x Richtung; LR-$X^2(2) = 19.12$; $p<.001$]. Insgesamt wurden von 37.9% der Schüler Vergleichsfächer herangezogen, in denen sie sich als besser als in Mathematik einschätzen. 30.0% der Schüler wählen ein Vergleichsfach, in dem sie ähnliche Leistungen erbringen und 32.0% führen Abwärtsvergleiche durch. Diese Raten verändern sich, wenn das Selbstkonzept der Begabung einbezogen wird. Schüler mit niedrigem Selbstkonzept der eigenen Begabung führen häufiger (Steigerung um 7.4%) Aufwärtsvergleiche durch. Dagegen sinkt der Anteil von Vergleichen mit leistungsähnlichen (Reduktion um 4.8%) und schwächeren Fächern (Reduktion um 2.5%). Möglicherweise nutzen Schüler mit niedrigem Selbstkonzept die Möglichkeit, dimensionale Aufwärtsvergleiche durchzuführen, um die eigenen Stärken in anderen Fächern in den Vordergrund zu rücken. Solche dimensionalen Aufwärtsvergleiche könnten allerdings dazu führen, daß das Selbstkonzept der Begabung in Mathematik weiter abgewertet wird.
Zur Überprüfung dieser Hypothese wurden die fähigkeitsbezogenen Einschätzungen von Schülern miteinander verglichen, die sich dimensional

aufwärts, horizontal oder abwärts verglichen. Je nach Richtung der Vergleiche wurden Effekte auf das Selbstkonzept der Begabung geprüft. Um Vorab-Unterschiede zu berücksichtigen, wurde das fachspezifische Selbstkonzept der Begabung vor der Rückgabe der Klassenarbeit als Kovariate verwendet. Daher wurde eine 2-faktorielle 3(Ergebnis in der Klassenarbeit: gut vs. mittel vs. schlecht) x 3(Vergleichsrichtung: aufwärts vs. horizontal vs. abwärts)-Kovarianzanalyse mit dem Selbstkonzept vor der Klassenarbeit als Kovariate gerechnet.

Tatsächlich bestätigten sich die erwarteten Befunde: Die Kovarianzanalyse erbrachte neben dem signifikanten Effekt der Kovariaten auf das fachspezifische Selbstkonzept der Begabung ($F(1, 243) = 284.02$; $p < .001$) die signifikanten Effekte der Variablen Ergebnis ($F(2, 243) = 13.97$; $p<.001$) und Richtung der dimensionalen Vergleiche ($F(2, 243) = 6.47$; $p < .01$). Post-hoc durchgeführte Tests zeigten zunächst, daß die Note sich auf das Selbstkonzept auswirkte: Bei Schülern mit guter Note und mittlerer Note erhöhten sich die Mittelwerte der Residuen (gute Note Mres = .27; mittlere Note Mres = .19), während schlechte Noten sich negativ auf das Selbstkonzept der Begabung auswirkten (Mres = -.41). Im vorliegenden Zusammenhang ist es wichtiger, daß angeschlossene Scheffè-Tests ähnliche Zusammenhänge für die Richtung der dimensionalen Vergleiche ergaben. Es resultierten niedrigere Selbstkonzepte der Begabung für Schüler, die sich dimensional aufwärts verglichen (Mres = -.25). Schüler, die sich dimensional abwärts verglichen, profitierten von diesen Vergleichen (Mres = .29). Es ergab sich keine Interaktion zwischen beiden Variablen ($F(4, 243) =.30$; ns).

Die Präferenz für Aufwärtsvergleiche hatte für das Selbstkonzept in Mathematik also deutliche Kosten: Auch nach kovarianzanalytischer Berücksichtigung der Ausgangswerte des Selbstkonzepts ergab sich ein niedrigeres Selbstkonzept für die Personen, die ihre Mathematikleistungen internal mit Leistungen in Fächern verglichen, in denen sie nach eigener Einschätzung in der Regel bessere Leistungen zeigen. Auch Schüler, die ihre gute Mathematikleistung relativ niedriger als ihre Leistungsfähigkeit im Vergleichsfach einschätzten, werteten ihr auf das Fach Mathematik bezogenes Selbstkonzept ab. Umgekehrt profitiert das Selbstkonzept der Begabung in Mathematik von dimensionalen Abwärtsvergleichen.

Möglicherweise stehen diesen Entwicklungen des Selbstkonzepts auf der Seite des Vergleichfachs gegenläufige Entwicklungen gegenüber. Selbstwerterhöhungen in Mathematik führten dann zu Selbstwertreduzierungen in anderen Fächern und umgekehrt. So würde die Annahme des I/E-Modells gestützt, daß dimensionale Vergleiche zu niedrigeren Korrelationen zwischen verschiedenen fachspezifischen Selbstkonzepten beitragen als dies allein aufgrund sozialer Vergleichsprozesse zu erwarten wäre.

Schlußbemerkung

Die vorliegenden Ergebnisse zeigen, daß dimensionale Vergleiche unter bestimmten Bedingungen durchgeführt werden und Auswirkungen auf Begabungseinschätzungen haben. Dies zeigte sich sowohl in der Begabungseinschätzung der Schüler selbst als auch - in den beiden ersten Studien - in der Fremdwahrnehmung durch Beobachter. Damit konnte an einem kleinen Ausschnitt von Leistungssituationen gezeigt werden, daß die Analyse dimensionaler Vergleichsprozesse lohnend ist. Deutlich wird aber auch, daß weitere experimentelle und Feldstudien notwendig sind, um die auslösenden Bedingungen, die vermittelnden Variablen und die Konsequenzen dimensionaler Vergleichsprozesse spezifizieren und prüfen zu können.

Literatur

Albert, S., (1977). Temporal comparison theory. *Psychological Review*, 84, 485-503.

Bong, M. (1998). Tests of the internal/external frame of reference model with subject-specific academic self-efficacy and frame-specific academic self-concepts. *Journal of Educational Psychology*, 90, 102-110.

Dauenheimer, D. & Frey, D. (1996). Soziale Vergleichsprozesse in der Schule. In Möller, J. & Köller, O. (Hrsg.), *Emotionen, Kognitionen und Schulleistung* (S. 155-174). Weinheim: Beltz.

Faber, G., (1992). Bereichsspezifische Beziehungen zwischen leistungsthematischen Schülerselbstkonzepten und Schulleistungen. *Zeitschrift für Entwicklungspsychologie und Pädagogische Psychologie*, 24, 66-82.

Festinger, L. (1954). A theory of social comparison processes. *Human Relations*, 7, 117-140.

Frey, D., Dauenheimer, D., Parge, O. & Haisch, J. (1993). Die Theorie sozialer Vergleichsprozesse. In D. Frey & M. Irle (Hrsg.), *Theorien der Sozialpsychologie* (Bd.1: Kognitive Theorien, 2. Aufl., S. 81-121). Bern: Huber.

Heckhausen, J. & Krüger, J. (1993). Developmental expectations for the self and most other people: Age grading in three functions of social comparison. *Developmental Psychology*, 29, 539-548.

Köller, O., Möller, J. & Baumert, J. (1998). *Überprüfung des I/E-Modells im Längsschnitt. Manuskript. Berlin: MPI für Bildungsforschung.*

Levine, J.M. & Green, S.M. (1984). Acquisition of relative performance information: The roles of intrapersonal and interpersonal comparison. *Personality and Social Psychology Bulletin*, 10, 385-393.

Marsh, H.W. (1986). Verbal and math self-concepts: An internal/external frame of reference model. *American Educational Research Journal*, 23, 129-149.

Marsh, H.W. (1990a). Influences of internal and external frames of reference on the formation of math and English self-concepts. *Journal of Educational Psychology*, 82, 107-116.

Marsh, H.W. (1990b). A multidimensional, hierarchical model of self-concept: Theoretical and empirical justification. *Educational Psychology Review*, 2, 77-172.

Marsh, H.W., Smith, I.D. & Barnes, J. (1985). Multidimensional self-concepts: Relations with sex and academic achievement. *Journal of Educational Psychology*, 77, 581-596.

Marsh, H.W., Walker, R., & Debus, R. (1991). Subject-specific components of academic self-concept and self-efficacy. *Contemporary Educational Psychology*, 16, 331-345.

Meyer, W.-U. (1984). *Das Konzept von der eigenen Begabung*. Bern: Huber.

Meyer, W.-U. & Plöger, F.-O. (1979). Scheinbar paradoxe Wirkungen von Lob und Tadel auf die wahrgenommene eigene Begabung. In S.-H. Filipp (Hrsg.), *Selbstkonzept-Forschung: Probleme, Befunde, Perspektiven* (S. 221-235). Stuttgart: Klett.

Möller, J. (in Druck). Soziale, fachbezogene und temporale Vergleichsprozesse bei der Beurteilung schulischer Leistungen: ‚Paradoxe' Wirkungsannahmen zu Lob und Tadel. *Zeitschrift für Entwicklungspsychologie und Pädagogische Psychologie*.

Möller, J. & Jerusalem, M. (1997). Attributionsforschung in der Schule. *Zeitschrift für Pädagogische Psychologie*, 11, 39-51.

Möller, J. & Köller, O. (1997). *Kontexteffekte in Berichtszeugnissen. Psychologie in Erziehung und Unterricht*, 44, 168-179.

Möller, J., Köller, 0. (in Druck). Schulische Leistung, soziale und dimensionale Vergleiche und das Selbstkonzept der Begabung. *Zeitschrift für Entwicklungspsychologie und Pädagogische Psychologie*.

Rheinberg, F. & Weich, K.W. (1988). Wie gefährlich ist Lob? Eine Untersuchung zum "paradoxen Effekt" von Lehrersanktionen. *Zeitschrift für Pädagogische Psychologie*, 2, 227-233.

Ruble, D.N. & Flett, G.L. (1988). Conflicting goals in self-evaluative information seeking: Developmental and ability level analysis. *Child Development*, 59, 97-106.

Ruble, D.N. & Frey, K.S. (1991). Changing patterns of comparative behavior as skills are acquired: A functional model of self-evaluation. In J. Suls & T.A. Wills (Eds.), *Social comparison. Contemporary Theory and Research* (pp. 79-113). Hillsdale, NJ: Erlbaum.

Schwarzer, R. & Jerusalem, M. (1982). Soziale Vergleichsprozesse im Bildungswesen. In F. Rheinberg (Hrsg.), *Bezugsnormen zur Schulleistungsbewertung: Analyse und Intervention* (S. 39-63). Düsseldorf: Schwann.

Schwarzer, R. & Schwarzer, C. (1982). Test anxiety with respect to school reference groups. In R. Schwarzer, H.M. Ploeg & C.D. Spielberger (Eds.), *Advances in test anxiety research*, (Vol. 1, pp. 95-104). Lisse: Swets and Zeitlinger.

Sedikides, C. & Strube, M.J. (1997). Self-evaluation: To thine own self be good, to thine own self be sure, to thine own self be true, and to thine own self be better. Advances in Experimental *Social Psychology*, 29, 209-269.

Skaalvik, E.M., Rankin, R.J. (1990). Math, verbal, and general academic self-concept: The internal/external frame of reference model and gender differences in self-concept structure. *Journal of Educational Psychology*, 82, 546-554.

Skaalvik, E.M. & Rankin, R.J. (1992). Math and verbal achievement and self-concepts: Testing the internal/external frame of reference model. *Journal of Early Adolescence*, 12, 267-279.

Skaalvik, E.M. & Rankin, R.J. (1995). A test of the internal/external frame of reference model at different levels of math and verbal self-perception. *American Educational Research Journal*, 32, 161-184.

Tay, M.P., Licht, B.G. & Tate, R.L. (1995). The internal/external frame of reference in adolescents' math and verbal self-concepts: A generalization study. *Contemporary Educational Psychology*, 20, 392-402.

Wagner, J.W.L. (1990). Soziale Vergleiche bei Kindern - Ein Literaturüberblick. In M. Pritzel & R. van Quekelberghe (Hrsg.), *Landauer Studien zur Psychologie: Von der Grundlagenforschung zur Anwendung* (S. 175-214). Heidelberg: Asanger.

Wagner, J.W.L. (1996). *Soziale Vergleiche und Fähigkeitseinschätzungen. Landau:* Habilitationsschrift.

Williams, J.E. & Montgomery, D. (1995). Using frame of reference theory to understand the self-concept of academically able students. *Journal for the Education of the Gifted*, 18, 400-409.

Wood, J.V. (1989). Theory and research concerning social comparisons of personal attributes. *Psychological Bulletin*, 106, 231-248.

Der Einfluß impliziter Theorien von Grundschullehrkräften zur Modifizierbarkeit der mathematischen Intelligenz auf ihre Wahrnehmung von Geschlechtsunterschieden

Albert Ziegler

1 Problemstellung

Ein gesellschaftlich virulentes und in der pädagogisch-psychologischen Fachliteratur intensiv diskutiertes Thema ist die Tatsache, daß Mädchen und Frauen in mathematisch-naturwissenschaftlichen und technischen Ausbildungsbereichen unterrepräsentiert sind. Umstritten ist jedoch, wann sich diese Leistungs- und Neigungsdifferenzen erstmals zeigen und wie sie zu erklären sind.
In einigen Untersuchungen wurden sie erst ab der Pubertät festgestellt (z.B. Faber, 1992; Hannover & Bettge, 1993), während andere Studien schon in der Vor- und Grundschulzeit von einer Überlegenheit der Jungen berichten (Stern, 1997). Teilweise wurden auch spezifische Stärken der Geschlechter ausgemacht; beispielsweise berichten Stage und Kreinberg (1985), daß Jungen im Grundschulalter im mathematischen Problemlösen Mädchen überlegen waren, diese dagegen rechenmethodisch besser abschnitten. Die Lage verkompliziert sich weiter, wenn Zuschreibungsprozesse berücksichtigt werden. So fanden Eccles [Parson], Adler und Meece (1984), daß die Mathematikleistungen von Mädchen und Jungen gleich waren, sich aber die Mädchen dennoch schlechter einschätzten als die Jungen. Andererseits fanden Ziegler und Schober (1996), daß Mädchen und Jungen vergleichbare Grundschulzensuren erhielten, obwohl Jungen in einem objektiven Schulleistungstest bessere Mathematikkenntnisse demonstrierten.
Genauso kontrovers wie die Frage, *wann* sich erstmals Leistungs- und Neigungsunterschiede ausmachen lassen, wird das *Warum* der Geschlechtsunterschiede diskutiert. Traditionelle Erklärungsansätze betonen unterschiedliche Begabungen (vgl. Benbow & Lubinski, 1993; Stanley, 1993), die aber aus zumindest drei Gründen unplausibel sind:

(1) Die Überlappungen zwischen Jungen und Mädchen sind zu groß, als daß (allenfalls geringe) Begabungsunterschiede die enormen Leistungsunterschiede erklären könnten (vgl. auch Hannover & Bettge, 1993).

(2) Geschlechtsunterschiede lassen sich auch dann noch nachweisen, wenn die Begabungsvariable konstant gehalten wird (vgl. Ziegler, Heller & Broome, 1996).

(3) In den letzten Jahrzehnten haben sich die Leistungsunterschiede von Jungen und Mädchen - mutmaßlich aufgrund konvergierender Sozialisations-erfahrungen - zunehmend verringert (z.B. Korte, 1992).

Insbesondere das letzte Argument läßt die traditionellen Begabungsansätze obsolet erscheinen und regte eine verstärkte Suche nach Sozialisationsfaktoren an, die zu den Geschlechtsdiskrepanzen beitragen. Das Forschungsinteresse konzentrierte sich dabei recht schnell auf differentielle Vorerfahrungen der Geschlechter (z. B. Hannover, 1992; Hannover, Scholz & Laabs, 1992) und auf gesellschaftlich geteilte Rollenstereotype, die signifikante Bezugspersonen wie Eltern (vgl. Ziegler & Schober, 1996) oder Lehrkräfte (vgl. Ziegler, Heller & Kuhn, in Druck) an Mädchen und Jungen weitergeben.

2 Untersuchungsanliegen

In dieser Arbeit wird auf mögliche geschlechtsspezifische Theorien von Grundschullehrkräften fokussiert, wobei - gegebenfalls - versucht werden soll, einen Ansatzpunkt zu einer Veränderung ihrer Theorien zu finden. Konkret werden zwei Forschungsanliegen verfolgt:

(1) Aus einer deskriptiven Perspektive wird erfaßt, ob und gegebenenfalls in welchem Ausmaß Grundschullehrkräfte Theorien über Geschlechtsunterschiede im Schulfach Mathematik haben.

(2) Mit Hilfe eines Extremgruppenvergleichs soll untersucht werden, ob sich Lehrkräfte, die eine Modifizierbarkeitstheorie der mathematischen Intelligenz sensu Dweck (1989; 1996) vertreten, in der Wahrnehmung (vermeintlicher) Geschlechtsunterschiede von Lehrkräften unterscheiden, die eine Entitätstheorie der mathematischen Intelligenz vertreten.[1]

Um diese zweite Forschungsfrage verständlich zu machen, soll das Konstrukt der impliziten Persönlichkeitstheorie der Intelligenz von Dweck skizziert werden.

---

[1] Für die folgende Argumentation ist es völlig unerheblich, ob Geschlechtsunterschiede in der Mathematik tatsächlich vorliegen. Entscheidend ist allein, ob Lehrkräfte solche wahrnehmen.

In Leistungskontexten unterscheidet Dweck (1989; 1996; Dweck, Chiu & Hong, 1995) zwei einander entgegengesetzte (domänspezifische) implizite Theorien der Intelligenz: eine steigerbare ("incremental") bzw. modifizierbare Intelligenz und eine wesenhafte ("entity") bzw. nicht-modifizierbare Intelligenz. Diese impliziten Theorien der Intelligenz (bzw. genauer: über deren Veränderbarkeit) sind als individuelle Realitätskonstruktionen zu verstehen: Sie begünstigen bestimmte Interpretationen und Verhaltensweisen im Kontext von Leistungssituationen und hemmen andere, indem sie wie ein Filter dafür verantwortlich sind, welche Informationen über sich selbst und über die Umwelt aufgenommen bzw. wie diese verarbeitet werden.

Implizite Theorien der eigenen Intelligenz beeinflussen verschiedene Facetten schulischen Leistungshandelns (z.B. Henderson & Dweck, 1990; Hong & Dweck, 1992; Zhao & Dweck, 1994). Von besonderem Interesse ist dabei, daß ModifizierbarkeitstheoretikerInnen mehr konstruktive Versuche unternehmen zu ergründen, was die Ursachen ihrer Mißerfolge gewesen sein könnten, da sie in Leistungskontexten generell stärker auf Prozeßvariablen fokussieren. EntitätstheoretikerInnen dagegen tendieren dazu, die Wirklichkeit in Form von stabilen Kategorien zu klassifizieren, z.B. stabilen Personenvariablen, wobei sie insbesondere auf Vorurteile und Stereotype zurückgreifen.

Übertragen auf den vorliegenden Forschungszusammenhang könnte dies bedeuten, daß EntitätstheoretikerInnen unter den Grundschullehrkräften stärker (vermeintliche) Geschlechtsunterschiede wahrnehmen als ModifizierbarkeitstheoretikerInnen, da sie sich bei der Konstruktion der von ihnen angestrebten stabilen Sichtweise der Realität stärker des Geschlechtsstereotyps bedienen. Da ModifizierbarkeitstheoretikerInnen stärker auf Prozesse statt auf stabile Personenmerkmale fokussieren, sollten sie hingegen weniger 'anfällig' gegen geschlechtsgebundene gesellschaftliche Vorurteile sein.

Diese differentielle Anfälligkeit der Lehrkräfte in Abhängigkeit von ihrer impliziten Intelligenztheorie wird in der vorliegenden Arbeit in Form von drei Hypothesen untersucht:

(1) Vielfältige Forschungsergebnisse belegen, daß Mädchen und Frauen u.a. ein niedrigeres mathematisches Fähigkeitsselbstkonzept und geringeres Mathematikinteresse aufweisen, höhere Mathematikängste bekunden und häufiger in der Mathematik hilflos sind (zusammenfassend Beerman et al., 1992; Heller & Ziegler, 1996). Auf der Basis von Dwecks Theorie ist nun zu erwarten, daß EntitätstheoretikerInnen solche Geschlechtsunterschiede aufgrund einer stereotypgesteuerten *Wahrnehmung* akzentuierter wahrnehmen als ModifizierbarkeitstheoretikerInnen.

(2) Die *Theorien* über Geschlechtsunterschiede in der Mathematik von Lehrkräften, die eine Entitätstheorie vs. eine Modifizierbarkeitstheorie vertreten, sind *konservativ* am Geschlechtsstereotyp orientiert, wonach Mädchen bzw. Frauen für die Mathematik insgesamt weniger geeignet sind als Jungen bzw. Männer.

(3) Da EntitätstheoretikerInnen nach Dweck generell zu einer stabilen, vorurteilsgesteuerten Sichtweise ihrer Umgebung neigen (Dweck et al., 1995), sollten sie den Geschlechtsunterschieden eine größere Konstanz zuschreiben. Konkret auf die vorliegende Studie bezogen bedeutet dies, daß sie im Vergleich zu VertreterInnen einer Modifizierbarkeitstheorie die *Stabilität* der Ursachen der Geschlechtsunterschiede in der Mathematik als höher einschätzen und pessimistischer im Hinblick auf Interventionsmöglichkeiten sind.

Diese drei Hypothesen werden im folgenden als Perzeptions-, Konservatismus- und Stabilitätshypothese adressiert.

3 Methode

Das Anliegen der Untersuchung war die Überprüfung der drei genannten Hypothesen mittels einer Befragungsstudie, die mit Grundschullehrkräften durchgeführt wurde.

3.1 UntersuchungsteilnehmerInnen

An der Studie nahmen 115 Grundschullehrkräfte aus Bayern und Hessen teil. Von den Lehrkräften waren 39 männlich und 76 weiblich, was die Überpräsentation von Frauen in diesem Berufsfeld widerspiegelt. Das durchschnittliche Dienstalter betrug 18.07 (S=9.48) Jahre.

3.2 Durchführung

Die Untersuchung erfolgte mittels eines einheitlichen Fragebogens. Insgesamt wurden 192 Fragebögen an insgesamt 48 Schulen verteilt bzw. versandt. Die Rücklaufquote war mit 115 ausgefüllten Fragebögen insgesamt noch zufriedenstellend.

3.3 Untersuchungsmaterial

3.3.1 Erfassung der unabhängigen Variable

Implizite Persönlichkeitstheorie für Mathematik. Die Originalskala von Dweck und Henderson (1988) wurde mathematik-domänspezifisch für die Zielgruppen der Mädchen und der Jungen umformuliert. So lautete beispielsweise das Item 3 "Ein Mädchen kann zwar neue Dinge lernen, doch daran, wie begabt es für die Mathematik ist, kann es eigentlich nichts ändern" (Original: "You can learn new things, but you can't really change your basic intelligence"). Das Cronbach alpha für die beiden Skalen betrug jeweils .84.

3.3.2 Erfassung der abhängigen Variablen

Die Perzeptionshypothese bezieht sich auf die Wahrnehmung von Geschlechtsunterschieden bezüglich der Mathematik in der von den Lehrkräften unterrichteten Klasse. Dazu wurden domänenbezogen die Variablen Hilflosigkeit, Fähigkeitsselbstkonzept, Angst und Interesse erhoben.
Die Lehrkräfte sollten bei sieben Items entscheiden, ob Aussagen, die inhaltlich die Hilflosigkeit gegenüber dem Fach Mathematik widerspiegelten, eher für Jungen oder Mädchen gleichermaßen für beide Geschlechter zutreffen. Inhaltlich waren die sieben Aussagen einigen geeigneten Items des HiS (Breitkopf, 1985) angelehnt. Cronbachs alpha betrug .79. Das den SchülerInnen zugeschriebene mathematische Fähigkeitsselbstkonzept wurde mit sieben für die Untersuchung adaptierten Items des FSK 4-6 (Wagner, 1977) gemessen. Nach Entfernung eines Items aus der Skala ergab sich ein Cronbach alpha von .73. Durch jeweils ein Item wurde erfaßt, ob Mädchen und Jungen nach Meinung der Grundschullehrkräfte unterschiedliche Mathematikinteressen und Mathematikangst aufweisen.
Die geschilderten Maße wurden mit Hilfe von fünfstufigen, bipolaren Ratingskalen erhoben. Die Lehrkräfte sollten stets entscheiden, ob eine Aussage eher für die Mädchen oder die Jungen zutrifft. Die Pole lauteten: "Trifft eher für die Jungen meiner Klasse zu" bzw. "Trifft eher für die Mädchen meiner Klasse zu". Ein mittlerer Skalenwert zeigt Indifferenz an, ein niedriger Skalenwert besagt, daß das Merkmal eher den Mädchen, ein hoher Skalenwert, daß das Merkmal eher den Jungen zugeschrieben wird.
Die Erhebung verbaler Daten zur Erfassung eines geschlechtsgebundenen Konservatismus (vgl. Ziegler, Broome & Heller, in press) in der Mathematik ist aufgrund der Tendenz zu sozial erwünschten Antworten nicht leicht. Zur Über-

prüfung der Konservatismushypothese wurden deshalb drei verschiedene Indikatoren verwendet. Bei der Beantwortung einer offenen Frage konnten die Lehrkräfte ihre persönliche Erklärung für eventuelle geschlechtsspezifische Leistungsunterschiede darlegen. Kodiert wurde die Nennhäufigkeit kognitiver Begabungsunterschiede. Durch ein weiteres Item wurde erfaßt, wie hoch die Lehrkräfte den Prozentsatz von Jungen unter den für die Mathematik begabten SchülerInnen einschätzten. Ferner war eine Sortieraufgabe zweimal durchzuführen: Die Lehrkräfte sollten Studienfächer in eine Rangfolge nach ihrer Geeignetheit jeweils für Jungen bzw. für Mädchen bringen. Die Studienfächer lauteten: Lehramt Grundschule, Mathematik, Jura, Lehramt Gymnasium, Chemie, Maschinenbau, Medizin und BWL. Eine Leerzeile bot den Lehrkräften die Möglichkeit, ein nicht genanntes Studienfach hinzuzufügen. In den Auswertungen werden die im Mittelpunkt dieser Arbeit stehende Mathematik sowie das typische Frauen- (Lehramt Grundschule) bzw. typische Männerstudienfach (Maschinenbau) berücksichtigt (vgl. Ziegler et al., im Druck).
Die wahrgenommene Stabilität der Geschlechtsunterschiede in den Theorien der Grundschullehrkräfte wurde indikatorisiert durch (1) die Stabilitätsdimension ihrer Erfolgs- und Mißerfolgsattributionen von Mädchenleistungen, (2) wie hoch sie ihren Erziehungseinfluß auf die mathematische Intelligenz der Mädchen einschätzten und (3) ob Mädchen und Jungen nach ihrer Auffassung den gleichen Lernaufwand für die Mathematik betreiben müssen. Bei der Abschätzung des Attribuierungsverhaltens sollten sich die Lehrkräfte eine typische Situation vorstellen, in der ein durchschnittliches Mädchen ihrer Klasse (a) eine schlechte oder (b) eine gute Leistung in der Mathematik erbringt, und sollten den wichtigsten Grund dafür angeben. Die vorgegebenen Gründe entsprachen den Attribuierungsdimensionen von Weiner et al. (1971). Für die Zwecke der vorliegenden Studie ist unter Vernachlässigung der Lokalitätsdimension lediglich von Interesse, ob eine Lehrkraft einen stabilen Grund angibt. Die beiden Einzelitems bezogen sich auf den Erziehungseinfluß ("Wie groß schätzen Sie Ihre Einflußmöglichkeit als Lehrkraft zur Verbesserung der mathematischen Intelligenz Ihrer Schüler/innen ein?"; Pole: Hoch, gering) sowie den erforderlichen Lernaufwand ("Müssen Mädchen in der Mathematik einen höheren Lernaufwand investieren, um gleiche Leistungen wie Jungen zu erzielen?"; Pole: Ja, nein).

4 Resultate

Zuerst sei festgehalten, daß keine systematischen Unterschiede zwischen Lehrerinnen und Lehrern festgestellt werden konnten. Die beiden einzigen Unterschiede traten bei der Sortieraufgabe auf, standen jedoch in keinem Zusammenhang mit der Untersuchungsfrage. Im folgenden werden deshalb ihre Ergebnisse zusammengefaßt dargestellt.

4.1 Implizite Persönlichkeitstheorie zur Modifizierbarkeit dermathematischen Intelligenz

Die in Tabelle 1 festgehaltenen Mittelwerte der impliziten Persönlichkeitstheorien der Lehrkräfte bezüglich der Modifizierbarkeit der mathematischen Begabung ihrer SchülerInnen belegen, daß die meisten Lehrkräfte eine Entitätstheorie vertreten, d.h. die mathematische Intelligenz als ein unveränderliches Merkmal ihrer SchülerInnen annehmen. Die Modifizierbarkeit der mathematischen Intelligenz von Mädchen und Jungen wird gleich wahrgenommen, was bislang noch nicht untersucht worden war.

Tabelle 1: Mittelwerte und Standardabweichungen der impliziten Persönlichkeitstheorien der Grundschullehrkräfte bezüglich der Veränderbarkeit der mathematischen Intelligenz ihrer SchülerInnen, aufgeschlüsselt nach dem Geschlecht der Grundschullehrkräfte und dem Geschlecht der SchülerInnen

	Grundschullehrerinnen	Grundschullehrer
Mädchen	1.82 (.67)	1.83 (.64)
Jungen	1.81 (.70)	1.80 (.77)

Anmerkung: *Min*=1 (Entitätstheorie), *Max*=5 (Modifizierbarkeitstheorie).

Im folgenden wird die Gruppe der Grundschullehrkräfte anhand ihrer Werte bei der Einschätzung der Modifizierbarkeit der Intelligenz der Mädchen trichotomisiert. Verglichen werden die beiden Extremgruppen, die die Intelligenz ihrer Schülerinnen am flexibelsten (N=40) und am stabilsten (N=39) einschätzten. Die LehrerInnen mit der stabileren Sichtweise können anhand Ihres Skalenmittelwerts tatsächlich als EntitätstheoretikerInnen bezeichnet werden (M=1.07, S=.30). Dagegen handelt es sich bei den bezüglich ihrer Intelligenztheorie flexibleren Lehrkräften keineswegs um ModifizierbarkeitstheoretikerInnen (M=2.57, S=.28). Hier fordern Dweck, Chiu und Hong (1995) mindestens einen durchschnittlichen Skalenwert von 4. Im folgenden werden diese beiden Extremgruppen deshalb als extreme und moderate EntitätstheoretikerInnen bezeichnet.

4.1 Perzeptionshypothese

Tabelle 2 ist zu entnehmen, daß extreme EntitätstheoretikerInnen stärker als moderate EntitätstheoretikerInnen Geschlechtsunterschiede verzerrt in Richtung des Geschlechtsstereotyps wahrnehmen, d.h., sie schreiben eher Jungen ein hohes mathematisches Fähigkeitsselbstkonzept und ein hohes Mathematikinteresse zu, beobachten dagegen eher bei Mädchen eine hohe Mathematikangst und eine hohe Hilflosigkeit. Diese Unterschiede sind mit Hilfe von t-Tests statistisch abzusichern (Mathematisches Fähigkeitsselbstkonzept: $t(77)=2.71$, $p<.01$; Mathematikinteresse: $t(77)=2.15$, $p<.05$; Mathematikangst: $t(77)=2.40$, $p<.01$; Hilflosigkeit: $t(77)=2.25$, $p<.05$).

Tabelle 2:Mittelwerte und Standardabweichungen des von den Grundschullehrkräften zugeschriebenen Fähigkeitsselbstkonzepts und Mathematikinteresses, der Mathematikangst und der Hilflosigkeit (*Min*=1, *Max*=5; ein hoher Wert bedeutet, daß die Lehrkräfte das betreffende Konstrukt eher den Mädchen zuordnen, der Wert 3.00 markiert eine indifferente Haltung)

Entitätstheorie	Extrem	Moderat
Hohes mathematisches Fähigkeitsselbstkonzept	2.02 (.56)	2.37 (.59)
Mathematikinteresse	2.80 (1.11)	3.31 (.97)
Hohe Mathematikangst	3.74 (.97)	3.32 (.52)
Hohe Hilflosigkeit	3.65 (.82)	3.27 (.64)

4.3 Konservatismushypothese

Die in Tabelle 3 festgehaltenen Resultate belegen, daß die extremen EntitätstheoretikerInnen erwartungsgemäß den Anteil der Jungen unter den mathematikbegabten Schülern signifikant höher einschätzen als die moderaten EntitätstheoretikerInnen ($t(77)=3.46$, $p<0.001$). Während letztere die Anteile von Mädchen und Jungen etwa gleich verteilt sehen, sind nach Meinung ersterer unter zehn begabten Mathematikschülern sechs Jungen und nur vier Mädchen.

Tabelle 3: Mittelwerte und Standardabweichungen des von den Grundschullehrkräften angegebenen Prozentsatzes der Jungen unter den für die Mathematik begabten SchülerInnenn, der Nennung kognitiver Begabungsunterschiede als Grund für die bestehenden Geschlechtsdifferenzen in der Mathematik (Häufigkeiten) sowie der Rangplätze der Studienfachempfehlungen (*Min*=1, *Max*=8; ein niedriger Wert bedeutet, daß die Lehrkräfte das betreffende Fach empfehlen)

Entitätstheorie	Extrem	Moderat
Jungenanteil an mathematikbegabten Schülern	58.4% (9.1)	49.5% (11.6)
Nennung kognitiver Begabungsunterschiede	1.97 (.16)	1.65 (.48)
	Durchschnittlicher Rangplatz der Laufbahnempfehlung	
Grundschulpädagogik-Mädchen	1.17 (1.23)	1.36 (2.08)
Grundschulpädagogik-Jungen	5.70 (3.41)	3.74 (3.69)
Mathematik-Mädchen	4.48 (3.06)	3.10 (2.80)
Mathematik-Jungen	3.18 (3.03)	3.43 (2.44)
Maschinenbau-Mädchen	5.58 (3.53)	3.92 (3.84)
Maschinenbau-Jungen	1.57 (1.76)	1.62 (2.09)

Extreme EntitätstheoretikerInnen nannten als Gründe für die bestehenden Geschlechtsunterschiede in der Mathematik durchschnittlich mehr kognitive Begabungsvariablen ($t(77)=3.98$, $p<0.001$). Unter anderem führten sie verschiedene Funktionsweisen der Gehirnhemisphären an, Unterschiede im logischen Denken, in den Denkstrategien und im räumlichen Vorstellungsvermögen sowie die angeblich langsamere mathematische Auffassungsgabe der Mädchen.
Die Laufbahnempfehlungen sind ein eher indirektes Maß eines geschlechtsgebundenen Konservatismus. In Tabelle 3 sind sie getrennt für Mädchen und Jungen für die Mathematik und jeweils ein typisches Mädchen- bzw. Jungenfach (Ziegler et al., im Druck) aufgeführt.
Beide Lehrkraftgruppen schätzen konsistent mit dem Geschlechtsstereotyp Grundschulpädagogik als geeigneter für die Mädchen als für die Jungen ein (ex-

treme EntitätstheoretikerInnen $t(76)=9.69$, $p<0.01$; moderate EntitätstheoretikerInnen $t(76)=3.90$, $p<0.01$) und Maschinenbau als geeigneter für die Jungen als für die Mädchen ein (extreme EntitätstheoretikerInnen $t(76)=-8.15$, $p<0.01$; moderate EntitätstheoretikerInnen $t(76)=-4.40$, $p<0.01$). Moderate EntitätstheoretikerInnen geben aber häufiger geschlechtsstereotypkonträre Laufbahnempfehlungen, d.h. Maschinenbau für Mädchen ($t(77)=1.99$, $p<0.05$) und Grundschulpädagogik für Jungen ($t(77)=2.45$, $p<0.01$). Die beiden LehrerInnengruppen unterschieden sich nicht in ihrer Laufbahnempfehlung für die Mathematik bei Jungen, doch moderate EntitätstheoretikerInnen würden Mädchen eher die Mathematik empfehlen als extreme EntitätstheoretikerInnen ($t(77)=3.08$, $p<0.05$).

4.4 Stabilitätshypothese

Tabelle 4 ist zu entnehmen, daß extreme EntitätstheoretikerInnen im Vergleich zu moderaten EntitätstheoretikerInnen Erfolge ($t(77)=1.82$, $p<0.05$) sowie Mißerfolge ($t(77)=3.88$, $p<0.001$) stabiler attribuieren. Sie schätzen ihren Erziehungseinfluß auf die mathematische Begabung ihrer Schülerinnen als geringer ein ($t(77)=2.45$, $p<0.01$) und glauben, daß Mädchen einen höheren Lernaufwand als Jungen betreiben müssen ($t(77)=2.32$, $p<0.05$).

Tabelle 4: Mittelwerte und Standardabweichungen wahrgenommener Stabilität von Attributionen, des Erziehungseinflusses von Grundschullehrkräften sowie des erforderlichen Lernaufwands für Mädchen und Jungen (*Min*=1, *Max*=5; ein hoher Wert indikatorisiert eine hohe Stabilität bzw. hohen Erziehungseinfluß bzw. hohen erforderlichen Lernaufwand der Mädchen), aufgeschlüsselt nach impliziter Intelligenztheorie der Grundschullehrkräfte

Entitätstheorie	Extrem	Moderat
Attribution-Erfolg	3.13 (.47)	2.92 (.52)
Attribution-Mißerfolg	3.47 (.66)	2.93 (.60)
Erziehungseinfluß	2.10 (1.07)	2.70 (1.10)
Lernaufwand	3.18 (.61)	2.87 (.57)

5 Zusammenfassung und Diskussion

In der Grundschule lassen sich noch nicht generell geschlechtsgebundene Leistungsunterschiede im Fach Mathematik nachweisen (Hannover & Bettge, 1993; Faber, 1992). Grundschullehrkräfte können aber in ihrem Umgang mit den SchülerInnen durchaus Einstellungen, Überzeugungssysteme und maladaptive Copingstile vermitteln, die vor allem in Kontexten mit verschärften Leistungserwartungen bedeutsam werden (Dweck & Henderson, 1988).

Die Resultate der Befragungsstudie belegen, daß die meisten Grundschullehrkräfte eine Entitätstheorie vertreten, d.h., sie schätzen die mathematische Intelligenz ihrer SchülerInnen als stabil und unveränderlich ein. Dies konstrastiert mit Selbsteinschätzungen von Erwachsenen (Dweck et al., 1995) oder SchülerInnen (Ziegler et al., 1996), bei denen die beiden Sichtweisen ungefähr gleich häufig auftreten.

Im Denken der Grundschullehrkräfte spielt die Geschlechtsvariable bezüglich des Faches Mathematik eine wichtige Rolle. Obwohl diese Tendenz bei extremen EntitätstheoretikerInnen stärker ausgeprägt war, waren auch die moderaten EntitätstheoretikerInnen nicht frei davon. Beispielsweise gaben sie dem Geschlechtsstereotyp entsprechende Laufbahnempfehlungen oder nannten bei der Beantwortung der offenen Frage nach möglichen Ursachen der Geschlechtsdifferenzen auch kognitive Begabungsunterschiede.

Andererseits belegen die Resultate der Befragungsstudie eindeutig, daß für die moderaten EntitätstheoretikerInnen im Vergleich zu den extremen die Geschlechtsvariable weniger bedeutsam ist. Letztere nehmen Geschlechtsunterschiede deutlich akzentuierter wahr und schätzen sie stabiler ein. Insbesondere vertreten sie konservativere Überzeugungen.[2]

Welche Implikationen haben diese Resultate für die Pädagogische Psychologie? Die Veränderung verwurzelter Einstellungen ist bekanntermaßen schwierig, insbesondere wenn sie gesellschaftlich geteilt sind (Ajzen, 1996). Insofern ist nicht erwartbar, daß Grundschullehrkräfte durch einfache Aufklärung davon überzeugt werden können, daß Mädchen (1) über die gleichen Leistungsvoraussetzungen für die Mathematik verfügen wie die Jungen, und (2) daß es ihnen vor allem ihre Umwelt erschwert, ihr mathematisches Leistungspotential voll auszuschöpfen.

---

[2] Es könnte nun argumentiert werden, daß sämtliche zwischen den verschiedenen LehrerInnengruppen beobachteten Unterschiede durch generell konservativere Überzeugungen der EntitätstheoretikerInnen bedingt sind. Gegen diese Annahme sprechen jedoch Befunde von Dweck (z.B. Dweck et al., 1995), nach denen EntitätstheoretikerInnen nicht generell konservativer, sondern nur an stabileren Kategorisierungen ihrer Umwelt interessiert sind als ModifizierbarkeitstheoretikerInnen.

Andererseits weisen viele Studien darauf hin, daß die implizite Persönlichkeitstheorie über die Modifizierbarkeit der Intelligenz leicht veränderbar ist (Dweck, 1996; Dweck et al., 1995). Dieser Befund bietet einen hochinteressanten Ansatzpunkt zum Abbau des Geschlechtsstereotyps bei Lehrkräften: Anstatt direkt das bei vielen Grundschullehrkräften verkrustete Rollenstereotyp zu ändern, ließe sich leichter die implizite Persönlichkeitstheorie der Intelligenz verändern. Weitere Forschungen müssen erweisen, ob diese Interventionsstrategie erfolgreich zur Bekämpfung von Vorurteilen gegenüber der mathematischen Begabung von Mädchen eingesetzt werden kann.

6 Literatur

Ajzen, I. (1996). The directive influence of attitudes on behavior. In P. M. Gollwitzer & J. A. Bargh (Eds.), *The psychology of action: Linking cognition and motivation to behavior* (pp. 385-403). New York: Guilford.

Beerman, L., Heller, K. A. & Menacher, P. (1992). *Mathe: nichts für Mädchen?* Bern: Huber.

Benbow, C. P. & Lubinski, D. (1993). Psychological profiles of the mathematically talented: some sex differences and evidence supporting their biological basis. In G. R. Bock & K. Ackrill (Eds.), *The origins and development of high abilities* (pp. 44-66). Chichester: Wiley.

Breitkopf, L. (1985). Die Hilflosigkeitsskala. *Diagnostika*, 31, 324-332.

Dweck, C. S. (1989). Motivation. In A. Lesgold & R. Glaser (Eds.), *Foundations for a psychology of education* (pp. 89-117). Hillsdale: Erlbaum.

Dweck, C. S. (1996). implicit theories as organizers of goals and behavior. In P. M. Gollwitzer & J. A. Bargh (Eds.), *The psychology of action: Linking cognition and motivation to behavior* (pp. 69-90). New York: Guilford.

Dweck, C. S., Chiu, C. & Hong, Y. (1995). Implicit theories and their role in judgements and reactions: A word from two perspectives. *Psychological Inquiry, 4*, 267-285.

Dweck, C. S. & Henderson, V. L. (1988). *Theories of intelligence: Background and measures.* Champaign-Urbana: University of Illinois (unpublished manuscript).

Eccles [Parsons], J.S, Adler, T. & Meece, J.L. (1984). Sex differences in achievement: A test of alternate theories. *Journal of Personality and Social Psychology, 46*, 26-43.

Faber, G. (1992). Bereichsspezifische Beziehungen zwischen leistungsthematischen Schülerselbstkonzepten und Schulleistungen. *Zeitschrift für Entwicklungspsychologie und Pädagogische Psychologie, 24*, 66-82.

Hannover, B. (1992). Mädchen in geschlechsuntypischen Berufen. Eine quasiexperimentelle Studie zur Förderung des Interesses Jugendlicher an Naturwissenschaften und Technik. *Zeitschrift für Sozialpsychologie, 23*, 36-45.

Hannover, B. & Bettge, S. (1993). *Mädchen und Technik*. Göttingen: Hogrefe.

Hannover, B., Scholz, P. & Laabs, H.-J. (1992). Technikerfahrung und mathematisch-naturwissenschaftliche Interessen bei Mädchen und Jungen. Ein Vergleich zwischen Jugendlichen aus den alten und den neuen Bundeslaendern. *Zeitschrift fuer Entwicklungspsychologie und Pädagogische Psychologie, 24*, 115-128.

Heller, K. A. & Ziegler, A. (1996). Gender differences in mathematics and the natural sciences: Can attributional retraining improve the performance of gifted females? *Gifted Child Quarterly, 40*, 200-210.

Henderson, V.L., & Dweck, C.S. (1990). Motivation and Achievement. In S. Feldman, & G. Elliott (Eds*.), At the threshold. The developing adolescent* (pp. 135-152). Cambridge: Harvard University Press.

Hong, Y. & Dweck, C.S. (1992, June). *Implicit theories as predictors of self-inference processes*. Paper presented at the annual convention of the American Psychological Society, San Diego.

Korte, D. (1992). *Gender differences in science achievement in 10 countries*. Frankfurt/Main: Lang.

Stage, E. K., & Kreinberg, N. (1985). Increasing the participation and achievement of girls and women in mathematics, science, and engineering. In S. Klein (Ed.), *Handbook for achieving sex equity through* education (pp. 2-60). Baltimore: The John Hopkins University Press.

Stanley, J.C. (1993). Boys and girls who reason well mathematically. In G.R. Bock & K. Ackrill (Eds.), *The origins and devolopment of high ability* (pp. 119-138). Chichester: Wiley.

Stern, E. (1997). Mathematik. In F. E. Weinert (Hrsg.), *Enzyklopädie des Unterrichts und der Schule. Pädagogische Psychologie Band 3*. Göttingen: Hogrefe.

Wagner, J. W. L. (1977). *Fragebogen zum Selbstkonzept für 4.-6. Klassen, FSK 4-6, im Landauer Bildungs-Beratungs-System*. Weinheim: Beltz.

Weiner, B., Frieze, I., Kukla, A, Reed, L., Rest, S. & Rosenbaum, R.M. (1971). *Perceiving the causes of success and failure*. New York: Gerneral Learning Press.

Ziegler, A., Heller, K. A. & Broome, P. (1996). Motivational preconditions of gifted and highly gifted girls in physics. *High Ability Studies, 7*, 129-143.

Ziegler, A., Broome, P. & Heller, K.A. (in press). Golem oder Enhancement: Elternkognitionen und das schulische Leistungshandeln ihrer Kinder im Schulfach Physik. *Zeitschrift für Pädagogische Psychologie*.

Ziegler, A., Heller, K. A. & Kuhn, C. (in press). Implizite Theorien von gymnasialen Mathematik- und Physiklehrkräften zu geschlechtsspezifischer Begabung und Motivation. *Psychologische Beiträge*.

Ziegler, A. & Schober, B. (1996). Geschlechtsbezogene Unterschiede in mathematikbezogenen Kognitionen zum Zeitpunkt des Gymnasialeintritts. In K.-P. Treumann, G. Neubauer, R. Möller & J. Abel (Hrsg.), *Methoden und Anwendungen empirischer pädagogischer Forschung* (S. 145-153). Münster: Waxmann.

Zhao, W., & Dweck, C.S. (1994). *Implicit theories and vulnerability to depression-like responses.* Unpublished manuscript, Columbia University.

Vorstellung eines internetgestützten Seminarfeedbacksystems

Markus Sperka & Uwe Schäfer

1 Einleitung und Zielsetzung

Im Rahmen des aktuellen, an Universitäten und Fachhochschulen durchgeführten Aktionsprogramms „Qualität der Lehre" wird der studentischen Evaluation von Lehrveranstaltungen ein hoher Stellenwert eingeräumt: „Die Ergebnisse der studentischen Veranstaltungskritik werden ... eindeutig positiv gewertet. Sie wird als wichtiges Instrument für den Dialog und das Feedback zwischen Lehrenden und Studierenden gesehen" (Ministerium für Wissenschaft und Forschung des Landes Nordrhein-Westfalen, 1997, S.69). Über die bisherigen, mit paper-pencil-Verfahren durchgeführten Evaluationen wurden allerdings auch Kritikpunkte geäußert:

1. Die Institutionalisierung der Veranstaltungsevaluation ist bislang noch nicht flächendeckend gelungen. Lediglich einzelne Universitäten und Fachhochschulen nahmen daran teil.
2. Evaluationen wurden innerhalb eines Semesters nur einmalig durchgeführt. Dadurch war es nicht möglich, Veränderungen festzustellen; die Lehrenden erhielten keine Kontrolle über die Auswirkungen eventueller Veränderungen in der Seminargestaltung während des Semesters.
3. Die üblicherweise verwendeten Einheitsfragebögen wurden den einzelnen Veranstaltungen in den verschiedenen Fachbereichen und den darin vorkommenden unterschiedlichen Anforderungen nicht immer gerecht.
4. Schließlich fehlt ein hochschuldidaktisches Beratungsangebot, das den Lehrenden in seinen Bemühungen unterstützt, Lehrveranstaltungen dem studentischen Bedarf entsprechend zu optimieren.

Aus organisationspsychologischer Sicht läßt sich hier ergänzend anführen, daß Feedback auf das eigene Verhalten eine wichtige informatorische und motivatorische Voraussetzung zur Verhaltensanpassung und gegebenenfalls -änderung bildet. Dies setzt allerdings eine gewisse Regelmäßigkeit und Kontingenz voraus. Rückmeldungen auf die eigenen Handlungen sollten so erfolgen, daß der Betreffende über die Konsequenzen seiner Handlungen möglichst kurzfristig informiert wird und diese gegebenenfalls korrigieren kann.

Ausgehend von dieser Situation wurde ein internetgestütztes Seminarfeedbacksystem (SFS) entwickelt, das es den Studierenden ermöglicht, Lehrveranstaltungen gezielt per Internet zu beurteilen[1]. Statistiken dieser Beurteilungen können vom Lehrenden zu einem beliebigen Zeitpunkt per Internet online abgerufen oder als Datendatei heruntergeladen werden. Die jeweils zeitaktuellen Ergebnisse sind nur dem Lehrenden zugänglich, d.h. eine externe Kontrolle der Lehrqualität ist weder möglich noch erwünscht. Weitere Merkmale des Systems im Vergleich zu bisherigen, schriftlichen Befragungsformen (paper-pencil) sind:

1. Einfacher Zugang durch Studierende und Lehrende per Internet zu jedem beliebigen Zeitpunkt.
2. Vollständig EDV-gestützte Auswertung online oder durch SPSS und damit erheblich verringerter Personal- und Arbeitsaufwand.
3. Veränderungen der studentischen Beurteilungen im Laufe einer Lehrveranstaltung werden sichtbar, der Lehrende erhält eine Kontrolle über die Auswirkungen eventueller Änderungen oder Anpassungen im Lehrstil.
4. Die Auswertung erfolgt vollständig anonym und ist nur durch ein persönliches Paßwort zugänglich.
5. Die Implementierung an anderen Universitäten oder Instituten ist mit geringem Aufwand möglich.

2 Aufbau des Seminarfeedbacksystems

Im folgenden soll der Aufbau des SFS anhand eines konkreten Beispiels verdeutlicht werden.

2.1 Beurteilung der Lehrveranstaltungen

Ausgehend von der Homepage des jeweiligen Lehrenden, Fachbereichs oder Instituts wird der Studierende auf eine Seite geführt, bei der er die Möglichkeit hat, aus einer Reihe von Lehrveranstaltungen diejenige auszuwählen, die er beurteilen möchte. Ein entsprechender Verweis wird dem Dozenten bei Erstellung der Befragung mitgeteilt. Daraufhin wird der folgende Fragebogen präsentiert:

[1] Das System ist zugänglich unter: http://www.fb14.uni-dortmund.de/cgi-bin/Feedback/System

Ich beurteile diese Lehrveranstaltung zum

O ersten mal   O zweiten mal   O wiederholten mal

A) Allgemeine Beurteilung

Wie beurteilen Sie die Lehrveranstaltung insgesamt?

O sehr gut   O gut   O befriedigend   O ausreichend   O mangelhaft

Wie beurteilen sie die Aufbereitung der Lehrinhalte?

O sehr gut   O gut   O befriedigend   O ausreichend   O mangelhaft

Wie beurteilen Sie den Lehrstil des Dozenten?

O sehr gut   O gut   O befriedigend   O ausreichend   O mangelhaft

B) Inhalte und Durchführung der Lehrveranstaltung

Die Lehrziele der Veranstaltung werden hinreichend deutlich.

O zutreffend   O eher zutreffend   O neutral   O eher unzutreffend   O unzutreffend

Die Lehrinhalte werden gut strukturiert und verständlich dargeboten.

O zutreffend   O eher zutreffend   O neutral   O eher unzutreffend   O unzutreffend

Die einzelnen Themenbereiche werden ausführlich genug behandelt.

O zutreffend   O eher zutreffend   O neutral   O eher unzutreffend   O unzutreffend

Der Dozent geht ausreichend auf Fragen und Anregungen ein.

O zutreffend   O eher zutreffend   O neutral   O eher unzutreffend   O unzutreffend

Der Dozent gibt gute Anregungen zur selbständigen Vertiefung einzelner Teilgebiete.

O zutreffend   O eher zutreffend   O neutral   O eher unzutreffend   O unzutreffend

Auch außerhalb der Lehrveranstaltung kann ich den Dozenten bei Fragen gut ansprechen.

O zutreffend   O eher zutreffend   O neutral   O eher unzutreffend   O unzutreffend

Das Verhältnis von Theorie und Praxisbezug ist:

O ausgewogen   O Ich wünsche mir mehr Theorie   O Ich wünsche mir mehr Praxisbezug

Die inhaltlichen Anforderungen die in der Veranstaltung an mich gestellt werden sind:

O ungefähr richtig   O meistens zu hoch   O meistens zu niedrig

C) Kommentare

In der Lehrveranstaltung gefällt mir gut:

1.

2.

In der Lehrveranstaltung gefällt mir nicht:

1.

2.

Die verwendeten Items wurden in einem zweistündigen Workshop gemeinsam mit Studenten des Nebenfach-Studiengangs „Arbeits- und Betriebspsychologie“ an der Universität Gesamthochschule Essen entwickelt; sie können vorläufig nur begrenzt auf andere Fachgebiete verallgemeinert werden. Aus Gründen einer möglichst raschen Beantwortung, wurde auf die übliche Bildung von Skalen mit mehreren Items verzichtet. Eine weitere Datenreduktion mit dem Ziel der Erstellung eines möglichst reliablen und dennoch ökonomischen Instruments bleibt späteren faktorenanalytischen Prüfungen vorbehalten.

Nachdem der Studierende diesen Bogen vollständig ausgefüllt und abgeschickt hat, werden die erfaßten Daten verarbeitet, der Studierende wird zur Homepage des Dozenten zurückgeleitet, und der Vorgang der Beurteilung ist abgeschlossen.

2.2 Auswertung

Es gibt grundsätzlich zwei Möglichkeiten der Auswertung der Daten:

2.2.1 Online-Auswertung

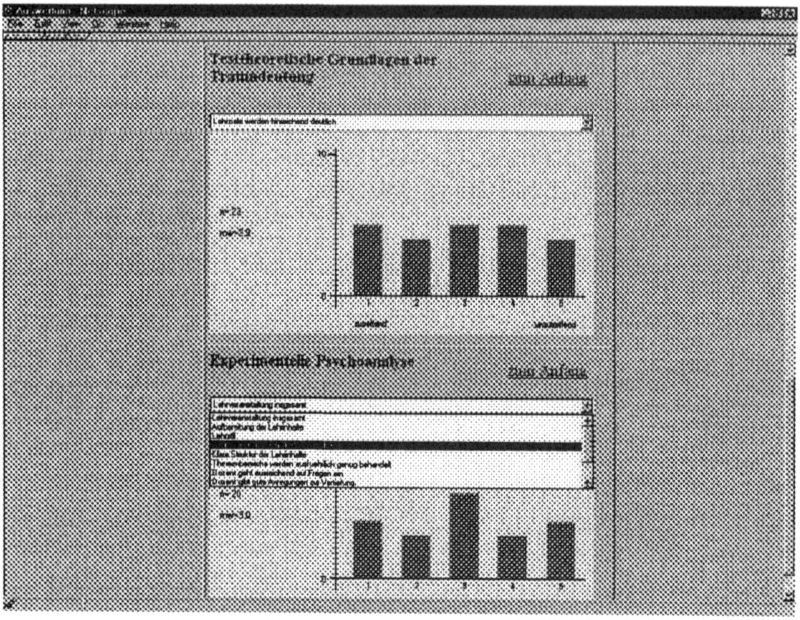

Abbildung 1: Beispiel einer Online-Auswertung. (Technische Einschränkung: Zum Ausführen dieses Java-Teils ist ein Java-fähiger Browser - z.B. Netscape Navigator/Communicator 4.x oder Microsoft InternetExplorer 4.x - erforderlich.)

Die Online-Auswertung der Daten, die die vorherige Eingabe des Zugriffs-Passworts erfordert, basiert auf einem Java-Teil des SFS. Es handelt sich dabei um ein kleines Programm, das zusammen mit den Daten aus dem Internet heruntergeladen und auf dem Rechner des Betrachters ausgeführt wird. Es bietet die Möglichkeit, für jede Befragung die Skalen einzeln auszuwerten und die erfaßten Antworten gemäß ihrer Häufigkeit in einer Balkengrafik darzustellen (siehe Abbildung 1). Weitere Auswertungsformen, die insbesondere dazu dienen sollen, Veränderungen im zeitlichen Verlauf sichtbar zu machen, sind in Vorbereitung. Ferner sollen nach Erarbeitung einer ausreichenden Datenbasis Vergleichswerte angeboten werden.

2.2.2 Auswertung mit Hilfe von SPSS

Selbstverständlich können die Daten auch in Form einer gezippten und verschlüsselten ASCII-Datei heruntergeladen werden, damit sie mit Hilfe von SPSS oder ähnlichen Werkzeugen weiter ausgewertet werden können. Ein Steuerfile für SPSS kann ebenfalls heruntergeladen werden.

2.3 Anmeldung eigener Systeme

Um eigene Seminare im World Wide Web beurteilen zu lassen, kann von Dozenten, die über eine Homepage an ihrer Universität oder Fachhochschule verfügen, eine Befragung im SFS angemeldet werden. Die dazu nötigen Angaben werden auf dem Fragebogen der Anmelde-Seite des Systems eingegeben:

Bitte tragen Sie hier Ihren Namen und ihre Email-Adresse ein:
Ihr Name: (z.B.: **Prof. Dr. Mustermann**)

____

Ihre Emailadresse: (z.B.: **mustermann@uni-musterstadt.de**)

____

Hier benötigen wir die Internet-Adresse (URL) Ihrer Homepage (auf diese Seite wird vom Befragungssystem zurückverwiesen):
Ihre Homepage-URL: (z.B.: **www.uni-musterstadt.de/~mustermann**)
HTTP://____________________

In den folgenden Zeilen fügen Sie bitte den oder die Titel der zu beurteilenden
Lehrveranstaltungen ein:
Lehrveranstaltung 1: ____________________
Lehrveranstaltung 2: ____________________
Lehrveranstaltung 3: ____________________
Lehrveranstaltung 4: ____________________
Lehrveranstaltung 5: ____________________
Lehrveranstaltung 6: ____________________
Lehrveranstaltung 7: ____________________
Lehrveranstaltung 8: ____________________

Sind Sie damit einverstanden, daß Ihre Daten - selbstverständlich anonym – zu Forschungs- und Entwicklungszwecken verwendet werden?
O Ja O Nein

Daraufhin erfolgt die Bitte, ein individuelles Zugangs-Passwort anzugeben, mit dessen Hilfe der Zugriff auf Befragungsergebnisse auf den betreffenden Dozenten beschränkt wird. An ihn wird wenig später eine Email mit einem zweiten Passwort verschickt, welches zur Verschlüsselung der Daten verwendet wird.

2.4 Anonymitäts- und Sicherheitsaspekte

Das Sicherheitskonzept des Systems versucht, bei möglichst einfacher Handhabung eine optimale Datensicherheit zu erreichen. Um zu verhindern, daß Auswertungsdaten in die falschen Hände geraten, werden diese niemals unverschlüsselt durchs Internet versandt. Im Fall des Java-basierten Teils ändern sich sogar sowohl der Schlüssel als auch der Algorithmus ständig. Um sicherzustellen, daß ein Zugangs-Passwort nicht „erraten" werden kann, sollte es lang genug (ab 8 Zeichen) sein. Selbst wenn ein Datendieb direkten Zugriff auf den Server hätte, hätte er immer noch kaum eine Chance, da die Daten selbst dort nur verschlüsselt vorliegen. Es ist derzeit davon auszugehen, daß mit dieser Verfahrensweise ein ausreichender Datenschutz gewährleistet wird.

3 Vorläufige Bewertung und Ausblicke

Das System muß in seiner derzeitigen Form als Prototyp für zukünftige Weiterentwicklungen betrachtet werden, wobei es noch einige Problembereiche festzustellen gilt.

Zunächst kann noch nicht davon ausgegangen werden, daß insbesondere in gesellschaftswissenschaftlichen Fächern die Nutzung des Internets ausreichend verbreitet ist. Damit sind die erhaltenen Rückmeldungen vorläufig zumindest hier kaum repräsentativ für die Gesamtheit der Teilnehmer von Lehrveranstaltungen, sie sind lediglich repräsentativ für engagierte Internetnutzer. Allerdings ist davon auszugehen, daß sich die Situation mit zunehmender Verbreitung der Internetnutzung in wenigen Jahren erheblich ändern wird. Außerdem kommt diesem Problem beim Seminarfeedback ein geringerer Stellenwert zu als beispielsweise im Falle einer externen Evaluation. Bei eventuellen Zweifeln an der Stimmigkeit abgegebener Urteile kann sich ein Dozent problemlos in den Lehrveranstaltungen zusätzliche Rückmeldungen unter den Teilnehmern einholen. Ferner besitzen die abgegebenen Urteile auch eine geringere Tragweite. Wollte ein Studierender einem Dozenten besonders schmeicheln oder ihn besonders nachteilig bewerten, so würde er vor allem dessen Möglichkeiten verschlechtern, seinen Seminaraufbau dem studentischen Bedarf anzupassen. Da die Angaben aber keinen anderen Personen bekannt werden, würde dadurch das Ansehen oder die Beurteilung des Dozenten durch andere völlig unangetastet bleiben.

Bezüglich der Berücksichtigung von Veränderungen wäre es zweifellos wünschenswert, auf multivariate Verfahren zurückgreifen zu können. Hierzu müßten Kodierungen eingeführt werden, mit deren Hilfe die Beurteilungen eindeutig den jeweiligen Beurteilern zugeordnet werden können. Um zu verhindern, daß unter den Studierenden die Befürchtung einer Kontrolle auftaucht, die die Nutzung des System behindern würde, müßte dies eine leicht rekonstruierbare und nur dem Studenten bekannte Kodierung sein, die sich beispielsweise aus Namensinitialen verwandter Personen und Geburtsziffern zusammensetzen könnte. Eine technologisch und organisatorisch aufwendigere Möglichkeit, zusätzlich den Zugang durch Unbefugte zu verhindern, könnte darin bestehen, die Beurteilungen seminarspezifisch durch Codenummern abzuschirmen. Die Codenummern würden einen Algorithmus enthalten, der vom System vor der Nutzungsberechtigung geprüft wird (z.B. fünfstellige Zahl mit Quersumme=7). Über ein Zusatzprogramm könnte der Dozent für jedes Seminar Teilnehmerkarten mit verschiedenen, dem jeweiligen Algorithmus genügenden Codenummern ausdrucken und an die Seminarteilnehmer in zufälliger Folge verteilen. Damit wäre einerseits eine Identifikation der Beurteiler möglich, andererseits wäre deren Anonymität auf leicht ersichtliche Art und Weise gewährleistet. Der organisatorische Zusatzaufwand wäre dabei allerdings nicht unerheblich. Es muß deshalb vorläufig weiteren Erfahrungswerten zum studentischen Umgang mit dem System überlassen bleiben, durch welches Verfahren ein anonymer Personenbezug verschiedener Beurteilungen und ein geeigneter Zugangsmodus mit vertretbaren Mitteln hergestellt werden kann.

Auch die Itemkonstruktion und die Möglichkeit der Übertragung auf andere Fächer bedarf, wie oben angesprochen, der Überprüfung. Angestrebt wird hier ein allgemeiner Teil für alle Lehrveranstaltungen und ein spezieller

Teil für verschiedene Fächer, wobei großer Wert auf einen geringen Umfang bei hohem - faktoren- und reliabilitätsanalytisch bestätigtem - Informationsgehalt gelegt werden wird.

Neben zahlreichen weiteren Fragen insbesondere zur Optimierung der Benutzerfreundlichkeit wird perspektivisch die Erarbeitung eines umfassenderen hochschuldidaktischen Konzepts ein wichtiges Anliegen sein. Dabei kann einerseits ein zentrales Beratungsangebot in Frage kommen, das den Lehrenden individuell bei der Anpassung seiner Lehrveranstaltungen unterstützt. Andererseits sind auch ergänzende Verfahrensweisen denkbar, die bei der Planung des Lehrangebots auf kollektiver Ebene ansetzen. Durch regelmäßige Rückmeldungen werden Voraussetzungen geschaffen, auf dezentraler Ebene die Qualität der Lehre des Fachs zu überprüfen und gemeinsame, fachspezifische Entwicklungschancen zu erarbeiten.

Literatur

Ministerium für Wissenschaft und Forschung des Landes Nordrhein-Westfalen (Hrsg.) (1997). *Schriftenreihe zur Studienreform, Band 1. Reformen und Ressourcen. Zwischenbilanz und Perspektiven des Aktionsprogramms „Qualität der Lehre“*. Düsseldorf: Ministerium für Wissenschaft und Forschung des Landes Nordrhein-Westfalen, Referat für Öffentlichkeitsarbeit und Referat 1A2.

Autorenverzeichnis:

Bullock, Merry	Universität München
Hannover, Bettina	Universität Dortmund
Hosenfeld, Ingmar	Max-Planck-Institut für Bildungsforschung Berlin
Kastner, Michael	Universität Dortmund
Kleiber, Dieter	Universität Berlin
Kluge, Annette	Universität Aachen
Köller, Olaf	Max-Planck-Institut für Bildungsforschung Berlin
Möller, Jens	Universität Kiel
Neber, Heinz	Universität München
Petzold, Matthias	Universität Dortmund
Roeder, Burkhard & Ute	Universität Dortmund
Schäfer, Uwe	Universität Dortmund
Schweer, Martin K.W.	Universität Vechta
Sperka, Markus	Universität Dortmund
Ziegler, Albert	Universität München

Pädagogische Psychologie und ihre Anwendungen

Herausgegeben von
Prof. Dr. Klaus Bräuer (†), Dr. Udo Kittler und PD Dr. Hellmuth Metz-Göckel
(Universität Dortmund)

Band 1 *Klaus Bräuer*
Gestaltpsychologie in Erziehung und Unterricht
Theoretische Aspekte – Analysen – Denkmodelle
Essen 1994, 140 Seiten, DM 28,- ISBN 3-89206-551-9

Band 2 *Klaus Bräuer (Hrsg.)*
Psychische Potentiale für eine interdisziplinäre Lehrerausbildung: Motivation – Kognition – Entwicklung
Tagungsbericht des 1. Dortmunder Symposions für Pädagogische Psychologie
Essen 1995, 256 Seiten, DM 48,- ISBN 3-89206-603-5

Band 3 *Markus Sperka*
Psychologie der Kommunikation in Organisationen
Eine Einführung auf systemtheoretischer Grundlage
Essen 1995, 188 Seiten, DM 42,- ISBN 3-89206-693-0

Band 4 *Udo Kittler/ Hellmuth Metz-Göckel (Hrsg.)*
Pädagogische Psychologie in Erziehung und Organisation
Dokumentation des 2. Dortmunder Symposions für Pädagogische Psychologie
Essen 1997, 188 Seiten, DM 42,- ISBN 3-89206-810-0

Band 5 *Udo Kittler/ Hellmuth Metz-Göckel (Hrsg.)*
Pädagogische Psychologie im neuen Europa
Ergänzungsband zur Dokumentation des 2. Dortmunder Symposions für Pädagogische Psychologie
in Vorbereitung

Band 6 *Bettina Hannover, Udo Kittler, Hellmuth Metz-Göckel (Hrsg.)*
Sozialkognitive Aspekte der Pädagogischen Psychologie (Band I)
Dokumentation des 3. Dortmunder Symposions für Pädagogische Psychologie 1998
Essen 1999, 192 Seiten, DM 46,- ISBN 3-89206-925-5

Psychologie in der Blauen Eule

Band 1 *Winfried Kohne*
Leistungsbewertung
Der Einfluß des Verständnisses von „Anstrengung“ und „Fähigkeit“ auf die Aufteilung von Belohnungen
Essen 1986, 126 Seiten, DM 24,- ISBN 3-924368-98-8

Band 2 *Bernhard Kratz*
Freuds Ehrgeiz – seine Lehrer und Vorbilder
Eine psycho-biographische und tiefenhermeneutische Studie
Essen 1987, 365 Seiten, DM 42,- ISBN 3-89206-181-5

Band 3 *Monika Reichert*
Hilfeverhalten gegenüber alten Menschen: eine experimentelle Überprüfung der Rolle von Erwartungen
Essen 1993, 232 Seiten, DM 58,- ISBN 3-89206-441-5

Band 4 *Urs Aeschbacher*
Faschismus und Begeisterung
Psychologische Neuvermessungen eines Jahrhunderttraumas
Essen 1992, 173 Seiten, DM 42,- ISBN 3-89206-474-1

Band 5 *Bernd Strauß*
Strenge und Freiheit
Vom autoritären zum antriebsfreundlichen Über-Ich
Essen 1993, 248 Seiten, DM 66,- ISBN 3-89206-555-1

Band 6 *Lars-Eric Petersen*
Selbstkonzept und Informationsverarbeitung
Der Einfluß des Selbstkonzeptes auf die Suche und Verarbeitung selbstkonzeptrelevanter Informationen und auf die Personenwahrnehmung
Essen 1994, 200 Seiten, DM 48,- ISBN 3-89206-620-5

Band 7 *Uwe Dietrich*
Muße und Arbeitsfähigkeit
Gesellschaftsgeschichtliche und lebensgeschichtliche Strukturzusammenhänge und Entwicklungsformen
Essen 1994, 348 Seiten, DM 74,- ISBN 3-89206-641-8

Band 8 *Irmgard Authaler*
Schizophrenie aus psychologischer Sicht
Essen 1996, 736 Seiten in zwei Teilbänden (das Werk wird nur geschlossen abgegeben) DM 134,- ISBN 3-89206-696-5

Psychologie zwischen Theorie und Anwendung

Herausgegeben von Prof. Dr. Bernd Gasch (Universität Dortmund)

Band 1 *Vera Henkenjohann*
Selbsthilfegruppen für erwachsene Stotterer
Anspruch und Wirklichkeit
Essen 1985, 273 Seiten, DM 36,- ISBN 3-924368-35-X

Band 2 *Margrit Fudickar*
Kreativitätstraining und Schule
Erfolgreiche Methoden zur Steigerung der Kreativität am Beispiel eines Unterrichtsversuchs
Essen 1985, 266 Seiten, DM 34,- ISBN 3-924368-33-3

Band 3 *Wolfgang Tschesch*
Akademikerarbeitslosigkeit
Eine sozialpsychologisch orientierte Analyse der Arbeitslosigkeit von Hochschulabsolventen
Essen 1989, 201 Seiten, DM 36,- ISBN 3-89206-302-8

Band 4 *Barbara Kollmann / Margitta Kruse*
Krebskranke Jugendliche und ihre Familien
Problematik und Möglichkeiten einer psychologischen Begleitung
Essen 1990, 219 Seiten, DM 42,- ISBN 3-89206-354-0

Band 5 *Wilhelm Günther*
Pädagogische Musiktherapie mit Kindern in Heimeinrichtungen
Essen 1992, 188 Seiten, DM 48,- ISBN 3-89206-481-4

Band 6 *Hellmuth Metz-Göckel*
Einstellungen und Werthaltungen in Organisationen
Essen 1996, 176 Seiten, DM 38,- ISBN 3-89206-723-6

Die Ladenpreise unterliegen dem Preisbindungsrevers; die Umrechung in SFr/ÖS erfolgt gemäß den aktuellen Tabellen des Börsenvereins des Deutschen Buchhandels.

Verlag DIE BLAUE EULE
Annastrasse 74 • D-45130 Essen • Tel. (0201) 8 77 69 63 • Fax 8 77 69 64